"十四五"职业教育国家规划教材

高等职业教育
城市轨道交通类
新形态一体化教材

U0660400

城市轨道交通服务礼仪

主编
史歌

副主编
张英姿　张怡

主审
贾拴航

CHENGSHI

GUIDAO

JIAOTONG

FUWU

LIYI

中国教育出版传媒集团
高等教育出版社·北京

内容简介

　　本书是"十四五"职业教育国家规划教材,也是陕西省精品在线开放课程"城市轨道交通服务礼仪"的配套教材。本书以城市轨道交通运营一线站务人员职业意识唤醒、职业气质养成以及接待与沟通能力培养为目标,全面介绍和展示站务人员各岗位礼仪规范,主要包括礼仪导入、仪容仪表礼仪、仪态礼仪、接待礼仪、沟通礼仪五个方面。

　　本书重点/难点的知识点/技能点配有动画、微课等丰富的数字化资源,视频类资源可通过扫描书中二维码在线观看,学习者也可登录智慧职教(www.icve.com.cn)搜索课程"城市轨道交通服务礼仪"进行在线学习。

　　本书适合高等职业院校城市轨道交通类相关专业使用,也可作为城市轨道交通从业人员的培训用书。授课教师如需本书配套的教学课件等资源,可发送邮件至 gzjx@ pub.hep.cn 索取。

图书在版编目(CIP)数据

　　城市轨道交通服务礼仪/史歌主编.--北京:高等教育出版社,2021.7 (2024.1重印)
　　ISBN 978-7-04-055438-0

　　Ⅰ.①城… Ⅱ.①史… Ⅲ.①城市铁路-铁路运输-服务人员-礼仪-高等职业教育-教材 Ⅳ.①F530.9

　　中国版本图书馆 CIP 数据核字(2021)第 023951 号

Chengshi Guidao Jiaotong Fuwu Liyi

| 策划编辑 吴睿韬 | 责任编辑 张值胜 | 封面设计 姜　磊 | 版式设计 杜微言 |
| 插图绘制 黄云燕 | 责任校对 陈　杨 | 责任印制 赵义民 | |

出版发行	高等教育出版社	网　　址	http://www.hep.edu.cn
社　　址	北京市西城区德外大街4号		http://www.hep.com.cn
邮政编码	100120	网上订购	http://www.hepmall.com.cn
印　　刷	北京盛通印刷股份有限公司		http://www.hepmall.com
开　　本	850mm×1168mm 1/16		http://www.hepmall.cn
印　　张	12		
字　　数	250 千字	版　　次	2021 年 7 月第 1 版
购书热线	010-58581118	印　　次	2024 年 1 月第 3 次印刷
咨询电话	400-810-0598	定　　价	33.80 元

本书如有缺页、倒页、脱页等质量问题,请到所购图书销售部门联系调换
版权所有　侵权必究
物　料　号　55438-A0

"智慧职教"服务指南

　　"智慧职教"（www.icve.com.cn）是由高等教育出版社建设和运营的职业教育数字教学资源共建共享平台和在线课程教学服务平台，与教材配套课程相关的部分包括资源库平台、职教云平台和 App 等。用户通过平台注册，登录即可使用该平台。

● **资源库平台**：为学习者提供本教材配套课程及资源的浏览服务。

　　登录"智慧职教"平台，在首页搜索框中搜索对应课程名称，找到对应作者主持的课程，加入课程参加学习，即可浏览课程资源。

● **职教云平台**：帮助任课教师对本教材配套课程进行引用、修改，再发布为个性化课程（SPOC）。

　　1. 登录职教云平台，在首页单击"新增课程"按钮，根据提示设置要构建的个性化课程的基本信息。

　　2. 进入课程编辑页面设置教学班级后，在"教学管理"的"教学设计"中"导入"教材配套课程，可根据教学需要进行修改，再发布为个性化课程。

● **App**：帮助任课教师和学生基于新构建的个性化课程开展线上线下混合式、智能化教与学。

　　1. 在应用市场搜索"智慧职教 icve"App，下载安装。

　　2. 登录 App，任课教师指导学生加入个性化课程，并利用 App 提供的各类功能，开展课前、课中、课后的教学互动，构建智慧课堂。

　　"智慧职教"使用帮助及常见问题解答请访问 help.icve.com.cn。

配套微课资源索引

续表

序号	类型	名称	页码
28	微课	变向时服务走姿规范	72
29	微课	服务走姿的禁忌及纠正方法	74
30	微课	服务走姿训练方法	75
31	微课	服务坐姿基本要求	78
32	微课	女性站务人员服务坐姿	78
33	微课	男性站务人员服务坐姿	80
34	微课	服务坐姿的禁忌	81
35	微课	服务蹲姿的基本要求	84
36	微课	站务人员服务蹲姿	84
37	微课	服务蹲姿禁忌	85
38	微课	基本服务手势	87
39	微课	指示服务手势	89
40	微课	服务手势禁忌	90
41	微课	介绍的要点	98
42	微课	自我介绍	98
43	微课	介绍他人	99
44	微课	传递名片	101
45	微课	握手礼	104
46	微课	鞠躬礼	106
47	微课	军礼	108
48	微课	注目礼	109
49	微课	点头礼	109
50	微课	拱手礼	110
51	微课	合十礼	110
52	微课	电话接待礼仪	112
53	微课	处理不满意电话的技巧	115
54	微课	庆典接待的基本原则	117
55	微课	拟定接待方案	118
56	微课	亲切迎客	124
57	微课	热忱待客	124
58	微课	礼貌送客	126

前言

围绕全面建设社会主义现代化强国总目标,党的二十大报告明确提出加快建设交通强国。对于交通运输领域而言,要以服务支撑全面建设社会主义现代化强国为根本,准确把握中国式现代化的中国特色和本质要求,建成"人民满意、保障有力、世界前列"的现代化综合交通体系,为全面建成社会主义现代化强国提供有力支撑。

近年来,城市轨道交通在满足人民群众交通出行、缓解城市交通拥堵、促进经济社会发展等方面已成为改善城市居民生活品质,提升人民群众获得感、幸福感的重要载体。2022年7月,交通运输部发布了《关于修订〈城市轨道交通服务质量评价管理办法〉的通知》(交运规〔2022〕5号),明确城市轨道交通服务质量评价要坚持以乘客为中心。对城市轨道交通运营一线站务人员的服务水平、服务能力以及企业服务软实力的提升都提出了具体要求。

《城市轨道交通服务礼仪》教材顺应了国家需要和时代发展的要求,以城市轨道交通运营企业一线站务人员职业意识唤醒、职业气质养成(仪容、仪表和仪态),以及接待与沟通能力的培养为目标。其内容设置以强化职业能力培养为主线,有助于相关轨道运营管理专业学生或运营企业的在职站务人员掌握服务岗位礼仪规范,全面地提升服务乘客能力,在"建成人民满意交通"方面具有很强的针对性和适用性。

本书的编写采取校企合作的方式,得到了西安市轨道交通集团有限公司运营分公司的大力支持,是一本集城市轨道交通运营企业服务理念、服务礼仪标准为一体的理实一体化新形态教材。主要功能特点如下:

1. 有针对性地设计符合城市轨道交通运营企业站务岗位的服务礼仪知识内容,构建了5个模块20个学习任务;

2. 每个模块包括知识结构图,模块概述,导入案例,知识讲解,知识拓展,规范、规程与标准,复习思考题与实践训练,"扬工匠精神 讲轨道故事"课程思政专栏等八个内容;

3. 学习任务中的知识点和技能点都配有微课视频,特别是在"服务仪态"微课中着重突出服务动作的正反对比,便于识别不良服务意识和职业习惯,读者可通过扫描二维码选择学习;

4. 每个模块"规范、规程与标准"部分都配有主题场景化视频,读者可通过扫描二维码观看运营一线站务员工的实际服务工作;

5. 每个学习任务都设计了学习活动,包括活动条件、活动分组、活动实施、活动评价(个人自评、小组自评、小组间互评)、课后反馈等内容,学习者和授课教师可通过扫描二维码选择使用;

6. 每个学习任务都有配套的同步习题,供授课教师随机测试教学效果使用;

7. 本书图片在真实的城市轨道车站中拍摄,形象展现城市轨道交通服务礼仪规范,起到标准示范作用,便于读者学习;

8. "扬工匠精神 讲轨道故事"课程思政专栏汇集了部分获得"全国学雷锋示范点""全国轨道交通服务明星""全国五一劳动奖章获得者""全国青年文明号""全国巾帼文明岗"等荣誉的城市轨道交通运营一线的车站(个人)事迹,使读者全面了解当代轨道人的价值观和使命感;

9. 城市轨道交通服务礼仪是陕西省精品在线开放课程,已在智慧职教 MOOC 平台上线,每学期开课一期,可供读者线上线下同时学习。

本教材由该课程主持人西安铁路职业技术学院的史歌任主编并负责全书的统稿工作,西安铁路职业技术学院张怡、张英姿担任副主编,西安市轨道交通集团有限公司运营分公司贾拴航担任主审,西安市轨道交通集团有限公司运营分公司欧洋、王博、杨晨启等担任图片模特。具体分工如下:史歌编写模块 1、模块 5;张英姿编写模块 2、模块 4;张怡编写模块 3。

由于编者水平有限,书中不足之处,敬请读者批评指正。

编　者
2022 年 11 月

目 录

模块1
城市轨道交通服务礼仪导入

知识结构图

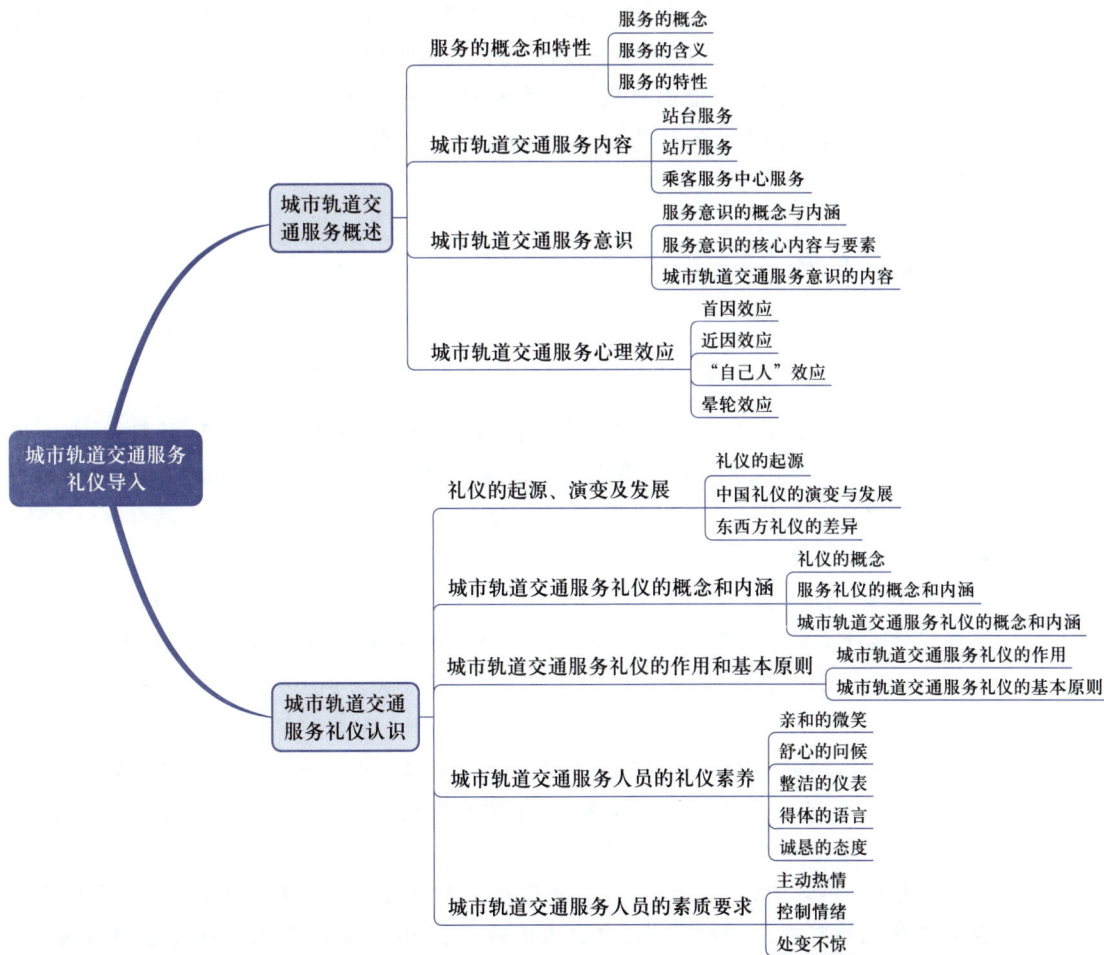

模块概述

本模块由两个学习任务构成。在了解城市轨道交通服务的概念、特性和内容的基础上深入领会服务意识的深层次含义,阐述了如何从乘客的心理效应方面做好服务工作;认识城市轨道交通服务礼仪在服务工作中的重要意义,在了解礼仪起源、演变及发展的基础上,引出城市轨道交通服务礼仪的概念和内涵、作用与基本原则,提炼日常城市轨道交通服务工作中站务人员应具备的礼仪素养和素质要求。具体可以达到以下学习目标:

(1) 能力目标:能够领会城市轨道交通服务意识的内涵,主动运用乘客心理效应解决城市轨道交通运营现场服务问题,提升主动服务能力。

(2) 知识目标:了解服务的概念和特性,熟悉礼仪起源、演变及发展,明确城市轨道交通服务的内容,掌握城市轨道交通服务礼仪的概念、作用、基本原则。

(3) 素质目标:主动培养和训练服务乘客的意识和习惯,显示城市轨道交通服务人员应具备的礼仪素养和素质要求,用良好的礼仪形象提升职业内涵。

通过本模块的学习,能够理解服务和礼仪在城市轨道交通服务中所起的重要作用,体会知礼、懂礼、用礼的益处,激励学习者成为一名礼仪的使者,传播正能量,影响周围人,塑造自己,感悟美好。

导入案例

以真心暖人心　　西安地铁爱心相随

2019 年的一个晚上,西安突降大暴雨,一时让赶着回家的人手足无措,然而,在大风和密集雨点的裹挟下,西安地铁多个车站的乘客却感受到了恰到好处的温暖,在这些车站的出站口有工作人员为乘客免费发放一次性雨衣,大家被西安地铁的贴心感动不已。网友"@小晨丫"说:虽然雨下得很大,但地铁站工作人员的暖心深深地温暖了每一个人的心。网友"@_乞力马扎罗的雪-"说:出门突遇的大暴雨,好多人被堵在地铁口回不去,还好有李家村地铁站的暖心小姐姐为大家提供免费雨衣,瞬间觉得好温暖! 网友"Dynamic 圈圈"说:大雨,曲江池西地铁站……工作人员全身湿透……协调……沟通……一批一批的雨衣发送到没有带伞的市民手中,我们一家几口人手一件。好暖心! 真的,好暖!

西安地铁的贴心远不止这些。下班高峰期用担架将即将生产的孕妇抬至医院、帮助走失的孩子、参与地面商铺火情救援、多次组织残障人士走进地铁体验无障碍出行措施……一个个动人的故事在这里上演,而助人者有个共同的名字——西安地铁人。

"我身体不方便,平常很少出门,没想到地铁的无障碍设施这么方便,工作人员的服务态度也特别好,以后可以经常出来逛逛了!"39 岁的残障人士张先生激动地说。以真心暖人心,以服务赢信任。西安地铁始终以"地铁所至、爱心相随"的服务理念贯穿于运营的全过程,将充满爱心细致的服务奉献给广大乘客。

为方便乘客高效出行,西安地铁率先在 4 号线电客车的电子地图上增加显示到站时间;北大街站"锋巢"服务队,率先提出"150 秒救助"服务,及时为有需要的乘客提供帮助;五路口站"小鸣驿站"制作"彩虹指引条"、手绘地图等,深受乘客及外地朋友们喜爱;小寨站省级"青年文明号"集体累计服务乘客 38500 人次,救助 158 起,2000 元以上拾金不昧 327 起,获锦旗 26 面;2020 年 1 月初,市中医院站当班值班站长给 3 岁患病儿童开通绿色就医通道;2020 年 8 月,文景路站当班员工发现走失儿童,求助地铁公安,并耐心陪伴、提供食物,帮其找到家长;北客站设立爱心服务台,提供 10 项爱心服务项目;各车站针对出行不便及有需要的残疾乘客提供爱心预约及进出站联控引导……

八年来,西安地铁共收到感谢信 20517 封,收到锦旗 935 面,市级以上媒体报道近千次。西安地铁连续七年获"陕西顾客满意度测评最佳单位"。地铁北大街站被中宣部命名为"全国学雷锋活动示范点"。

知识讲解

服务是城市轨道交通运营企业客运组织工作的一项重要内容,是完成城市轨道交通运营的重要组成部分,也是反映城市轨道交通服务质量的一个重要因素。站务人员的工作处在企业实现社会效益和经济效益的焦点,同时也处在服务工作矛盾的焦点。如果说城市轨道交通是社会生产和人民生活中较为重要的环节,那么站务人员工作就是这一环节中的一个关键要素。为了体现城市轨道交通一流的服务质量,站务人员应讲究服务礼仪,提升服务艺术,最大限度地满足乘客的需求并为其创造价值。

学习任务 1　城市轨道交通服务概述

微课
视频 1-1-1
服务的概念
和特性

1.1　服务的概念和特性

1.1.1　服务的概念

服务就是为集体(或别人的)利益或为某种事业而工作。服务过程涉及两方:一方是服务方,另一方是被服务方。服务方是根据被服务方的意愿提供服务活动的一方,处于服务过程中的被支配地位;被服务方是提出服务要求,要求服务方给予满足的人或组织,处于服务过程中的支配地位。

本书对服务做出如下定义:服务就是为他人的利益或为某种事业而工作,通过沟通与互动满足其需求的价值双赢的活动。

因此可以得出服务有三层意思:第一,服务的目的是满足被服务方(人或组织)的需求;第二,服务是一个互动的交流过程;第三,服务的结果是双赢。

1.1.2　服务的含义

服务的英文单词是 service,其每个字母都有着丰富的含义。以城市轨道交通运营服务工作为例：

（1）S—smile（微笑）：其含义是站务人员应该对每一位乘客提供微笑服务，微笑服务是最基本的服务要求。

（2）E—excellent（出色）：其含义是站务人员应将每一个服务程序、每一个微小服务工作都做得很出色。

（3）R—ready（准备好）：其含义是站务人员应该随时准备好为乘客服务。

（4）V—viewing（看待）：其含义是站务人员应该将每一位乘客看作需要提供优质服务的贵宾。

（5）I—inviting（邀请）：其含义是站务人员在每一次服务结束时，都应该显示出诚意和敬意，主动邀请乘客再次光临。

（6）C—creating（创造）：其含义是每一位站务人员应该想方设法精心创造出使乘客能享受其热情服务的氛围。

（7）E—eye（眼光）：其含义是每一位站务人员始终应该以热情友好的眼光关注乘客，适应乘客心理，预测乘客要求，及时提供有效的服务，使乘客时刻感受到站务人员在关心自己。

1.1.3 服务的特性

尽管各行各业的服务形式有所区别，但仍然有一些共同的特性。

（1）无形性。服务的无形性是指服务与有形的实体产品相比，其特质及组成服务的元素是无形无质的。服务过程只可以感觉，不具有可视性，而服务质量在很大程度上是依靠服务人员的表现来实现的。无形性是服务的最基本特征。

（2）生产与消费的同时性。城市轨道交通服务在同一场地生产，并在同一场地提供给乘客。在服务运作过程中，乘客参与在其中，整个运作过程暴露在乘客面前。这种生产和消费的同时性及服务过程标准化的不可能性就为服务质量的控制提出了挑战，因为服务的传递者在他的产品被消费之前不能审查其存在的瑕疵。生产与消费的同时性决定了为乘客提供高质量服务的一线站务人员的重要性。如果他们不能发现乘客的特殊要求和需求及乘客对组织的期望，也就不能及时、适当地配合其他站务人员和管理者的工作，那么服务的质量就必定受到局限，甚至不可能提供一流的服务。

（3）不可储存性。服务的不可储存性是指服务不像有形的产品那样可以储存起来，以备将来出售或消费。服务产品的无形性、生产与消费的不可分性，使其只能在生产的同时被即时消费。例如，在列车运行后，空余位置就不能实现效益了，因此，由于服务的不可储存性，服务能力的管理对于服务运作非常重要。服务能力不足，就会带来机会损失；服务能力过剩，就会造成支出固定成本浪费。

（4）差异性。服务行业是以"人"为本的产业，服务虽然有一定的标准，但会因人、因时、因地而表现出差异性。例如，有经验的站务人员和没有经验的站务人员提供给乘客的服务就会相差很大；有服务热情的站务人员与缺乏服务热情的站务人员提供给乘客的服务也会不一样；同一位站务人员受到激励和缺乏激励时提供给乘客的服务效果也不会一样。

（5）服务构成的综合性。城市轨道交通服务质量是由设施设备服务、乘车环境、乘客服务、安全服务、列车运行状态等构成的。这里，设施设备服务、安全服务、列车运行状态是城市轨道交通产品质量的基础，乘车环境是补充，乘客服务是最终的表现形式，是适合和满足乘客需要的最后体现。

由于服务具有以上的特性，决定了乘客很难像评价物质产品的质量一样去评价城市轨道交通服务质量。尽管如此，乘客仍可以根据服务过程和结果来评价城市轨道交通的服务质量，其评价主要是通过他们得到的服务与他们所期望的服务进行比较而得出的。所以，城市轨道交通服务一线站务人员的培训、城市轨道交通服务礼仪知识的培训及礼仪的普及将是提高城市轨道交通服务质量的重要手段。

微课
视频 1-1-2
城市轨道交通服务的内容

1.2　城市轨道交通服务的内容

城市轨道交通站务人员面向乘客的服务内容大体分为以下三个方面：

1.2.1　站台服务

站台服务是城市轨道交通车站站务人员在站台岗位上为乘客提供的各类服务。主要包括：

（1）提醒服务。负责站台设备的安全，留意站台乘客的候车动态，提醒乘客在黄色安全线以内候车，不要倚靠安全门，不要抢上抢下，维护站台秩序，组织乘客有序候车、乘车，对不便乘坐扶梯乘客提醒其乘坐直梯等（见图 1-1）。

（2）确认服务。车门（或屏蔽门）关闭时，确认其运作情况，发现未关闭好时，及时向车控室报告，并负责处理屏蔽门故障。

（3）帮助服务。帮助乘客，回答乘客问讯，特别注意帮助老、弱、病、残等有困难乘客上下车。

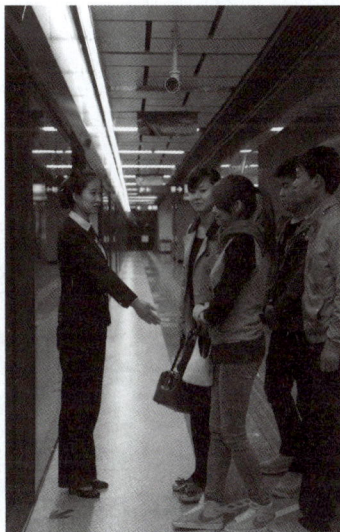

图 1-1　提醒服务

1.2.2　站厅服务

站厅服务是城市轨道交通车站站务人员在厅巡岗位上为乘客提供的各类服务。主要包括：

（1）巡查服务。巡视车站自动售检票设备的运行情况，协助票箱、钱箱的更换或清点工作；巡视扶（直）梯运行、乘客进出站等情况，并根据乘客需要及时主动提供服务；发现有违反地铁规定的（精神异常、醉酒的乘客等）要及时制止；发现乘客携带"三品"、宠物、超长、超重物品进站乘车时应礼貌地制止，并解释相关规定。

（2）帮助服务。帮助乘客顺利进出站；熟悉车站周边环境、市内交通信息、地铁运营信息、地铁路面沿线简介等服务知识，快速、准确地回答乘客问讯。

（3）引导服务。引导乘客正确操作票务设备；在突发情况时，正确引导乘客疏散；引导进站乘客到乘客较少的乘客服务中心、TVM、闸机等处购票、进出站；引导车票有问题的乘客到乘客较少一端的乘客服务中心统一办理(见图1-2)。

(4) 边门服务。站厅边门的管理,对从边门进出的人员进行如实汇报和严格登记。

1.2.3　乘客服务中心服务

乘客服务中心服务是城市轨道交通车站站务人员在票亭岗位上为乘客提供的各类服务。主要包括:

(1) 售票服务。承担整个车站的售补票工作和储值卡充值服务,保证票款的正确和安全,并在规定的时间开关售票窗口。

(2) 兑零服务。帮助乘客换取福利票、兑换零钱,负责处理票务问讯的相关工作,热情接待乘客,按规定妥善解决乘客提出的问题。

(3) 票务处理服务。对无法进出站的乘客票卡进行分析,并按规定处理乘客的无效票和过期票(见图1-3)。

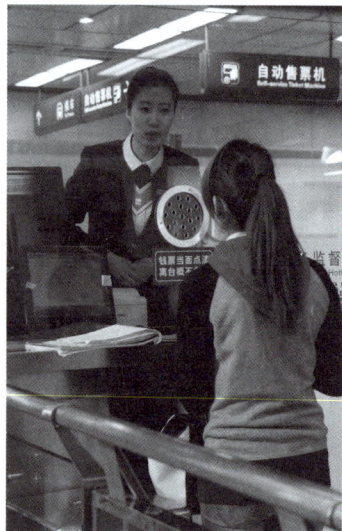

图1-2　引导服务　　　　　　　　　　　　　图1-3　票务处理服务

微课
视频 1-1-3
城市轨道交
通服务意识

(4) 投诉接待服务。初步接待处理乘客投诉、来访事件。

1.3　城市轨道交通服务意识

1.3.1　服务意识的概念与内涵

意识是人的头脑对于客观事物、事件的反映,是感觉、思维等各种心理过程的总和,其中的思维是人类特有的反映现实的高级形式。服务意识是指服务人员在与一切企业利益相关的人或企业的交往中所体现的为其提供热情、周到、主动的服务的欲望和意识,即自觉主动做好服务工作的一种观念和愿望,它发自服务人员的内心。

服务意识的内涵包括以下三个方面:

（1）服务意识发自服务人员内心。服务意识应存在于服务人员的思想认识中,是提供优质服务的灵魂和保障。只有提高了对服务的认识,增强了服务的意识,激发起在服务过程中的主观能动性,做好服务工作才有思想基础。

（2）服务意识是服务人员的一种本能和习惯。服务意识有强烈与淡漠之分,有主动与被动之分。对服务工作认识深刻,有强烈展现个人才华、体现人生价值的观念,有以企业为家、热爱集体、无私奉献的风格和精神,就会有强烈的服务意识,就会在工作中自然而然产生一种本能的判断,形成良好的工作习惯。

（3）服务意识是可以通过培养、教育训练形成的。企业还要通过各种培训,把优质服务的思想植根于员工的大脑中,使其了解服务对象的类型与服务需求差异,并努力提高员工服务的技能,建立服务的语言规范、行为规范和礼仪规范,员工就会自觉地注意日常服务过程中的每一个细节,从而提高服务意识。

1.3.2 服务意识的核心内容与要素

（1）服务意识的核心内容。首先,服务人员应先做好服务工作,解决服务对象的实际问题,规定、报酬和责任应该放在服务之后来解决;其次,服务人员应该认识到服务的目标是让服务对象满意,企业的最终追求是利润;最后,服务人员应信守服务承诺,用心服务并乐于为别人服务,并给他们带来欢乐。

（2）服务意识的五要素,即服务态度、服务仪表、服务言谈、服务仪态和服务礼仪。服务态度是指服务人员在服务工作中表现的积极、主动的工作态度,服务人员应用心为乘客服务,以乘客的快乐作为服务工作的出发点;服务仪表是指服务人员在服务中的精神面貌、容貌修饰和着装服饰等方面的要求和规范;服务言谈是指服务人员在迎宾服务中语言言谈吐方面的具体要求;服务仪态,是对服务人员在工作中的行为、动作方面的具体要求;服务礼仪是指服务人员在工作岗位上通过言谈、举止、行为等,对服务对象表示友好和尊重的行为规范和惯例,简单地说就是服务人员在工作场合适用的礼仪规范和工作艺术。

1.3.3 城市轨道交通服务意识的内容

（1）乘客优先。"乘客优先"是指在城市轨道交通服务工作中,运输产品设计的出发点是乘客的需求,而不是运营企业的生产能力;服务是以乘客为中心,以乘客满意为出发点,而不是以方便运营企业为出发点;服务过程中,在言谈举止等行为方面,乘客为先。

（2）乘客永远是对的。第一,要充分理解乘客的需求。如果乘客提出超越城市轨道交通服务范围,但又正当的需求,这并不是乘客的要求过分,而是运输服务产品的不足,所以应该尽量将其作为特殊服务予以满足。如果确实难以满足,必须向乘客表示歉意,取得乘客的谅解;第二,要充分理解乘客的想法和心态。对乘客在运营环境外受气而迁怒于站务人员,或因身体、情绪等原因而大发雷霆,应该给予理解,并以更优的服务去感化乘客;第三,要充分理解乘客的误会。由于文化、知识、地位等差异,乘客对城市轨道交通的运营规则或服务不理解而提出种种意见,或拒绝合作,必须向乘客作出真诚的解释,并力求给乘客以满意的答复;第四,要充分理解乘客的过错。由于种种原因,有些乘客有意为难,或强词夺理,必须秉承"乘客总是对的"的原则,把理让给乘客,给乘客以面子;第五,要充分理解并接受乘客的"无知"。不论乘客是谁,不论乘客的素质如何,都应积极、热情、主动地去接近,亲和、友善地接受乘客,不能怠慢、冷落,更不能挑剔、排斥,这不仅体现在思想上,更应该体现在实际行动上。

(3) 城市轨道交通服务黄金法则。美国著名心理学家埃利斯提供了一条"黄金法则":要"像你希望别人如何对待你那样去对待别人"。换句话说,你希望别人怎样对待你,你就怎样对待别人。美国著名作家、学者爱默生曾说过"每一个人会因他的付出而获得相对的报酬""在生活当中,每一件事情,都存在着相等与相对的力量"。也就是说在服务工作中付出的多少,会得到与付出相对的报酬。这种报酬不仅仅存在于物质方面,同时还包括一个人的心态、快乐与满足感。事业与人生的丰收,都是付出心态的结果。站务人员多做一些增加服务价值的事情,就会感觉到越快乐,就会获得越多的回报。在城市轨道交通服务过程中,站务人员要充分尊重乘客,才能得到乘客对运营工作的支持。

(4) 城市轨道交通服务白金法则。"白金法则"是美国最有影响的演说人之一、最受欢迎的商业广播讲座撰稿人托尼·亚历山德拉博士与人力资源顾问、训导专家迈克尔·奥康纳博士共同研究的成果。其精髓就在于"别人希望你怎样对待他们,你就怎样对待他们",从研究别人的需要出发,然后调整自己的行为,运用智慧和才能使得别人轻松、舒畅。把它运用到城市轨道交通服务中,其本质是以乘客为中心,满足乘客的出行需求,为乘客创造价值,使乘客价值最大化、乘客成本最小化。

城市轨道交通服务在运用白金法则时,必须注意三个要点:一是乘客行为合法。乘客行为合法是前提,法律是城市轨道交通服务的底线;二是服务应以乘客为中心,运输服务产品的设计以乘客需要为出发点,服务质量标准以乘客满意为起点,服务规定及服务礼仪以方便乘客为前提。乘客需要什么,就要尽量满足乘客什么;三是乘客的需要是基本标准,而不是说想干什么就干什么。

1.4　城市轨道交通服务心理效应

1.4.1　首因效应

"首因效应"也称为第一印象作用,或先入为主效应,是指个体在社会认知过程中,通过"第一印象"最先输入的信息对客体以后的认知产生的影响作用。心理学研究发现,与一个人初次见面,45 s内就能使对方产生第一印象,进而对对方的知觉就会产生较强的影响,在其头脑中占据主导地位。因此,站务人员的仪容仪表、举手投足间的仪态、沟通礼节等都会让乘客自然产生首因效应。一旦乘客对站务人员产生了不良的第一印象,要改变它往往要付出比先前多几十倍的精力,影响到城市轨道交通运营企业服务的品牌形象,无形中会给城市轨道交通运营企业甚至整个城市的发展带来不必要的麻烦和损失。

站务人员每天都要接触成千上万的乘客,对乘客"首因效应"的应用主要在于是否

能构建良好的职业风貌和职业气质。一是要有良好的仪容仪表,使乘客产生美好的第一印象,不仅能对城市轨道交通运营企业服务品牌起到宣传作用,同时还能弥补某些服务方面的不足;二是要用自然的微笑快捷地建立与乘客之间融洽的关系,能收到事半功倍的效果;三是要用舒心的问候迅速地表现出为乘客服务的心意与诚意。应用好乘客的"首因效应"能形成良好、稳固的乘客群,为城市轨道交通运营企业服务品牌形象加分,达到事倍功半的效果。

1.4.2　近因效应

"首因效应"主要影响在人与人交往的初期,但在交往的后期,彼此已经相当熟悉,近因效应的影响也同样重要。"近因效应"也称"新颖效应",是指在多种刺激一次出现的时候,印象的形成主要取决于后来出现的刺激,即对对方最近、最新的认识占了主体地位,掩盖了以往对其形成的评价。

城市轨道交通以其快速、便捷、准时、经济、安全等特性深得乘客的喜欢和信赖,站务人员基本都能做到严于律己、恪尽职守地为乘客服务,在乘客中树立了良好的口碑。但城市轨道交通服务毕竟是公共服务,站务人员在服务中势必会遇到与愿望相违背,或感到自己受屈、善意被误解时,其情绪多为激情状态。这时对自己行为的控制能力,和对周围事物的理解能力,都会有一定程度的降低,容易说出错话,做出错事,产生不良后果,形成乘客不良的近因效应,进而影响到城市轨道交通运营企业服务的品牌形象。

应用好乘客的"近因效应",主要在于作为一名优秀的站务人员应一如既往地坚持为乘客服务的信念,善于控制自己的情绪,克制自己的举动。不论与哪一类型的乘客接触,无论发生什么问题,都能做到镇定自若,不失礼于人。遇到乘客有不满情绪的情况,站务人员首先要冷静,不管什么原因,先要安抚乘客焦虑急躁的情绪,不要急于与之争辩,更不能针锋相对,使矛盾激化难以收拾。如果属于乘客无理取闹,可以交由相关部门或人员解决。

1.4.3　"自己人"效应

"自己人"效应就是把对方当作自己人看待,必须同对方保持"同体观"的关系。即把对方与自己视为一体,充分站在对方的立场上考虑问题。这样,双方的心理距离就近,对方不会感到某种心理压力的存在,也没有戒心。

在城市轨道交通服务中,如何让乘客产生"自己人"效应,与乘客建立起真诚、信任的关系呢?一方面从硬件上看城市轨道交通车站便民设施设计要到位;另一方面从软件服务上站务人员能站在乘客的角度尽量为其解决问题。如果站务人员总是凌驾于乘客之上,没有热情主动周到的服务欲望和意识,在无形中就会拉大与乘客之间的距离,进而影响到城市轨道交通运营企业服务的品牌形象。

因此激发并应用好乘客的"自己人"效应,就要求站务人员从三方面做起:一是要做个"有心人",善于察言观色,要从言谈举止中迅速把握乘客的心情,准确判断乘客的心理和服务需要;二是要亲切和蔼、语言文雅,使用温和的语调和礼貌的语气,引发乘客发自内心的好感;三是尽量站在乘客立场上为其解决实际问题,给乘客树立可亲、可信、可依赖之感。

1.4.4　晕轮效应

"晕轮效应"最早是由美国著名心理学家爱德华·桑戴克于 20 世纪 20 年代提出的,是指在人际交往中,人身上表现出的某一方面特征,掩盖了其他特征,从而造成人际认知障碍,常常以偏概全。

"晕轮效应"是个体的人普遍存在的效应,具体表现为:经常容易受事物表面性、局部性和知觉选择性的影响,进而以个别推及一般,以部分推及整体,并且把这种感受弥散到其他具体的事物上。在城市轨道交通服务中,经常是由于某些站务人员的言行举止不当,仪容仪表不佳,不能够对乘客表示尊重和友好,造成乘客对城市轨道交通整体服务形成不良的"晕轮效应"。

如何激发乘客良好的"晕轮效应",使其从所接触的站务人员身上看到整个城市轨道交通站务人员积极正向的精神风貌呢。首先要求城市轨道交通运营企业建立良好的企业文化,将企业的核心价值观、企业精神、企业使命和企业作风深深地植根于每一位站务人员的脑中,使站务人员树立"以企业为荣"的思想观念;其次要求站务人员作为"企业的形象代言人",应摆正自己与乘客的关系位置,信守服务承诺,自觉树立现代服务意识,做到热爱工作、用心工作并乐于为乘客服务。

综上所述,乘客心理效应的产生是不可避免的,站务员工应主动应用乘客积极的心理效应,规范个人形象,向乘客表达尊重、友好与善意,尽量消除消极心理效应带来的影响,提高乘客满意率,从而提升城市轨道交通运营企业服务品牌形象。

学习活动设计
城市轨道交通
服务概述

同步习题
1-1

【同步习题】

1. 单项选择题(每题 5 分,共 25 分)

(1)服务是指(　　)。

A. 跟随他人的脚步,绝对服从的过程

B. 为他人利益或为某种事业而工作,以满足他人需求的价值双赢的活动

C. 为他人提供自己劳动的产品,从中获取报酬

D. 在服务过程中,做到打不还手,骂不还口

(2)第一次交往过程中形成的最初印象。不仅影响乘客的心理活动,而且影响服务交往,有时甚至影响服务工作的顺利进行。这指的是(　　)。

A. 首因效应　　　　B. 首轮效应　　　　C. 首要效应　　　　D. 晕轮效应

(3)站务人员每天都要接待成千上万的乘客,乘客对轨道交通服务第一印象的产生首先来自(　　)。

A. 服务人员的素质　　　　　　　　B. 服务人员的服务方式

C. 服务人员的仪容仪表　　　　　　D. 服务人员的学历

(4)服务是一个(　　)过程。

A. 满足被服务方的利益　　　　　　　B. 满足被服务方的需求

C. 互惠互利的双赢　　　　　　　　　D. 互动的交流

（5）服务意识是指(　　　)。

A. 企业全体员工在与一切企业利益相关的人或企业的交往中所体现的为其提供
　　热情、周到、主动的服务的欲望和意识

B. 被动做好服务工作的一种观念和愿望，它来自管理人员的要求

C. 企业全体员工在工作岗位上通过言谈、举止感化乘客

D. 在服务过程中充满自信，胸有成竹，增进与乘客的了解与信任

2. 多项选择题（每题 10 分，共 50 分）

（1）服务的特性有(　　　)。

A. 无形性与不可储存性　　　　　　　B. 生产与消费的同时性

C. 差异性　　　　　　　　　　　　　D. 服务构成的综合性

（2）城市轨道交通服务的内容包括(　　　)。

A. 站台服务　　　　　　　　　　　　B. 站厅服务

C. 乘客服务中心　　　　　　　　　　D. 候车室服务

（3）服务意识的内涵是(　　　)。

A. 提高自身修养，增加自身魅力

B. 发自服务人员内心的

C. 服务人员的一种本能和习惯

D. 服务是可以通过培养、教育训练形成的

（4）现代服务意识包括(　　　)。

A. 先做好服务工作，解决乘客的实际问题。规定、报酬和责任应该放在服务之后
　　来解决

B. 站务人员需要用委婉的语气表达否定的意思

C. 为乘客服务的目标是让乘客满意，企业的最终追求是利润

D. 信守服务承诺，用心服务并乐于为乘客服务，并给他们带来欢乐

（5）乘客永远是对的指的是(　　　)。

A. 要充分理解乘客的需求、想法和心态

B. 要充分理解乘客的误会

C. 要充分理解乘客的过错

D. 要充分理解乘客的"无知"并接受我们的服务对象

3. 判断题（每题 5 分，共 25 分）

（1）边门服务是城市轨道交通车站站务人员在站台岗位上为乘客提供的一种服务。(　　　)

（2）想要乘客怎样对待你，你就怎样去对待乘客是服务的"黄金法则"。(　　　)

（3）乘客希望你怎样对待他们，你就怎样对待他们是服务的"白金法则"。(　　　)

（4）"晕轮效应"也称"新颖效应"，是指在多种刺激一次出现的时候，印象的形成

主要取决于后来出现的刺激,即对对方最近、最新的认识占了主体地位,掩盖了以往对其形成的评价。(   )

(5)"近因效应"就是把乘客当作自己人看待,必须同乘客保持"同体观"的关系。(   )

学习任务 2   城市轨道交通服务礼仪认识

微课
视频 1-2-1
礼仪的起源、
演变及发展

2.1   礼仪的起源、演变及发展

2.1.1   礼仪的起源

现代礼仪源于礼。从理论上讲,礼起源于人类为协调主客观矛盾需要的人与人的交往中;从仪式上讲,礼起源于原始的宗教祭祀活动。

(1)从理论上说,礼的产生是人类为了协调主客观矛盾的需要。首先,礼的产生是为了维护自然的"人伦秩序"的需要。人类为了生存和发展,必须与大自然抗争,不得不以群居的形式相互依存,人类的群居性使得人与人之间相互依赖又相互制约。在群体生活中,男女有别,老少有异,既是一种天然的人伦秩序,又是一种需要被所有成员共同认定、保证和维护的社会秩序。人类面临着的内部关系必须妥善处理,因此,人们逐步积累和自然约定出一系列"人伦秩序",这就是最初的礼。其次,礼是起源于人类寻求满足自身欲望与实现欲望的条件之间动态平衡的需要。人对欲望的追求是人的本能,人们在追寻并实现欲望的过程中,人与人之间难免会发生矛盾和冲突,为了避免这些矛盾和冲突,就需要为"止欲制乱"而制礼。

(2)从具体的仪式上看,礼产生于原始宗教的祭祀活动。原始宗教的祭祀活动都是最早也是最简单的以祭天、敬神为主要内容的"礼"。这些祭祀活动在历史发展中逐步完善了相应的规范和制度,正式形成为祭祀礼仪。随着人类对自然与社会各种关系认识的逐步深入,仅以祭祀天地、鬼神、祖先为礼,已经不能满足人类日益发展的精神需要和调节日益复杂的现实关系。于是,人们将事神致福活动中的一系列行为,从内容和形式扩展到了各种人际交往活动,从最初的祭祀之礼扩展到社会各个领域的各种各样的礼仪。

2.1.2   中国礼仪的演变与发展

中国礼仪在其传承沿袭的过程中不断发生着变革。从历史发展的角度来看,其演变过程可以分 5 个阶段。

(1)礼仪的起源时期:夏朝以前(公元前 21 世纪前)。礼仪起源于原始社会,在原始社会中、晚期(约旧石器时代)出现了早期礼仪的萌芽。整个原始社会是礼仪的萌芽时期,礼仪较为简单和虔诚,还不具有阶级性。内容包括:制定了明确血缘关系的婚嫁礼仪;区别部族内部尊卑等级的礼制;为祭天敬神而确定的一些祭典仪式;制定一些在人们的相互交往中表示礼节和表示恭敬的动作。

（2）礼仪的形成时期：夏、商、西周三代（公元前 21 世纪~公元前 771 年）。人类进入奴隶社会，统治阶级为了巩固自己的统治地位把原始的宗教礼仪发展成符合奴隶社会政治需要的礼制，礼被打上了阶级的烙印。在这个阶段，中国第一次形成了比较完整的国家礼仪与制度。如"五礼"就是一整套涉及社会生活各方面的礼仪规范和行为标准。古代的礼制典籍亦多撰修于这一时期，如周代的《周礼》《仪礼》《礼记》就是我国最早的礼仪学专著。在汉以后 2000 多年的历史中，它们一直是国家制定礼仪制度的经典著作，被称为礼经。

（3）礼仪的变革时期：春秋战国时期（公元前 771~公元前 221 年）。这一时期，学术界形成了百家争鸣的局面，以孔子、孟子、荀子为代表的诸子百家对礼教给予了研究和发展，对礼仪的起源、本质和功能进行了系统阐述，第一次在理论上全面而深刻地论述了社会等级秩序划分及其意义。

孔子对礼仪非常重视，把"礼"看成治国、安邦、平定天下的基础。他认为"不学礼，无以立""质胜文则野，文胜质则史。文质彬彬，然后君子"。他要求人们用礼的规范来约束自己的行为，要做到"非礼勿视，非礼勿听，非礼勿言，非礼勿动"。倡导"仁者爱人"，强调人与人之间要有同情心，要相互关心，彼此尊重。

孟子把礼解释为对尊长和宾客严肃而有礼貌，即"恭敬之心，礼也"，并把"礼"看作人的善性的发端之一。荀子把"礼"作为人生哲学思想的核心，把"礼"看作做人的根本目的和最高理想，"礼者，人道之极也"，认为"礼"既是目标、理想，又是行为过程。"人无礼则不生，事无礼则不成，国无礼则不宁"，管仲把"礼"看作人生的指导思想和维持国家的第一支柱，认为礼关系到国家的生死存亡。

（4）礼仪的强化时期：秦汉到清末（公元前 221~公元 1911 年）。在我国长达 2000 多年的封建社会里，尽管在不同的朝代礼仪文化具有不同的社会政治、经济、文化特征，但却有一个共同点，就是一直为统治阶级所利用，礼仪是维护封建社会等级秩序的工具。这一时期的礼仪的重要特点是尊君抑臣、尊夫抑妇、尊父抑子、尊神抑人。在漫长的历史演变过程中，它逐渐变成妨碍人类个性自由发展、阻挠人类平等交往、窒息思想自由的精神枷锁。纵观封建社会的礼仪，内容大致有涉及国家政治的礼制和家庭伦理两类。这一时期的礼仪构成了中华传统礼仪的主体。

（5）现代礼仪的发展。辛亥革命以后，受西方的思想影响，中国的传统礼仪规范、制度受到强烈冲击。"五四"新文化运动对腐朽、落后的礼教进行了清算，符合时代要求的礼仪被继承、完善、流传，那些繁文缛节逐渐被抛弃，同时接受了一些国际上通用的礼仪形式。新的礼仪标准、价值观念得到推广和传播。中华人民共和国成立后，逐渐确立了以平等相处、友好往来、相互帮助、团结友爱为主要原则的具有中国特色的新型社会关系和人际关系。改革开放以来，随着中国与世界的交往日趋频繁，西方一些先进的礼仪、礼节陆续传入我国，同我国的传统礼仪一道融入社会生活的各个方面。

许多礼仪从内容到形式都在不断变革，现代礼仪的发展进入了全新的发展时期。大量的礼仪书籍相继出版，各行各业的礼仪规范纷纷出台，礼仪讲座、礼仪培训日趋火红，人们学习礼仪知识的热情空前高涨，讲文明、讲礼貌蔚然成风。今后，随着社会的进步、科技的发展和国际交往的增多,礼仪必将得到新的完善和发展。

2.1.3　东西方礼仪的差异

东方礼仪主要指中国、日本、朝鲜、泰国、新加坡等亚洲国家所代表的具有东方民族特点的礼仪文化。西方礼仪主要指流传于欧洲、北美各国的礼仪文化。

从西方来说,"礼仪"一词最早源于法语的"Etiquette",是指法庭通行证上所写的进入法庭的每一个人必须遵循的行为规范。经过不断演变、发展,"Etiquette"表示为"人际交往的通行证",但它一进入英文后,就有了礼仪的含义。西方完整、规范的礼仪起源于宫廷贵族,逐渐向民间发展,后来在美国得以迅速传播,并被以美国为首的西方国家将其在人们日常生活中日趋合理化、规范化,并迅速形成体系,被国际社会认可,成为西方国家共同遵循的礼仪规范。

西方的文明史,同样在很大程度上表现着人类对礼仪的追求及其演进的历史。西方礼仪最早萌芽在中古世纪的希腊。人类为了维持与发展血缘亲情以外的各种人际关系,避免"格斗"或"战争",逐步形成了各种与"格斗""战争"有关的动态礼仪。例如,为了表示自己手里没有武器,让对方感觉到自己没有恶意而创造了举手礼,后来演进为握手;为了表示自己的友好与尊重,愿在对方面前放下防范,于是创造了脱帽礼等。

中世纪更是礼仪发展的鼎盛时期。文艺复兴以后,欧美的礼仪有了新的发展,表现为从上层社会对遵循礼节的繁琐要求到 20 世纪中期对优美举止的赞赏,再到适应社会平等关系的比较简单的礼仪规则。西方现代学者编撰、出版了不少礼仪书籍,其中较为著名的有:法国学者让·赛尔著的《西方礼节与习俗》、英国学者埃尔西·伯奇·唐纳德编的《现代西方礼仪》、德国作家卡尔·斯莫卡尔著的《请注意您的风度》、美国礼仪专家伊丽莎白·波斯特编的《西方礼仪集萃》以及美国教育家卡耐基编撰的《成功之路丛书》等。

东西方礼仪的差异主要表现在以下六个方面:

(1) 对待血缘亲情方面。东方人非常重视家族和血缘关系,"血浓于水"的传统观念根深蒂固,人际关系中最稳定的是血缘关系。西方人独立意识强,相比较而言,不很重视家庭血缘关系,而更看重利益关系;他们将责任、义务分得很清楚,责任必须尽到,义务则完全取决于实际能力,绝不勉为其难;处处强调个人拥有的自由,追求个人利益。

(2) 表达形式方面。西方礼仪强调实用,表达率直、坦诚。东方人以"让"为礼,凡事都要礼让三分,与西方人相比,常显得谦逊和含蓄。在面对他人夸奖所采取的态度方面,东西方人不相同。面对他人的夸奖,中国人常常会说"过奖了""惭愧""我还差得很远"等字眼来表示自己的谦虚;而西方人面对别人真诚的赞美或赞扬,往往会用"谢谢"来表示接受对方的美意。

(3) 馈赠礼品方面。东方人的人际交往特别讲究礼数,重视礼尚往来,往往将礼作为人际交往的媒介和桥梁;东方人送礼的名目繁多,除了重要节日互相拜访需要送礼外,平时的婚、丧、嫁、娶、生日、提职、加薪都可以作为送礼的理由。西方礼仪强调交际务实,在讲究礼貌的基础上力求简洁便利,反对繁文缛节、过分客套造作;西方人一般不轻易送礼给别人,除非相互之间建立了较为稳固的人际关系;在送礼形式上也比东方人简单得多,一般情况下,他们既不送过于贵重的礼品,也不送廉价的物品,但却非常重视礼品的包装,特别讲究礼品的文化格调与艺术品位。在送礼和接受礼品时,东西方也存在着差异。西方人送礼时,总是向受礼人直截了当地说明:"这是我精心为您挑选的礼物,希望您喜欢",或者说"这是最好的礼物"之类的话;西方人一般不推辞别人的礼物,接受礼物时先对送礼者表示感谢,接过礼物后总是当面拆看礼物,并对礼物赞扬一番。而东方人则不同,他们在送礼时精心挑选,在受礼人面前总是谦虚而恭敬地说"微薄之礼不成敬意,请笑纳"之类的话;东方人在受礼时,通常会客气地推辞一番;接过礼品后,一般不当面拆看礼物,唯恐对方因礼物过轻或不尽如人意而难堪,或显得自己重利轻义,有失礼貌。

(4)对待"老"的态度方面。东西方礼仪在对待人的身份地位和年龄上也有许多观念和表达上的差异。东方礼仪一般是老者、尊者优先,凡事讲究论资排辈;西方礼仪崇尚自由平等,在礼仪中,等级的强调没有东方礼仪那么突出,而且西方人独立意识强,不愿老,不服老,特别忌讳"老"。

(5)时间观念方面。西方人时间观念强,做事讲究效率;出门常带记事本,记录日程和安排,有约必须提前到达,至少要准时,且不随意改动;西方人不仅惜时如金,而且常将交往对象是否遵守时间当作判断其工作是否负责、是否值得与其合作的重要依据,在他们看来,这直接反映了一个人的形象和素质;西方人工作时间和业余时间区别分明,休假时间不打电话谈论工作,甚至在休假期间断绝非生活范畴的交往。相对来讲,东方人对于时间安排比较有灵活性,主要体现在经常会根据实际情况改变原定计划或调整先后顺序,这样做可以使时间资源应用更为充分,更好地跟当下情况对接;但有时也会带来困扰,比如作报告时任意延长时间等现象会有所发生。因此,目前很多东方国家特别强调时间管理理念,在工作和生活场合中合理安排和优化时间管理,一方面尊重自身的时间和空间,另一方面珍惜别人的时间资源,在时间观念培养中更体现效率、效果和人性化的趋势。

(6)对待隐私方面。西方礼仪处处强调个人拥有的自由(在不违反法律的前提下),将个人的尊严看得神圣不可侵犯;在西方,冒犯对方"私人的"所有权利,是非常失礼的行为。因为西方人尊重别人的隐私权,同样也要求别人尊重他们的隐私权。东方人非常注重共性拥有,强调群体,强调人际关系的和谐;认为邻里间的相互关心、嘘寒问暖,是一种富有人情味的表现。

2.2 城市轨道交通服务礼仪的概念和内涵

2.2.1 礼仪的概念

礼仪是指人们在社会交往中受历史传统、风俗习惯、宗教信仰、时代潮流等因素影响而形成,既为人们所认同,又为人们所遵守,以建立和谐关系为目的的各种符合交往要求的行为准则和规范的总和。站在不同角度上,对礼仪的概念可以作出种种殊途同

微课
视频 1-2-2
城市轨道交
通服务礼仪
的概念和内
涵

归的界定。

（1）从个人修养的角度。礼仪是一个人的内在修养和素质的外在表现。也就是说，礼仪即教养、素质在一个人行为举止中的具体体现。

（2）从道德的角度。"道德仁义，非礼不成"。礼仪可以被界定为为人处世的行为规范，或是标准做法、行为准则。

（3）从交际的角度。礼仪是人际交往中实用的一种艺术，即一种用以处理人际关系的交际方式或交际方法。

（4）从民俗的角度。礼仪是在人际交往中必须遵守的律己敬人的习惯形式，也可以说是在人际交往中约定俗成的尊重他人、友好待人的习惯做法。此即所谓"礼出于俗，俗化为礼"。简言之，礼仪是待人接物的一种惯例。

（5）从传播的角度。礼仪是一种在人际交往中进行有效沟通的技巧，大致可以分为政务礼仪、商务礼仪、服务礼仪、社交礼仪和涉外礼仪五个分支。

（6）从审美的角度。礼仪是一种形式美，有道是"礼由心生"，它是人的心灵美的必然外化。

2.2.2　服务礼仪的概念和内涵

服务礼仪属于礼仪的一种，是指在各种服务工作中形成的，得到共同认可的礼节和仪式，是服务人员在服务过程中恰当表示对服务对象的尊重和与服务对象进行良好沟通的技巧和方法。简而言之，服务礼仪就是服务人员在工作场合适用的服务规范和工作艺术。

服务礼仪体现服务的具体过程和手段，使无形的服务有形化、规范化、系统化，可以树立服务人员和企业良好的形象，形成服务规范和服务技巧，赢得服务对象的理解、好感和信任。

2.2.3　城市轨道交通服务礼仪的概念和内涵

（1）城市轨道交通服务礼仪的概念。城市轨道交通服务礼仪是礼仪在轨道交通服务行业中的具体运用，是服务礼仪的一种特殊形式，是体现城市轨道交通服务的具体过程和手段，主要是指城市轨道交通站务人员在工作岗位上，通过言谈、举止、行为等对乘客表示尊重的礼仪规范和工作艺术。其行为规范主要包括城市轨道交通服务人员在面对乘客时所应有的仪容仪表礼仪、仪态礼仪、接待礼仪和沟通礼仪等内容。

（2）城市轨道交通服务礼仪的内涵。一是服务礼仪表现为城市轨道交通服务工作的规范或准则。城市轨道交通服务涉及的区域广、服务对象众多，需要有严格、严谨的服务规范作为指导，才能确保城市轨道交通服务产品的质量和水平。不同的城市轨道交通运营企业都有自己独特的制服和着装要求，对于服务语言、服务动作和操作流程都制定有相应的规范，这些要求和规范都体现了每个城市轨道交通运营企业的服务理念和服务追求；二是服务礼仪代表了站务人员与乘客之间约定俗成的规矩。在城市轨道交通服务工作中，站务人员应以一定的、约定俗成的程序方式来表现的律己敬人的手段和过程,例如,整洁的仪容仪表、端庄的仪态、得体的言谈等,使乘客得到尊重,获取乘客的好感,乘客就会主动配合服务工作,减少不必要的误解和麻烦;三是服务礼仪体现了一种和谐的人际关系。城市轨道交通站务人员可以根据各式各样的礼仪规范,正确把握与乘客交往的尺度,合理地处理好与乘客的关系,待人接物恰到好处。

2.3　城市轨道交通服务礼仪的作用和基本原则

2.3.1　城市轨道交通服务礼仪的作用

（1）提高站务人员修养。城市轨道交通服务礼仪作为对站务人员角色的行为规范,为站务人员在服务过程中使自身的行为符合乘客的要求提供了保障,也有助于站务人员个人素质的提高。

（2）提高乘客满意度。服务质量通常泛指服务人员进行服务工作的好坏与服务水平的高低。服务质量主要由服务态度与服务技能两大要素构成。在一般情况下,乘客对站务人员服务态度的重视程度,往往会高于对服务技能的重视程度。城市轨道交通服务礼仪有助于提高站务人员的服务意识和服务质量,它不仅能使服务交往变得顺利,让乘客感觉轻松和愉快,而且还能使站务人员通过养成良好的服务意识对乘客的需求做出适时的反应,从而使乘客满意。

（3）提升城市轨道交通运营企业形象。目前,我国多数运营城市轨道交通线路的企业为政府直接管理,良好的企业形象是吸引乘客、有效缓解政府一直努力解决的交通拥堵问题的有力保障。塑造并维护企业的整体形象不是为了自我欣赏,而是为了更好地为乘客服务。良好的服务礼仪是一个企业树立良好企业形象的有效手段,人们对一个企业的认识,首先是从该企业为服务对象提供的服务开始的。因此,规范的城市轨道交通服务礼仪可以塑造和完善企业、地区乃至国家的整体形象。

（4）为企业创造经济效益和社会效益。随着轨道交通行业的迅猛发展,城市轨道交通服务在国民经济中的地位越来越重要。公共交通企业之间的竞争再也不是有形产品之间的竞争,更多是无形服务的竞争,良好的服务可以给企业带来可观的经济效益;同时,服务礼仪的意义绝不仅局限于经济层面,它已渗透到社会生活的各个层面,社会文明的发展和民主的进步呼唤着服务礼仪的完善,给城市轨道交通运营企业带来更多的社会效益,使整个社会和谐、美好。

2.3.2　城市轨道交通服务礼仪的基本原则

（1）尊重原则。站务人员服务过程中,要将对乘客的重视、尊敬、友好放在第一位,这是城市轨道交通服务礼仪的重点与核心。因此在站务人员服务过程中,首要的原则就是敬人之心常存,掌握了这一点,就等于掌握了城市轨道交通服务礼仪的灵魂。在与乘客交往中,只要不失敬人之意,哪怕具体做法一时失当,也容易获得乘客的谅解。

（2）真诚原则。在服务过程中,站务人员必须以诚待人。只有如此,才能表达对乘客的尊敬与友好,才会更好地被对方所理解、所接受;与此相反,倘若仅把礼仪作为

微课

视频 1-2-3
城市轨道交通服务礼仪的作用和基本原则

一种道具和伪装,在具体操作礼仪规范时口是心非,言行不一,则有悖城市轨道交通服务礼仪的基本宗旨。

(3) 宽容原则。站务人员在服务过程中,既要严于律己,又要宽以待人。要多体谅他人,多理解他人,学会与乘客进行心理换位,而不求全责备,咄咄逼人,这实际上也是尊重乘客的一个主要表现。

(4) 适度原则。为了保证应用礼仪的成效,站务人员必须注意技巧,合乎规范,特别要注意做到把握分寸,认真得体。这是因为凡事过犹不及、过了头或者不到位的表现,都不能正确地表达自律、敬人之意。

(5) "乘客至上"原则。城市轨道交通运营企业是从事客运的服务行业,运送对象是乘客,其生产效能是满足人们的出行需要,具有鲜明的社会服务特点。站务人员应摆正自己与乘客的关系位置,确立"服务为本,乘客至上"的业务意识,讲求服务信誉,千方百计维护乘客利益,全心全意为乘客服务,是城市轨道交通运营企业工作人员职业道德的核心。

微课
视频 1-2-4
城市轨道交通服务人员的礼仪素养

2.4　城市轨道交通服务人员的礼仪素养

(1) 亲和的微笑。微笑是人际交往中最富有吸引力、最有价值的面部表情,是打开人心扉的通用语言。在城市轨道交通服务工作中,微笑不仅是站务人员自身文化素质和礼貌修养的体现,更是对乘客的尊重与热情的体现(见图1-4)。

① 亲和的微笑可以改善服务态度,提高服务质量。站务人员微笑服务展示了与乘客打交道的基本态度,微笑对乘客情绪有主动诱导的作用,在微笑的表情支撑下,站务人员会很自然地使用温和的语调和礼貌的语气,不仅能够引发乘客内心的好感,有时也可以稳定乘客焦虑急躁的情绪,使乘客在整个交往过程中感到轻松和愉快,提升了乘客对服务质量的感知度。

② 亲和的微笑可以拉近和乘客间的距离。站务人员的微笑服务可以从情感上拉近与乘客间的距离,当乘客遇到问题或困难时,就会很自然、很及时地向站务人员提出,有助于开展服务工作有的放矢,避免将一些小问题转化为大事件,直接影响企业的形象。

图 1-4　亲和的微笑

③ 亲和的微笑能带来良好的"首因效应"。首因效应具有先入为主的特点,一旦乘客对站务人员产生了不良的第一印象,要改变它是十分艰难的,往往要付出比先前多出几十倍的精力。所以站务人员微笑服务是非常必要的,它能快速地使站务人员与乘客的关系变得融洽,收到事半功倍的效果,也标志着站务人员服务水平的高低。

④ 正确微笑的基本原则是主动微笑、真诚微笑、眼中含笑。主动微笑是指站务人

员在与乘客目光接触的时候,首先要向乘客微笑,然后再开口说话,主动创造一个友好、热情的气氛;真诚微笑是指站务人员微笑是发自内心的,表示对乘客的尊重和理解;眼中含笑是指站务人员在面对乘客时脸上有笑,眼睛更要有笑。

(2)舒心的问候。问候是人与人见面时最初的直接接触。问候得当可以迅速表达出自己的心意与诚意,可以在最初接触时给乘客留下好印象。站务人员见到乘客时,应主动打招呼。一般来说,先打招呼的人会在后面的谈话交流和服务中掌握主动。

(3)整洁的仪表。站务人员每天都要接触成千上万的乘客,乘客对轨道交通服务第一印象的产生首先来自站务人员的仪容仪表。良好的仪容仪表,会使人产生美好的第一印象,从而对城市轨道交通起到宣传作用,同时还能弥补某些服务方面的不足,反之,不佳的仪容仪表往往会令人生厌,即使有热情服务和一流设施也不一定给乘客留下好印象。站务人员的仪表一定要整洁和朴素,整洁和朴素的仪表可以拉近和乘客的距离,带给乘客清新、健康的印象。

(4)得体的语言。语言是为乘客服务的第一工具,它对做好服务工作有着十分突出的作用。得体的语言会让乘客倍感亲切。站务人员要善于察言观色,语言交流要针对乘客实际,要从言谈举止中迅速把握乘客的心情,要明白乘客的弦外之音,了解乘客的愿望。要尽量站在乘客的立场上说话办事,判断乘客的心理和服务需要。

此外,站务人员需要用委婉的语气表达否定的意思。拒绝乘客时,使用否定句的影响是很强烈的,会给乘客留下不愉快的印象。

(5)诚恳的态度。接待乘客时,给乘客的第一印象是非常重要的。而对于究竟给乘客留下何种印象起决定作用的"态度",则主要是通过内心情绪和外在动作表现出来的。

① 要真诚地欢迎乘客,良好的仪态姿势不仅能表现出优雅的气质,还能给乘客以舒适感和信赖感。

② 要用明朗的心情感染乘客,作为一名站务人员,即使有不高兴的事,也应忍耐,要将明朗、快乐带给周围的人。这样,在某种程度上也会减轻自己的不快。要有热情,全身心地为乘客服务。

③ 要给乘客美丽的眼神,俗话说"眼睛会说话""眼睛是心灵的窗口",站务人员应学会注视着乘客的双眼。

④ 要学会体谅乘客,无论何时站务人员都应该站在乘客的立场来考虑问题。

⑤ 要善于控制自己的情绪和言行,工作时不要因心情不好等原因而怠慢了乘客,应当控制自己的情感,以一种平稳的心态与乘客接触;站务人员要面对着乘客与其沟通,因为这样才能迅速、准确地把握住乘客的反应,切不可将后背朝向乘客。

2.5 城市轨道交通服务人员的素质要求

2.5.1 主动热情

日本的一家服务公司对服务员的面试十分独特。在面试时突然中断,然后安排另一个人向这名应试者询问某个问题,比如询问洗手间在什么位置。他们得到的回答通

微课
视频 1-2-5
城市轨道交通服务人员的素质要求

常有三种,一种回答是直接回答"我不知道";第二种回答是不知道,并对自己的身份作一个说明;第三种回答是:"对不起,我是来面试的,不过我去帮您问一下然后告诉您。"对于第一种回答的应试者公司是不会录用的,而对于第三种回答的应试者将会被安排到所需的岗位。

主动热情是指站务人员即使在乘客暂时不需要服务时,也要眼观六路,耳听八方,心里想着乘客、眼里看着乘客,为乘客提供服务。优秀的站务人员往往能够在乘客尚未发出"请提供服务"信息之前就察言观色,主动服务。此外,站务人员要保持热情,无论乘客如何挑剔,也无论受到了多大的委屈,始终要以积极热情的态度面对每一位乘客,这种热情要建立在以服务为荣的基础上。要记住,不能控制情绪的站务人员是肯定做不好服务工作的。

2.5.2　控制情绪

作为一名优秀的站务人员,应善于控制自己的情绪,约束自己的情感,克制自己的举动,不论与哪一类型的乘客接触,无论发生什么问题,都能够做到镇定自若,不失礼于人。

当乘客有不满情绪时,往往会对站务人员提出批评,这种批评可能会在不同场合以不同方式提出来。当乘客在公开场合向站务人员疾言厉色时,往往会使人难以接受,遇到这种情况站务人员首先需要冷静,不要急于与之争辩,切不可针锋相对,使矛盾激化难以收拾。如果乘客无理取闹,可以交相关部门或人员解决。

当乘客不礼貌时,更要做到有礼、有理、有节地解决问题。有礼,即临辱不怒,面对乘客的不礼貌,站务人员不应生气,而应沉着冷静,以妙语应粗语,以豁达应愚昧,以文雅对无礼,使个别乘客对自己的行为过意不去,只有这样,才不至于使自己陷入被动的境地,才能够维护企业的窗口形象;有理,即动之以情、晓之以理,虽然这些乘客态度生硬,但是一旦发现自己理亏,得不到大多数人的支持,还是会有所收敛;有节,乘客毕竟是乘客,是服务对象,不能因为乘客有过错而心存芥蒂,和乘客的争论最终受到损失的是公司而不是乘客,同时对乘客的宽容也会得到回报。

2.5.3　处变不惊

城市轨道交通中的乘客构成一个社会,各式各样的人都有,各种情况和突发事件都有可能随时发生,因此站务人员一定要有处变不惊的能力。在面对一些喜怒无常、无理纠缠的乘客时,在遇到列车晚点、发生突发事件时,都需要站务人员临变不乱来应对各种突发状况。这就要求站务人员熟知各类应急处置预案,培养良好的心理素质。

学习活动设计
城市轨道交通
礼仪认识

同步习题
1-2

【同步习题】

1. 单项选择题(每题 5 分,共 25 分)

(1) 礼仪的"礼"表示(　　)。

A. 礼节　　　　　　B. 尊重　　　　　　C. 鞠躬　　　　　　D. 礼貌

(2) 礼仪的"仪"表示(　　　)。

A. 仪容　　　　　　　B. 仪表　　　　　　C. 仪态　　　　　　D. 仪式

(3) 礼仪就是(　　　)的一种行为规范。

A. 遵守、尊重　　　　B. 律己、敬人　　　C. 圆滑、顺从　　　D. 气质、魅力

(4) 礼仪是(　　　)逐渐趋向完善的。

A. 夏朝　　　　　　　B. 商朝　　　　　　C. 周朝　　　　　　D. 秦朝

(5) 站务人员在应用礼仪时,为了保证取得成效,必须注意技巧,合乎规范,特别要注意做到把握尺寸,认真得体,这是指服务礼仪基本原则中的(　　　)。

A. 体贴原则　　　　　B. 温馨原则　　　　C. 适度原则　　　　D. 舒心原则

2. 多项选择题(每题 10 分,共 50 分)

(1) 礼仪起源于(　　　)。

A. 天神生礼仪,礼为天地人的统一体　　　B. 礼产生于人的自然本性

C. 礼为人性和环境矛盾的产物　　　　　　D. 礼生于理,起于俗

(2) 服务礼仪的内涵主要体现在(　　　)。

A. 是服务工作的规范或准则,表现为一定的章法

B. 是一定社会的人们的约定俗成

C. 是一种和谐关系

D. 是礼仪核心思想的高度概括

(3) 城市轨道交通服务礼仪的作用是(　　　)。

A. 提高自身修养,改善人际关系

B. 在人际交往中尊重自己

C. 提升企业形象,提高乘客满意度

D. 在人际交往中取悦自己

(4) 以下为城市轨道交通服务礼仪的基本原则是(　　　)。

A. 尊重　　　　　　　　　　　　　　　　B. 真诚

C. 宽容　　　　　　　　　　　　　　　　D. 适度和乘客至上

(5) 在服务过程中,亲和的微笑可以改善服务态度,提高服务质量。原因是(　　　)。

A. 微笑对乘客的情绪有主动诱导的作用,乘客的情绪往往受服务人员态度的影响

B. 由于微笑的表情,服务人员很自然地使用温和的语调和礼貌的语气

C. 温和的语气可以引发乘客内心的好感,稳定乘客焦虑急躁的脾气

D. 使乘客在整个交往过程中感到轻松和愉快

3. 判断(每题 5 分,共 25 分)

(1) 礼仪的"礼"表示礼节,即在人际交往中待人接物要有礼有节。(　　　)

(2) 待人接物的基本要求是以尊重自己为准则,以个人为中心。(　　　)

(3) 在与乘客整个交往过程中能够让乘客感到轻松和愉快的有效法宝是微笑。(　　　)

(4) 宽容原则是要求站务人员在服务过程中,既要严于律己,更要宽以待人,要体谅他人,多理解他人。(　　　)

（5）在服务过程中，首要的原则是敬人之心长存，掌握了这一点，就等于掌握了礼仪的灵魂。（　　）

知识拓展

笑容背后的秘密

当您乘坐城市轨道交通时，站务人员向您露出了雪白的牙齿，嘴角泛起一弯美丽的笑容，您心情顿时变得轻松愉快。但是，您能否分辨得出这微笑是发自内心的欢迎，还是职业性的表演吗？

1. 最早的微笑科学研究记录

早在19世纪，法国解剖学家杜彻尼·博洛尼利用电诊法和电流刺激来区分发自肺腑的微笑与其他种类的笑容。他通过对人们面部肌肉及因其收缩而引发的各种笑容进行研究发现，人的笑容是由两套肌肉组织控制的：以颧肌为主的肌肉组织可以使嘴巴微咧，双唇后扯，露出牙齿，面颊提升，然后再将笑容扯到眼角上；而眼轮匝肌可以通过收缩眼部周围的肌肉，使眼睛变小，眼角出现皱褶，即常说的"鱼尾纹"。引用杜彻尼的话来说"第一套肌肉（颧大肌）服从意志的指挥，而第二套肌肉（眼轮匝肌）只接受发自内心的甜蜜情绪的支配，假的和欺骗的笑容都不能使它收缩"。

这就是说，人类可以有意识地控制颧骨处的肌肉，在不开心时也可以调动这部分肌肉，以制造出虚假的笑容；而眼轮匝肌是不受人类的主观意识控制的，它调动起的笑容一般都是发自肺腑的笑容。因此区别一个人脸上的笑容是真心的还是虚假的，按照杜彻尼的观点可以观察他是否笑得带有"鱼尾纹"。

2. 杜彻尼微笑

"杜彻尼微笑"是美国行为心理学家保罗·艾克曼（Paul Ekman）通过几年的研究，总结出的辨别"伪装笑容"的关键技巧。

保罗·艾克曼在翻阅资料时偶然发现，在达尔文的年代，法国解剖学家杜彻尼·博洛尼认为"欢悦的情绪表达在颧大肌和眼轮匝肌上，前者可以被有意识地控制，后者却只能为真实的快乐驱使。那些虚假的笑容无法引起后者的收缩。眼周的肌肉不会听我们的话，它们是情绪的真实传达者。"

保罗·艾克曼认为，杜彻尼提出的这种笑容包含了面部颧骨肌肉和眼周肌肉部分的收缩——才是真的发自内心的欢乐微笑，并把它命名为"杜彻尼微笑"。

3. 脸部动作编码系统

美国加州大学心理学家保罗·艾克曼教授和肯塔基州大学的华莱士·V·法尔森教授经过多年研究，设计出一套识别面部表情的脸部动作编码系统，能够成功破解人们的真实表情，包括真笑和假笑。

人类在真笑时嘴角上翘、眼睛眯起。此时，面部主管笑容的颧骨主肌和环绕眼睛的眼轮匝肌同时收缩，因为真心流露的笑容是自发产生的，不受意识支配。因此，除了反射性地翘起嘴角之外，大脑负责处理情感的中枢还会自动指挥眼轮匝肌缩紧，使得眼睛变小,眼角产生皱纹,眉毛微微倾斜。

而伪装的笑容是通过有意识地收缩脸部肌肉、咧开嘴、抬高嘴角产生。与真笑不同,此时眼轮匝肌不会收缩,因为眼部肌肉不受人的意识支配,只有真的有感而发时才会发生变化。有些人假笑时动作很夸张,面部肌肉强烈收缩,整个脸挤成一团,给人造成眼睛眯起来的假象。但注意,此时,眼角的皱纹和倾斜的眉毛是没有办法伪装的。换句话说,遮住一个人面部的其他部位,只露出眉毛和眼睛,若是真笑,依然能看出来他在微笑;若是假笑,就只能看到一双无神的眼睛了。

规范、规程与标准

微课
站务员工服
务行为规范
场景化展示

××地铁公司站务员工服务行为规范

1. 注意形象,在岗期间,均须佩戴工作证件,不得在乘客服务区有喧哗、饮食、躺卧等不文明行为。

2. 站务员、值班员不准携带手机上岗。

3. 保持车控室对外服务形象,非车控室当班员工不得随意进入车控室。

4. 员工穿着工装搭乘地铁时,须礼让乘客、站立乘车,注意仪容仪表,着装干净整洁,不赤膊、赤脚或穿拖鞋,不卷袖或卷裤管;上下班途中,如穿着工装,须按标准穿戴整齐,注意仪态,举止文明。

5. 认真工作,不在岗位上聊天、说笑、追逐打闹或做与工作无关的事,如看书、看报、吃东西、私自会客、用电话聊天、发短信等。

6. 员工在岗期间应尽力为乘客创造舒适的服务环境,注意保持工作区整洁有序,并尽力减少服务区施工对乘客产生的影响。

7. 员工乘车时要注意文明礼让,主动给乘客让座。

8. 员工回答乘客询问时,要耐心有礼,面带微笑,不得不理不睬或边走边回答,不得边工作边回答,也不得以摇头、点头等方式回答乘客,应站立或停下手中工作认真回答。如工作确实无法终止应请乘客稍等,并在工作后第一时间回答乘客;对自己无法回答的询问,应请教同事或引导乘客咨询其他工作人员,不得误导乘客,不得互相推诿。

9. 乘车、候车过程中主动维持乘客候车、乘车秩序;对违反地铁有关规定的乘客应采用委婉的语言制止,尽量站在乘客的角度,从乘客安全、利益的角度出发进行解释,严禁对乘客有大声呵斥、推、拉、扯、拽等不文明行为;维护公司利益,主动制止破坏车站、列车秩序,损害公司利益的行为;在发生列车故障、突发事件时应主动维持秩序,对乘客进行引导。

复习思考题与实践训练

1. 服务有哪些特性? 具体表现在哪些地方?

2. 城市轨道交通面向乘客的服务包括哪几方面？

3. 如何理解服务意识的内涵？

4. 怎样理解城市轨道交通服务中常见的心理效应？

5. 如何正确理解城市轨道交通服务礼仪的概念和内涵？

6. 城市轨道交通服务礼仪中应遵循的基本原则有哪些？

7. 一名优秀的站务人员应该具备哪些礼仪素养和素质？

8. 实践训练：请利用所学知识对以下案例进行分析。该名票亭岗站务人员的服务为什么能受到乘客好评？

一天，某地铁车站没有计次卡库存了。一位乘客来到票亭购买记次卡。

乘客：你好，请问你们这里有记次卡卖吗？

票亭岗站务人员：（面带微笑婉转地回答）抱歉啊，记次卡早上刚卖完，现在已经没有了。

乘客问：哦，来晚啦，请问什么时候会有呢？

票亭岗站务人员：（略带歉意）抱歉，具体的时间我也不是很清楚。

乘客：这样啊，打扰了。

乘客感到很惋惜，站务人员灵机一动：何不把乘客电话留下来，卡到了好通知这个乘客前来购买。随后依然面带微笑地对乘客说："这样吧，您把联系方式留给我，等记次卡一到，就立即打电话给你，行吗？"乘客听后非常高兴，说："好啊，谢谢你啊！"乘客很乐意地把电话留了下来。下午，票务中心送卡，当即配了200张记次卡给车站。该名站务人员得知有卡后，通知车控室打电话让乘客前来购买。后来经乘客讲述才知道，第二天他就要出差了，但出差前公司交代给他一项任务，要求他当天为公司员工购买66张记次卡当作交通补贴发给大家。乘客买到了记次卡后，主动在车站留言簿上给票亭岗站务人员写下了满意的评价。

扬工匠精神　讲轨道故事

"第五批全国学雷锋示范点"——西安地铁北大街站锋巢服务队

锋巢服务队寓意为向雷锋同志一样积极发挥为人民服务的精神。西安地铁在以北大街站为代表的线网全部车站服务持续提升中，时常让西安市民感受到：雷锋精神，人人可学；奉献爱心，处处可为。

2011年，西安地铁首条线路开通试运营。开通当年，北大街站就提出践行"雷锋精神"工作思路，打造起赠人玫瑰、手留余香的"玫瑰服务站"，在西安市民、乘客中取得良好反响。2013年，地铁一号线开通试运营后，北大街站成为西安地铁首座换乘车站。在客流持续刷新纪录的背后，北大街站不断贴合运营服务工作的实际需求，开展"学雷锋·争当活地图"活动，至今已为西安市民指路无数次。2016年，北大街站值班站长张劲飞突然接到员工报告"女卫生间有一名孕妇产下婴儿"，他立即赶往现场，并与赶来支援的医护人员和车站员工一道，为产妇搭起临时产房。因被送医救治及时，产妇母子平安。如此善举,层出不穷。

北大街站每年启动一项全新践行"雷锋精神"活动,2019 年,这里已成为"第五批全国学雷锋示范点",并正式成立锋巢服务队。锋巢服务,不忘初心! 北大街锋巢服务队队长站长李准这样说道:"我们要做雷锋精神的种子,让雷锋精神播撒于地铁乘客心中,奉献青春,继续前进。"一季度锋巢服务队开展"150 秒救助"提升,在服务台主动增加爱心轮椅,稳定提升服务质量;二季度制作线下乘客服务展示板,开展"雷锋车站进校园"联建活动,为在校大学生提供实际操作平台;三季度线上服务贴士上线,升级手绘出行手册,开展"垃圾分类先行"活动,深入开展城市生活垃圾分类宣传工作……

2019 年 5 月 1 日,一名女性乘客晕倒在了车站服务台,正在服务台服务的赵春雨迅速联控同事,坚守在乘客身边并积极唤醒乘客,直到救护车到来,乘客最终转危为安。2019 年 7 月 17 日下班高峰期,一名孕妇在地铁北大街站突然破水,情况危急,锋巢服务队队员孙磊当机立断,用担架将孕妇抬至附近交大二附院,总共用时 7 分钟,后来母子平安,孩子乳名叫"小地铁"。2019 年 9 月 3 日中午,一名刚刚做完手术的乘客在站晕倒,情况紧急。值班站长原明在了解情况后,立即安排车站志愿者使用轮椅,将乘客送至医院病房内。

大爱无言,奉献无声。这句话既是锋巢服务队的诺言,也是每一位锋巢服务人不忘初心、继续前进的动力。2019 年"十一"期间,北大街站"锋巢"人,用自己的坚守,为乘客提供"便捷、顺畅、悉心"的服务,主动开展客流预测,编写客流组织方案,排查车站备品,加大安保检查力度,细化车站服务,开展本站实时响应等。

北大街站自西安地铁开通试运营后,坚持学习发扬"雷锋精神"。2017 年,获西安市文明办"西安好人"、西安市建设交通工会"工人先锋号"称号;2018 年,获交通运输部等四部委"捷安杯"大赛团体第四名、共青团西安市委"营商环境提升青年示范岗";2019 年,获中共中央宣传部"第五批全国学雷锋示范点",共青团西安市委、西安青年联合会"西安青年五四奖章集体"。

"我们永远会以最饱满的热情,迎接每一天的挑战,向前走,不忘记为什么出发!"锋巢服务队队长李准的话掷地有声。让"雷锋精神"之花,在西安地铁永远盛开!

知识结构图

```
城市轨道交通服务
仪容仪表礼仪
│
├─ 站务人员仪容要求 ─┬─ 站务人员仪容形象的重要性 ─┬─ 美好"第一印象"
│                    │                            ├─ 尊重乘客
│                    │                            └─ 展示企业文化
│                    └─ 站务人员仪容形象的基本要求 ─┬─ 面部
│                                                  ├─ 发部
│                                                  └─ 手部
│
├─ 站务人员仪容修饰规范 ─┬─ 女性站务人员仪容修饰规范 ─┬─ 面部皮肤保养
│                        │                            └─ 女性站务人员仪容修饰
│                        └─ 男性站务人员仪容修饰规范 ─┬─ 男性皮肤常识
│                                                    └─ 男性站务人员仪容修饰
│
├─ 站务人员职业着装规范 ─┬─ 服装的功能 ─┬─ 保护
│                        │              ├─ 美化
│                        │              ├─ 表达
│                        │              └─ 标志
│                        ├─ 着装的基本要求 ─┬─ 根据时间、地点、场合变化选择着装
│                        │                  ├─ 色彩搭配要合理
│                        │                  └─ 款式要与个人自然条件相适应
│                        ├─ 男士西装的穿着规范 ─┬─ 色彩与面料
│                        │                      ├─ 套装选择
│                        │                      ├─ 衬衫
│                        │                      ├─ 领带
│                        │                      ├─ 内衣
│                        │                      ├─ 西裤
│                        │                      ├─ 鞋袜
│                        │                      ├─ 衣袋
│                        │                      └─ 纽扣
│                        ├─ 女士套装的穿着规范 ─┬─ 款式
│                        │                      ├─ 面料
│                        │                      ├─ 颜色与图案
│                        │                      ├─ 尺寸
│                        │                      ├─ 衬衫
│                        │                      ├─ 内衣和衬裙
│                        │                      ├─ 鞋袜
│                        │                      └─ 协调妆饰
│                        └─ 站务人员职业着装规范 ─┬─ 职业着装的分类
│                                                ├─ 统一职业着装的作用
│                                                ├─ 职业着装的原则
│                                                └─ 站务人员职业着装的规范要求
│
└─ 站务人员饰品佩戴规范 ─┬─ 佩饰的作用
                         └─ 站务人员佩饰的分类及佩戴规范 ─┬─ 个人佩饰及佩戴规范
                                                          └─ 工作佩饰及佩戴规范
```

模块概述

本模块由四个学习任务构成。在仪容礼仪两个任务的学习中,讲述了站务人员仪容形象的重要性,以及从面部、发部、手部对站务人员仪容形象的基本要求,引出如何对女性站务人员和男性站务人员仪容进行修饰;在仪表礼仪两个任务学习中,讲述服装的功能、着装的基本要求,重点介绍男士西装、女士套装的穿着规范,使学习者充分理解统一站务人员职业着装的作用,全面掌握站务人员职业着装的规范要求及饰品佩戴规范。具体可以达到以下学习目标:

(1) 能力目标:能够主动运用仪容修饰规范和得体着装,打造一线站务人员良好的职业气质和职业形象,善于运用服饰搭配技巧扬长避短、显优藏拙,塑造和谐统一的职业装文化。

(2) 知识目标:了解站务人员仪容形象的重要性、着装的基本要求和佩饰的作用,掌握站务人员仪容形象的基本要求、仪容修饰规范、职业着装规范和饰品佩戴规范,熟悉男士西装和女士套装的着装规范。

(3) 素质目标:具有塑造职业形象意识,养成文明穿着服饰的习惯,显示良好的文化层次、道德水平和审美水平,做到与实际服务表现内外交融,展现良好的职业风貌。

通过本模块的学习,能够理解良好的仪容仪表形象在彰显城市轨道交通运营企业文化中所起的重要作用,体会塑造良好的仪容仪表形象不仅增加了站务人员自信,也显示了对乘客的尊重之情。同时使学习者能够认识真正的美,提升塑造美的职业形象的能力。

导入案例

西安地铁二号线自 2011 年 9 月 16 日首条线路通车至今,其高效、准时、便捷的特点已经深得古城市民的认可,服务于广大市民的地铁年轻的工作人员,也成为西安地铁另一道靓丽风景线。他们或手拿对讲机或工具,或匆忙辗转于车站各个角落,或认真端坐在各自工作岗位上,这些姑娘和小伙们,在统一制服的装点下,更显青春、帅气。

与乘客接触最多的便是各个车站或车队的客运服务人员,他们的服饰也为乘客所熟悉。夏装衬衣及短袖采用浅水粉色,搭配藏青色长裤。在外观感觉上浅水粉色衬衣及短袖比白衬衣更具亲和力,且与设计主导思想——中国红形成完美和谐的色彩递接。春秋装选用经典的中低明度的宝石蓝为主色调,佩戴同色系帽子,显现时尚、优雅。冬季大衣颜色选用藏青色,女款选用分割线自然收身款,男款选用经典中长款,突出体现了西安地铁站务、乘务人员青春朝气、蓬勃向上的精神风貌。另外,西安地铁客运人员还配备羽绒大衣度过寒冷的冬季。

西安地铁维修人员一直被网友亲切地称为"蓝精灵"。他们的服装选用了较为鲜艳的蓝色系作为主打色,这是出于安全的考虑。另外肩部、肘部、膝部设计的双层贴布增加美感和耐磨性;大容量的立体贴袋特设插笔孔,左臂和右腿侧特加的工具袋便于放置常用小巧的工具。

西安地铁运营生产岗位制服佩饰及区别帽徽颜色是标志色和银白色,金属材质。内部造型由盾牌演变而来,盾牌周围围绕着松枝叶,体现生机勃勃,不怕风吹雨打,勇于牺牲精神和奉献精神。下方中心为西安市的代表——钟楼,下方是城墙的抽象图,寓意着西安地铁飞跃发展的繁荣景象。盾牌内部上方为西安地铁的标识和文字,体现企业文化。

臂章底色为深宝蓝色,边框是金黄色,整体设计为盾牌造型。上方是"西安地铁"四个字;中间是"★",反映职员和职能职级;下方是橄榄叶围绕着西安地铁的标志,可以体现企业文化;橄榄叶上方是红色飘带,寓意着西安地铁飞跃发展的繁荣景象。臂章分为站务和乘务两类。站务臂章四星是区分级别与身份的标识:一星代表站务员,二星代表值班员,三星代表值班站长,四星代表站区长(或副站区长);乘务臂章四星同样是区分级别与身份的标识:一星、二星为监控司机或操纵司机(根据驾龄时长区分),三星为督导员,四星为司机队长。另外,领带、领花、纽扣设计简洁大方,传递现代气息及国际化的时尚感。

西安地铁制服的设计理念是结合地铁行业和西安地域文化特点,充分展示和提升企业品牌及核心价值。在制服的设计中,注重运用国际流行的时尚元素,结合西安地铁"CI"设计(企业形象识别系统),以及古城厚重的文化品位来确定服装的设计理念,从面料、纹样以及配饰等方面都强调了西安地铁职业服装的独特性和不可复制性,力求展现员工"优雅、大方、亲和"及激情洋溢、活力四射的形象特征。

案例简析:作为公共交通行业的西安地铁,制服的品牌符号应超越自身之功能,在给公众展示服饰文化价值的同时,也要体现企业的形象,从而提升西安地铁的魅力。通过特殊的品牌符号向乘客和社会传播西安地铁的特色文化,对内可以增强企业的向心力和凝聚力,激发员工的工作热情和责任心,不断提高服务质量和经营管理水平;对外既可传播企业文化,又能展示企业良好形象,扩大企业的社会影响,促进地铁健康发展。

知识讲解

学习任务 1　站务人员仪容要求

仪容,通常是指人的外观、外貌,但重点是指人的容貌。一般来说,仪容美是自然美、修饰美和内在美的统一。仪容的自然美是指仪容的先天条件好,这也是每个人内心的愿望,先天美好的容貌,无疑会令人赏心悦目,感觉愉快;仪容的修饰美是指按照标准和规范,结合自身条件对仪容进行必要的修饰,扬长避短,设计、塑造出美好的个人形象,是一种短时间内能够达到仪容外观美的途径;而仪容美的最高境界是内在美,它是通过长时间主动地对自我心灵的修炼和调整,深化内在修养,由内而外散发出优雅的气质与得体的形象,使自己秀外慧中,表里如一。三者中,仪容的修饰美是塑造仪容形象的重点。

1.1　站务人员仪容形象的重要性

微课

视频 2-1-1
站务人员仪
容形象的重
要性

1.1.1　美观的仪容形象会给乘客留下美好的"第一印象"

站务人员的工作属于公众服务,每天都要与成千上万的乘客打交道,在与乘客接触的过程中,先入为主的自然是站务员的仪容形象。乘客对站务人员仪容形象的良性感知,会对后续的服务过程产生积极的影响;相反,乘客对站务人员仪容形象的不良感知,会对后续的服务过程产生消极的影响。

1.1.2　整洁的仪容形象是尊重乘客的具体体现

无论站务人员天生的长相如何,在服务工作中是否能够保持仪容整洁卫生,是站务人员是否具备职业素养的重要考核标准。站务人员整洁的仪容不仅显示了其个人良好的生活和卫生习惯,而且可以使自己充满自信,发挥主观能动性,拉近和乘客之间的距离,带给乘客清新、健康的印象,进而更好地向乘客表达尊重之意,增进彼此的信任,造就和谐融洽的人际关系。

1.1.3　得体的仪容形象是企业文化的展示

站务人员作为城市轨道运营企业的"形象代言人",其工作时的仪容形象不仅仅只属于自己,而是应将企业核心价值观、企业精神、企业使命和企业作风深深地植根于脑中,树立"以企业为荣"的思想观念,塑造得体的职业仪容形象,展现良好的教养和优雅的风度。让乘客从所接触的站务人员身上看到整个企业的凝聚力和向心力,展示积极向上的企业文化,从而创建优秀的城市轨道交通服务品牌。

1.2　站务人员仪容形象的基本要求

微课

视频 2-1-2
站务人员仪
容形象的基
本要求

要展现完美的职业形象,就要求站务人员有良好的生活习惯,这是需要用时间来培养的,一旦形成就会成为个人形象的可靠保证。因此,勤洗澡,勤换衣服,注意个人卫生,培养良好的生活习惯,是站务人员仪容形象的基本要求,重点是面部、发部、手部等部位的整洁和卫生。

1.2.1　面部

站务人员面部的基本要求是无异物、无异味。

(1)眼睛:眼睛是心灵的窗户,应注意休息和清洁。眼睛要做到眼角无分泌物,无睡意、不充血、不斜视,清爽明亮;另外,站务人员当班时间不能戴墨镜或有色眼镜,女性站务人员不用人造假睫毛,不抹浓眼影。

(2)耳朵:要经常进行耳部的清洁。耳朵内外要干净,无耳屎;如果有耳毛的话,要及时进行修剪。

(3)鼻子:鼻子是面部的"制高点",是别人目光的聚焦点。站务人员要鼻孔干净,不流鼻涕,及时修剪鼻毛;不要当众擤鼻涕、挖鼻孔。

(4)嘴:站务人员与乘客交流时不能嚼口香糖,嘴角不能有泡沫;女性站务人员不能用冷色或浓重口红,男性站务人员不得留胡须。

(5)口腔:站务人员要坚持每天早晚刷牙,保持口腔清洁,无食物残留物、异味;工作时间应避免食用气味过于浓烈的食物,如生葱、生蒜、韭菜等。

1.2.2 发部

站务人员发部的要求是干净整洁、发型规范。

(1)发部的整洁。站务人员的头发必须保持干净整洁,无异味、头皮屑、灰尘,不要使用太多发胶;要注意护发养发,让头发看起来健康、秀美,给乘客留下干净卫生、神清气爽的感觉。男站务员至少每月理发一次;女站务员则要根据自身情况选择合适的理发频率。

(2)发型规范。站务人员的发型式样要考虑两点:一是要符合工作角色的基本要求,庄重保守,不能太时尚;二是要考虑行业、企业的特殊要求,体现和谐的整体美。

① 发型的基本要求。男性站务人员的头发应长短适中。前额的头发不要遮住双眉,不遮挡视线;侧边的头发不遮盖上耳轮;后边的头发不触及衬衫的衣领上部;不留大鬓角,不能剃光头(见图2-1)。

女性站务人员的头发应美观、大方、高雅、得体、干练。前额的头发不遮眼遮脸,以保持在眉毛上方为宜;侧边的头发不遮掩面庞,保持两鬓光洁,无耳发;后面的头发长度不超过肩膀,长发应束起盘于脑后(见图2-2)。

图2-1 仪容基本要求(男)

图2-2 仪容基本要求(女)

② 发型的修饰。站务人员的形象讲究庄重、简洁、大方。所以,应根据自己的脸型和气质选择适合的发型,同时工作时要按行业和公司规定的发型梳理头发,不能追求时尚,更不能标新立异;头发不要漂染色彩鲜艳的颜色,乌黑秀丽的发色更符合东方人

的审美标准。

1.2.3 手部

站务人员在服务过程中,经常要用手为乘客进行操作和引导,要注意手部的美化。站务人员的手和手指甲应随时保持清洁,养成勤洗手的好习惯;手上应经常擦护手霜,以保持手部的柔软;经常修剪指甲,以免藏污垢,指甲长度以从手心向外看不超过 1 毫米为宜;女性站务人员只可涂肉色或透明色的指甲油并保持完好,不得使用指甲装饰品。

学习活动设计
站务人员仪容要求

【同步习题】

同步习题
2-1

1. 单项选择题(每题 5 分,共 25 分)

(1) 站务人员仪容形象的基本要求是(   )。

A. 美观、整洁、得体   B. 时尚、夸张、个性

C. 流行、独特、张扬   D. 简约、大方、朴素

(2) 班前在对耳朵进行检查时,应看(   )。

A. 耳朵是否遮在头发内   B. 耳朵是否能听见

C. 耳朵应佩戴耳环   D. 耳朵内外干净,无耳屎

(3) 指甲长度以从手心向外看不超过(   )为宜。

A. 1 厘米   B. 2 厘米   C. 1 毫米   D. 2 毫米

(4) 女性站务人员只可涂(   )色的指甲油并保持完好。

A. 深红   B. 白   C. 浅红   D. 肉色或透明

(5) 女性站务人员的头发长度不超过(   ),长发应束起盘于脑后。

A. 下巴   B. 肩膀

C. 耳朵   D. 制服衣领上部

2. 多项选择题(每题 10 分,共 50 分)

(1) 班前在对眼睛进行检查时,应看(   )。

A. 眼角无分泌物,无睡意,不充血,不斜视,清爽光亮

B. 眼睛应微闭,让人看着更有神

C. 女性不用人造假睫毛,不画烟熏妆和浓眼影

D. 不戴墨镜或有色眼镜

(2) 口腔清洁很重要,一般来说需要注意(   )。

A. 牙齿整齐洁白,口中无异味,嘴角无泡沫

B. 与乘客交流时不嚼口香糖

C. 上班时不吃刺激性食物

D. 女性不用深色或浓重口红

(3) 站务人员应注意个人卫生,一般应保证(   )。

A. 每天至少刷两次牙,以保持牙齿、口腔清洁

B. 上岗前忌食葱、蒜、韭菜之类的刺激性食物

C. 定期除掉牙齿上的尼古丁痕迹

D. 每天要洗澡并换洗内衣,以防止身体有异味

(4) 女性站务人员的发型选择上,应注意(　　)。

A. 长发:披头散发,用头发遮住耳朵

B. 长发:束起盘于脑后,保持两鬓光洁、无耳发

C. 刘海可卷可直,但必须保持在眉毛上方

D. 任何发型均应使用发胶或摩丝定型,不得有蓬松的感觉

(5) 在发型整理方面,应注意(　　)。

A. 发型应按照流行趋势,随着时尚的潮流而变化

B. 发型应适合自己的脸庞、风度,工作时按照规定发型梳理

C. 不得梳各种怪异发型

D. 严禁漂染彩色头发,乌黑秀丽的发色更符合站务人员的形象要求

3. 判断题(每题 5 分,共 25 分)

(1) 一般来说,仪容美是容貌一定要漂亮或帅气。(　　)

(2) 仪容的内在美是通过长时间主动地对自我心灵的修炼和调整,深化内在修养,由内而外散发出优雅的气质与得体的形象,使自己秀外慧中,表里如一。(　　)

(3) 站务人员在工作中,应保持手部清洁,女性站务人员应使用醒目艳丽的指甲油,留长指甲。(　　)

(4) 男性站务人员侧边的头发可以遮盖上耳轮,后边的头发不触及衬衫的衣领上部。(　　)

(5) 女性站务人员在发型的选择上,可以留齐刘海遮住眉毛,因为这是流行的趋势。(　　)

学习任务 2　站务人员仪容修饰规范

2.1　女性站务人员仪容修饰规范

2.1.1　面部皮肤保养

俗话说,爱美之心,人皆有之。曾有过调查,如果用 10 分钟看一个人,目光会停留在面部 7 分钟,停留在身上 3 分钟。虽然容貌是天生的,但是女性可以通过认真的修饰,让自己的容貌在他人眼中变得更美丽,给对方留下一个美好的印象。

(1) 面部皮肤日常保养步骤。皮肤是衡量一个人健康貌美的标准,女性站务人员应当注意日常的面部皮肤保养,为仪容美打下良好的健康基础。而人的面部皮肤,通常可以分为干性皮肤、中性皮肤、油性皮肤、混合性皮肤、敏感性皮肤等类型,其日常护理的方法也不同(见表 2-1)。

微课

视频 2-2-1
女性站务人员仪容修饰规范(上)

微课

视频 2-2-1
女性站务人员仪容修饰规范(下)

表 2-1　各类面部皮肤的特征和保养方法

皮肤类型	皮肤特征	保养方法
干性皮肤	毛孔较为细小;皮肤表面几乎看不到油光,时常有紧绷感;触觉比较粗糙,有干、涩的感觉;眼、颈部位易出现松弛,容易因干燥产生小细纹,在弯曲部位尤为严重	补充油脂,并使用保湿剂增加皮肤的湿润度,维持水油平衡
中性皮肤	质地光滑、柔嫩,无粗大毛孔;油分和水分适中,很少生面疱	维持自身水油平衡
油性皮肤	毛孔粗大;毛囊中的皮脂腺会分泌很多油脂,易生面疱,但不易产生皱纹;表皮质感较厚	抑制油脂分泌,彻底清除毛孔内多余的油脂和污垢,同时注意保湿
混合性皮肤	看起来比较健康且质地光滑,但 T 字区(额头、鼻子、下巴的区域)比较油腻,而脸颊及脸部的外缘有些干燥	控制额头、鼻子、下巴等较油部位的油脂分泌,并增加两颊部位的湿润度,整个面部皮肤都要注意保湿
敏感性皮肤	表皮看上去很薄,毛细血管明显,使用保养品时很容易过敏,出现发炎、泛红、起斑疹、瘙痒等症状	不要过度去角质,不能过度洗脸,不能频繁地更换保养品,也不能使用含有致敏成分的化妆品

　　女性站务人员平时一定要注意选择适合自己的皮肤类型的护肤品,日常皮肤保养的步骤为清洁、爽肤、均衡滋润与保护、防晒等步骤。

　　① 清洁。保持面部清洁,每天早上起床之后以及晚上睡觉之前,都要认真清洗暴露在外的面部、颈部等处的皮肤,洗去油脂、灰尘,保持清洁,使自己容光焕发。洗脸时要用中指和无名指的指腹,由内往外,由下往上涂抹,动作要轻柔;鼻子则要从上往下方向涂抹;嘴周围要以打括号的方式涂抹;眼周围肌肤最娇嫩,要用无名指的指腹顺着眼周弧形轻轻涂抹,然后再轻轻弹拍。

　　② 爽肤。使用爽肤水的主要作用就是深层清洁和补充水分,并能保持皮肤水油平衡,并使下一步所使用的保养品易于吸收,使皮肤达到一个最佳状态。爽肤水的使用方法是:在洁面之后,将爽肤水沾在化妆棉片上轻轻擦拭皮肤。

　　③ 均衡滋润与保护。在爽肤步骤完成之后,将最适合自己肤质的面霜、露、精华液、乳液,轻柔、均匀地涂抹于皮肤上,保持皮肤表面的水分和油分,使二者达到理想的平衡状态,达到均衡滋润与保护的目的。因为不同的皮肤类型有着不同的需求,所以干性皮肤应当补充油分和水分,中性皮肤选择保湿,油性皮肤在控油的同时也要保湿。面霜、露、精华液、乳液可以都用,也可以只用其中一种或者几种。针对皮肤问题,有斑就用祛斑的,有青春痘就用抗痘的,想延缓皮肤衰老就用抗皱的;一起用的时候顺序是露、液、霜;假如还有其他皮肤问题,如眼袋、黑眼圈,还要加上眼霜。

　　④ 防晒。女性站务人员在室外工作时,一定要使用防晒护肤品。长时间的紫外线

伤害会加速皮肤的老化,而且使黑色素合成增加,可导致面部皮肤色素沉着。防晒产品中有 SPF 和 PA 两个指标:SPF 是防止皮肤被晒黑的指标,PA 则是防止皮肤被阳光晒老化的指标。个人应根据自己的实际情况选择适合的防晒用品。

(2) 适当运动。"生命在于运动",运动对人体的神经系统、呼吸系统、心肺功能、代谢功能起着良好的促进作用。通过适当的运动,能促使渗透在皮肤中数以万计的细小血管张开,促进血液流到肢体的末端,使皮肤得到更多营养,经常锻炼可以增加输送氧气的红细胞数量,使皮肤红润。

此外,由于脸上的肌肉随着年龄的增长会逐渐失去弹性,肌肉松弛易生成皱纹,加强脸部肌肉的运动可以使表情肌充分发挥其功能,使面部表情保持青春而有朝气。

(3) 饮食合理。日常生活中的很多食物除供给人体所需的营养素之外,还具有养颜、护肤、美容的作用。合理的饮食,可以充分发挥人体遗传上的优点,从而减缓自然的衰老过程,达到美容驻颜的效果。女性站务人员要保持健康的皮肤需要多摄取维生素含量多的蔬菜、水果,并且要保证充足睡眠和正常的饮食习惯。

2.1.2 女性站务人员仪容修饰

女性站务人员仪容修饰可通过化妆来实现,化妆的目的是美化自己的容貌,是修饰仪容的一个重要组成部分。它不仅塑造了女性健康、优雅、干练、自信的形象,而且显示了对乘客的尊重。

(1) 化妆的原则。城市轨道交通是城市形象的窗口,女性站务人员的妆容要符合其工作岗位的要求。

① 自然淡雅。化妆要求真实自然,装扮过于浓艳或不恰当的妩媚会给人一种矫揉造作的感觉,同时会与乘客产生距离感。设计妆面时要最大程度体现自然美,不宜盲目模仿和追随,不宜标新立异(见图 2-3)。

② 扬长避短。人的脸型不同,面部的立体结构也有区别。因此,女性站务人员在化妆之前应仔细研究脸部结构,在化妆中充分发挥原面容的优点,修饰和掩盖其不足之处。通过化妆技巧扬长避短,以便在视觉上产生平衡和美化的效果。

③ 整体协调。化妆强调整体的效果,注重和谐一致。这不仅要求化妆部位色彩搭配、浓淡等要整体协调,还要注意与站务人员的发型、服装、饰物协调,力求取得完美的整体效果;同时还应考虑站务人员自身的气质、性格、职业等内在的特征,从而获得整体、完美的效果。

(2) 化妆基本步骤。通过化妆得到一个理想的妆面,就要求会运用化妆品和工具,采取合乎规则的步骤和技巧,对人的面部、五官及其他部位进行渲染、描画和整理,增强其立体印象,掩饰缺陷,从而达

图 2-3　自然淡雅的妆容

到增添魅力的目的。站务人员的基本化妆步骤如表 2-2 所示。

表 2-2　化妆的基本步骤

部位	操作步骤	使用工具	化妆技巧
皮肤	束发—洁肤—爽肤—滋润皮肤—打粉底—定妆	发梳 发卡 护肤用品 液体粉底 （或用 BB 霜、隔离霜） 粉饼或散粉	1）根据自己的肤色选择合适的粉底或散粉 2）打粉底是整个妆面的关键,粉底可按照"两颊→T 字部→鼻子两端→眼角"的顺序,将粉底由中心向外推匀、打薄,这样可以使脸部的中间为中心焕发出明亮立体的感觉 3）定妆时需要用粉扑或者是散粉刷,涂完散粉以后再把多余的粉扫掉这样妆容才会更自然
眉毛	修眉—画眉	眉刀或眉钳 眉笔 眉刷	1）修出眉型,眉头约在鼻翼与内眼角连线与眉毛的相交处,眉峰在眼球外缘切线与眉毛的相交处,眉尾约在鼻翼与外眼角连线与眉毛的相交处;注意眉型不能太过生硬 2）画眉毛,眉毛要清淡自然,颜色跟发色越接近越好 3）画完眉毛后一定要用眉刷顺着眉头至眉尾方向刷几遍让色泽均匀
眼睛	扫眼影—画眼线—刷睫毛	眼影 眼影刷 眼线笔（或眼线液） 睫毛液（膏） 睫毛刷 睫毛夹	1）扫眼影最基本的方法就是用两种颜色以渐变的方式涂抹,较浅的颜色用在眼窝处打底,较深的颜色用在眼睑及眼尾处,做出眼部的立体效果;同时可在内眼角和眉骨刷点珠光白,这样能使眼睛看起来更有层次感 2）画眼线要紧贴睫毛的根部细细地勾画,眼线的尾部可以微微上翘;可以不画下眼线,否则会显得整个眼部妆容太假 3）在刷睫毛液（膏）之前,先用睫毛夹把睫毛分成根部、中部、尖部三段,分别夹 3 秒,这样才能夹出自然的弧度 4）刷上睫毛时,眼睛向下看,由睫毛根向下向外刷;刷下睫毛时,眼睛向上看,先横向涂抹,再由睫毛根向外刷
面颊	找位置—刷胭脂	胭脂 腮红刷	1）腮红刷在左右两侧的颧骨区域,可先对镜子笑一笑,找到面部最高点均匀刷扫 2）皮肤白的人可选粉色,皮肤深的可选桃红或珊瑚色,若皮肤比较红润,腮红可以省略

续表

部位	操作步骤	使用工具	化妆技巧
唇部	护唇—勾唇线—刷唇膏	护唇膏 唇线笔 唇刷 唇膏	1）涂抹护唇膏保持唇部湿润 2）用唇线笔勾出理想的唇的轮廓，注意与唇膏的颜色一致，由唇峰开始向两边画上唇线，下唇则由嘴角开始画至中央 3）唇膏应选择颜色淡雅、自然的口红，用唇刷涂抹时，一样由唇峰开始向两边涂抹，下唇则由嘴角向中央涂抹 4）双唇轻轻含住纸巾，印掉一层唇膏，再重新涂抹一次唇膏，保持唇色饱满、线条分明、妆效持久

女性站务人员化妆时必须注意的是：化妆品的颜色与自己肤色、制服颜色相协调；化妆用具要经常清洗，不要借用他人化妆品；要在饭后补妆，保持妆容整洁；同时要注意认真卸妆，减少化妆品对面部皮肤的损害，保持健康。

微课
视频 2-2-2
男性站务人员仪容修饰规范

2.2　男性站务人员仪容修饰规范

2.2.1　男性皮肤常识

（1）男性的皮肤要比女性厚。在受到同样刺激的时候，女性比男性更容易长皱纹。但是一旦男性长出皱纹，会变得无法收拾而且还会刻得很深。所以，男性应进行皮肤保养。

（2）男性的脸孔更容易出油。80%以上的男性皮肤都属于油性皮肤，因为男性的皮脂腺和汗腺分泌都比较旺盛，加上男性皮肤的 pH 值偏酸性，皮肤容易油腻，加之汗水也比较多，会导致毛孔堵塞，容易长粉刺或暗疮，并且男性的皮脂分泌与年龄无关，始终易油腻。

（3）男性的皮肤比女性黑。一般来说，男性的皮肤颜色比女性的深一些。随着年龄的增加，皮肤颜色会变得更加红黑。这主要是由于男性不在乎隔离紫外线造成的，吸烟、喝酒的影响力也在其中。

（4）刮胡须对皮肤有刺激。男性每天都要剃须修面保持面部清洁，用任何一种刮胡刀刮胡须都会对皮肤产生刺激，因此，刮胡须要注意的重点并不是完全消除刺激，而是把对皮肤造成的刺激降到最低。

（5）男性不化妆，但应认真清洁面部。男性的皮脂分泌旺盛，皮肤又更容易暴露在吸烟或喝酒的恶劣环境中，因此要更加仔细地清洁面部。

2.2.2　男性站务人员的仪容修饰

男性站务人员仪容修饰的主要目标是保持面部清爽，塑造干净利落的形象。

（1）护肤要求。控油是男性站务人员护肤的第一大任务。所有针对男性的护肤用品通常是从保湿滋润入手的,大多数都是高清爽的无油配方;同时男性专用护肤品也要力求简单快捷,大概 2~3 款产品每次 5~8 分钟比较合适。

(2)每天剃须修面。为保持良好的职业形象,男性站务人员应在每天早上修面一次。常见的修面工具是剃须刀,包括电动剃须刀和刀片剃刀。电动剃须刀在脸部干燥、紧绷时使用,使用时用手指稍稍绷紧脸部皮肤,然后沿着与胡须成直角的方向触及皮肤,再以画圆圈的方法移动;刀片剃刀的使用方法是:从左至右,从上到下,先顺毛孔,再逆毛孔剃刮,最后再顺刮一次。剃须的过程或多或少都会对皮肤产生刺激,因此男士可选用须后水等产品进行皮肤养护,能够起到舒缓皮肤,收敛毛孔,杀菌消炎和防止感染及保湿作用。

(3)消除身上的汗臭味。男性腋下的汗腺较多,所以汗水的分泌会比较旺盛,常常容易有汗臭味。预防汗臭味的最佳方法就是清洁身体,除此之外,使用"体香剂"可抑制汗水分泌以及防止细菌繁殖,带来清爽的感觉。

(4)定期除去牙齿上的烟痕。有些男士有长期吸烟的习惯,牙齿会逐渐变黄或变黑,这是因为烟的成分中含有尼古丁、烟焦油等物质,无法在水中溶解,所以会积累在牙齿表面上,显得不美观。所以有吸烟习惯的男性站务人员要定期除去牙齿上的烟痕,随时保持口气清新。

学习活动设计
站务人员仪容修饰规范

【同 步 习 题】

同步习题
2-2

1.单项选择题(每题 5 分,共 25 分)

(1)女性站务人员在化妆前需清洁面部,面部清洁需注意的技巧是(　　)。

A.化妆前可以不洗脸,脸上的油脂有保护作用

B.化妆前可用温水及洗面奶洗去脸上的油脂、汗水、灰尘等,以使妆面干净光亮

C.化妆前用手使劲地搓揉面部,保证面部清洁

D.晚上可以不卸妆,第二天就省去了再化妆的程序

(2)(　　)皮肤看起来比较健康且质地光滑,但 T 字区(额头、鼻子、下巴的区域)比较油腻,而脸颊及脸部的外缘有些干燥。

A.油性　　　　　　　B.干性　　　　　　　C.混合性　　　　　　D.敏感性

(3)女性站务人员,可以对自己的眉毛进行修正,一般的做法是(　　)。

A.若是自己的眉毛过于浓密,用眉刀或眉毛钳清除眉头,画自己喜欢的眉毛

B.若是自己的眉毛过于细长,用眉刀或眉毛钳全部清除,画自己喜欢的眉毛

C.若是自己的眉毛过于浓密,用眉刀或眉毛钳全部清除,画自己喜欢的眉毛

D.用眉刀或眉毛钳根据自己具体的眉型进行修正

(4)日常皮肤保养的步骤为(　　)。

A.清洁—爽肤—均衡滋润与保护—防晒

B.清洁—均衡滋润与保护—爽肤—防晒

C.清洁—均衡滋润与保护—防晒—爽肤

D.爽肤—清洁—均衡滋润与保护—防晒

（5）（　　）是男性站务人员护肤的第一大任务。

A．补水　　　　　B．控油　　　　　C．除皱　　　　　D．美白

2．多项选择题（每题 10 分，共 50 分）

（1）女性站务人员的化妆原则是（　　）。

A．自然淡雅　　　B．浓妆艳抹　　　C．整体协调　　　D．扬长避短

（2）以下是女性站务人员化妆禁忌的有（　　）。

A．离奇出众的创意妆　　　　　　　B．残妆示人

C．当众化妆　　　　　　　　　　　D．妆面协调

（3）站务人员在皮肤保养方面应注意（　　）。

A．护肤技巧　　　B．适当运动　　　C．青春展示　　　D．饮食合理

（4）女性站务人员在涂腮红时应注意（　　）。

A．腮红应涂满整个脸蛋，看起来红润

B．腮红应涂在微笑时面部的最高点，均匀晕染

C．皮肤白的人一般选择用粉色，肤色较深的一般选用桃红或珊瑚色

D．如皮肤比较红润，腮红可以省略

（5）女性站务人员在化妆品使用方面，一般要求是（　　）。

A．使用与自己肤色、制服相协调的颜色

B．肤色不好时一定要用粉底与腮红掩盖

C．注意要在饭后补妆，保持妆容整洁

D．化妆用具要经常清洗，不能借用他人化妆品

3．判断题（每题 5 分，共 25 分）

（1）化妆是一门艺术，需要参考职业、年龄、性格及五官特点等因素。（　　）

（2）在护肤方面，涂抹润肤露时，应使劲地推拉面部皮肤。（　　）

（3）女性站务人员如果白天化了妆，晚上不用洗，第二天就省去了再次化妆的时间。（　　）

（4）女性站务人员补妆应在大庭广众下完成。（　　）

（5）男性站务人员需要让胡子长上几天再刮，留点胡子看起来有男人味。（　　）

学习任务 3　站务人员职业着装规范

微课
视频 2-3-1
服装的功能

3.1　服装的功能

服装又称衣服，是指穿于人体起保护和装饰作用的制品。它是通过不同的设计语言塑造和装饰着人类的生活。

3.1.1　保护功能

服装的保护功能主要表现在三方面：一是保护皮肤，保持身体清洁；二是保护身体不受外界环境因素侵害；三是保持人体湿热恒定，主要体现在防暑隔热、防寒保暖。

3.1.2　美化功能

服装的装饰美化功能主要是指款式、面料、花型、颜色和缝制加工五个方面形成服装的美感。广义而言,还应包括着装者本人,即服装有修饰衬托人体美的功能。

3.1.3　表达功能

服装具有重要的自我表达功能,交往对象常常会凭借一个人的服装来判断这个人的身份。因此,正确着装、规范着装就是在用无声的语言告诉对方"我很认真,我愿意全力以赴做好工作",这样才会让对方感到"值得信赖"。

3.1.4　标志功能

服装是人类审美意识和自我表达的完整表现。主要表现在两个方面:一方面服装的标志性是指通过服装的颜色和款式来表明穿着者的身份或从事的工作性质。另一方面服装是人们最直接、最普遍的自我表现,常常被用来充当新社会思潮和价值观念的重要标志。

微课

视频 2-3-2
着装的基本
要求

3.2　着装的基本要求

3.2.1　根据时间、地点、场合变化选择着装

人们在选择着装时,首先应力求使自己的着装及其款式与着装的时间、地点、场合协调一致,使服装具有"现场感",容易被周围的人接受。1963 年,日本男装协会提出着装"TPO"审美原则,其中 T、P、O 三个字母分别为时间(Time)、地点(Place)、场合(Occasion)英文的首字母。它的具体含义是:

(1)时间原则。从时间上讲,一年有四季交替,服装的选择要适合季节气候特点,保持与潮流大势同步;一天有不同的时间段,着装的类型、式样、造型应随时间段内的需要而发生变化。

(2)地点原则。从地点上讲,置身在室内或室外,驻足于闹市或乡村,停留在国内或国外,身处于单位或家中,应该因地点的变化而选择不同的着装,以表现对交往对象的尊重。

(3)场合原则。从场合上讲,人们所处的场合是千变万化的,例如,公务场合对服装款式的基本要求是庄重、保守、传统;在休闲场合应舒适、方便、自然;在社交场合应遵循典雅、时尚、个性。因此,根据场合选择适当的着装色彩、款式,注重穿着搭配技巧,就能体现服装艺术的最高境界。

3.2.2　着装色彩搭配要合理

着装色彩搭配涉及色彩学和美学,常用的着装色彩搭配有以下三种方法:

(1)同种色相配。这是一种简单易行的配色方法,即把同一色调、明亮度接近的色彩搭配起来,如深红与浅红、深绿与浅绿、深灰与浅灰等。这样搭配的上下衣,可以

产生一种和谐、自然的色彩美。

（2）**邻近色相配**。把色谱上相近的色彩搭配起来，易收到调和的效果，如红与黄、橙与黄、蓝与绿等色的配合。这样搭配时两个颜色的明度与纯度最好错开，例如，用深一点的蓝和浅一点的绿相配或中橙和淡黄相配，都能显出调和中的变化，起到一定的对比作用。

（3）**主色调相配**。这是常用的配色方法，以一种主色调为基础色，再配上一二种或几种次要色，使整个服饰的色彩主次分明、相得益彰。采用这种配色方法需要注意：用色不要太繁杂、零乱，尽量少用、巧用。一般来说，男性服装不易有过多的颜色变化，以不超过 3 种颜色为好；女性常用的各种花型面料，色彩也不要过于堆砌，色彩过多，显得太浮艳、俗气。

要强调的是，着装的色彩选配要灵活运用，要与个人的价值观念、性格特征、爱好、职业相配合，同时要兼顾场合和目的，力求达到最好的效果。

3.2.3　着装款式要与个人自然条件相适应

人的体型有高矮胖瘦之分，肤色各有差异，容貌有美丑不同，这些外在条件对于形成一个人的风度虽然不及内在条件重要，但也是有影响的。因此，在着装选择上要懂得利用着装扬长避短，符合自身的气质和身份，使自己更趋文雅、大方，给人以无穷的美感。例如，肥胖体型的人适宜穿用深色、冷色小花纹或直线纹服饰以显清瘦一些；体型瘦高的人宜穿浅色横纹或大方格、圆圈花色的服装，以视错觉来增加体型的横宽感；脖颈粗短的人可选用 V 字领、U 形领或简洁衬衣领，以拉长脖颈的视觉长度；脖颈太过细长的人可选用圆领、高领或立领，以减少脖颈的缺点。

微课

视频 2-3-3
男士西装的
穿着规范

3.3　男士西装的穿着规范

西装美观大方、穿着舒适，因其具有系统、简练、富于风度的风格，已成为当今国际上标准、通用的礼服，在各种场合都被广泛使用。

3.3.1　色彩与面料

（1）**色彩**。在西装的颜色选择方面，正装西装应该选择深蓝、深灰、黑灰色等比较稳重的颜色。因为这些颜色不仅彰显男性的端庄儒雅，而且能将面部皮肤衬托得更有光彩；而休闲西装的颜色和花纹的种类比较多，可根据个人爱好、肤色、体型选择。

（2）**面料**。西装在对外活动中往往充当正装或礼服的用途，其面料的选择应力求高档。纯毛料是最好的选择，用高档毛料制作的西装，具有轻、薄、软、挺的特点，也可用含毛比例较高的混纺面料，都能体现西装平展、挺括之美。而各类化纤面料不透气、不散热、无光泽感，不宜用作西装面料。

3.3.2　套装选择

正式的社交活动中所穿的西装应是套装，分为简易套装和精致套装两类。简易套装包括上衣和长裤；精致套装包括上衣、长裤和背心。按照传统观点，精致的三件套装比简易的两件套装显得更为正规。不管是哪种套装,都要求必须用同一种面料裁制,穿着时不可卷袖或翻袖,同时应与皮鞋形成整体感。

3.3.3　衬衫

衬衫是西装搭配的重点,色彩以单色为主。西装的袖长以达到手腕为宜;在手臂向前伸直时,衬衫的袖长应比西装袖长出 1.5 厘米左右,以显出层次;衬衫的领口也要高出西装上衣领口 1.5 厘米左右,以保护西装衣领并增加美感。不论在任何场合,衬衫都要保持整洁无褶皱,并且穿着时下摆要塞进裤内,袖口必须扣上。

3.3.4　领带

领带是西装的灵魂,显示了男士的衣着品位,凡是比较正式的场合,穿西装都必须系领带。领带颜色和质地应与西装、衬衫的条纹搭配,色彩和花纹一般以明暗或冷暖相间为好,而且要与自身的年龄、肤色、爱好相协调。

常见领带的系法有四手结、十字结和温莎结三种(见图 2-4)。其中,四手结也叫单结,是所有领结中最容易上手的,适用于各种款式衬衫及领带;十字结也叫半温莎结,此款结形十分优雅,使用细款领带较容易上手,最适合搭配在尖领及标准式领口衬衫;温莎结,因其宽度较一般结形宽,十分适合使用在意大利式领口(八字领)的衬衫上,最适合与丝质领带相互搭配。

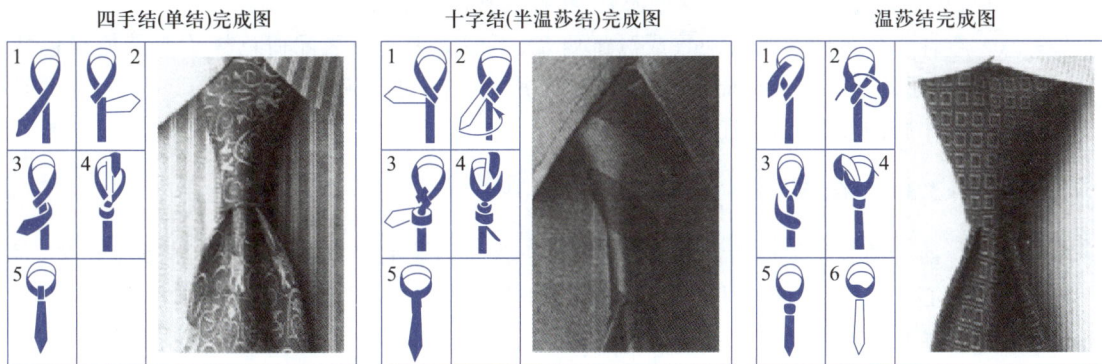

四手结(单结)完成图　　　　十字结(半温莎结)完成图　　　　温莎结完成图

图 2-4　领带的系法

领带的长度以到皮带扣中间为佳;在非正式场合不打领带时,应把衬衣领扣解开,以显得休闲和谐。

另外,领带夹的用途主要是将领带固定在衬衫上,夹的位置要适中,正确位置应在衬衫从上往下数的第三颗纽扣和第四颗纽扣之间。注意将领带夹别上,然后扣上西服上衣的扣子,从外面一般应当看不见领带夹。

3.3.5　内衣

西装的标准穿法是衬衫之内不穿棉纺或毛织的背心、内衣。至于不穿衬衫,而以 T 恤衫直接与西装配套的穿法,则更是不符合规范的。因特殊原因,而需要在衬衫之内再穿背心、内衣时,有三点注意事项:一是数量上以一件为限,要是一下子穿上多件,则必然会显得十分臃肿;二是色彩上宜与衬衫的色彩相仿,免得"反差"鲜明;三是款式上应短于衬衫,其领型以"U"领或"V"领为宜。

此外,除配套的西装背心之外,在西装上衣之内最好不要再穿其他任何衣物。在冬季寒冷必须穿时,只宜暂作变通,穿上一件薄型的"V"领单色羊毛衫或羊绒衫,这样既不会显得过于花哨,也不会妨碍自己打领带。但需注意的是领带必须置于其间,领带下角不可以从毛绒衫的下端露出。

3.3.6　西裤

西裤是西装整体的另一个主要部分,穿着时应长短适中,与上装相协调;裤腰不要太紧,大小以合扣后可以竖向插入一手掌为宜;西裤的挺缝线一定要笔直、自然地垂到鞋面正中;裤子的长度从后面看应该刚好到鞋跟和鞋帮的接缝处。如果想让腿看起来更修长,那么裤筒的长度可以延伸到鞋后跟 1/2 处;穿着西裤时,注意腰际挂钩要挂住,裤扣要扣好,拉链要拉严。

3.3.7　鞋袜

西装应搭配皮鞋,着正装西装时,一般以黑色的皮鞋搭配为主,系带的黑皮鞋更为正式;应养成经常清理保养皮鞋,保持鞋面清洁的好习惯,这是尊重交往对象的具体表现;在正式公务场合,不宜穿旅游鞋、布鞋或其他休闲鞋类。

袜子颜色应与西装一致或深于西装,不能穿黑蓝西装配白色袜子或其他浅色袜子;袜子的质地应选择棉毛袜,不应穿尼龙袜;袜子的长度应在脚踝之上,避免坐下时露出小腿的皮肤,有失庄重。

3.3.8　衣袋

西装的衣袋整理非常重要。正式的三件套西装的口袋有 14 个:上衣 5 个口袋、西装背心 4 个口袋、西裤 5 个口袋,各有各的用处。

西装上衣口袋:左侧的外胸袋叫手巾袋,专插装饰性手帕,不能别钢笔、挂眼镜;内侧的两个口袋,可用来别钢笔、放重要证件或名片夹;外侧下方的两只口袋,用来盛放松、软、薄的东西,诸如纸巾之类,切不可装得鼓鼓囊囊。有的上衣还有直口内袋,专用于放眼镜。

西装背心口袋:西装背心的上下四个口袋用于放名贵的小件物品,如怀表、戒指、打火机等。

西装裤子口袋:西裤的左右插袋用作插手取暖或放置烟盒等厚硬的物品;裤子右边有个放手表的表袋;西裤两个后袋,右边的用来放手帕,有纽扣的左后袋则用来放钱包、记事本之类的东西。

3.3.9　纽扣

西装的上装可分为双排扣与单排扣两种,其纽扣的扣法颇有讲究。

双排扣上装,所有扣子最好都扣上。单排扣上装的情况比较复杂:单排单粒扣上装,可系可不系;单排双粒扣上装,最常见的扣法为系最上面一粒,或者全部不系;单排三粒扣上装,可以全部系上,可以全部不系,可以系中间一粒或最上面两粒。

注意:扣子全部系上显得保守和严谨,扣子全部不系显得随意和轻松,应根据具体情况选择扣子的系法。

如果是就座状态,可以把全部纽扣都解开,或者至少把最下面一粒纽扣解开。这样一来可以使服装不容易"扭曲"变形,二来也使人坐得舒服自然。

微课

视频 2-3-4
女士套装的
穿着规范

3.4　女士套装的穿着规范

女性的服装比男性服装更加丰富多彩,每位女性都应树立一种最能体现自己个性和品位的着装风格。在正式场合中,女士着装需要遵循一定的规范,方能显示自己良好的修养和审美能力。

3.4.1　款式

女性在正式场合着装款式要根据自己的年龄、体型、皮肤、气质、职业来选择,一般都为套装。着套裤时,上衣可稍微长些,使整个身材显得修长;着套裙时,上衣应长短适中,上衣最短可以齐腰,裙子最长可以达到小腿中部,以充分展现女性腰部、臀部的曲线美。在造型上讲究为着装者扬长避短,所以提倡量体裁衣、做工讲究。

3.4.2　面料

女性套装面料可选择的种类很多:舒适透气可选棉布面料、鲜艳爽滑可选化纤面料、柔软高贵可选丝绸面料、挺括保暖可选呢绒面料,每种面料都有其优缺点。正式场合中,女性的着装原则永远奉行"质料重于款式"的准则,面料精良、设计简单、风格经典的基本款是最值得拥有的。

3.4.3　颜色与图案

女性在正式场合穿的套装颜色以冷色调为主,可以是炭黑色、藏青色、茶褐色和暗红色等,显得端庄和稳重。如果穿着裙装,上衣和裙子可以是一色的,也可以是上浅下深或上深下浅的搭配。但一套在正式场合穿着的套裙,应该由高档面料缝制,上衣和裙子要采用同一质地、同一色彩的素色面料。

正式套装讲究简洁大方,注重平整、挺括、贴身,较少使用饰物和花边进行点缀。有些套裙加上精致的方格、圆点、条纹图案可略显活力,但不能用花卉、宠物、人物等符号作为主体图案,显得杂乱,不够大气。

3.4.4　尺寸

一套做工精良、尺寸适宜的套装,无疑会使女性的魅力大增。选购套装时,手臂自然下垂,看看上衣的袖长是否刚好盖住手腕;向上抬起双肘,看看腋下部位是否紧绷;向前环抱双肘,看看后背是否活动自如;胸部的凸出与侧腰部位的收腰是否剪裁得刚刚好;坐下时腰腹部会不会鼓鼓囊囊产生很多褶皱。过肥或过瘦的套装,通常都穿不出美感。

3.4.5　衬衫

女士衬衫的颜色可以是多种多样的,只要与套装相匹配就可以了。白色、黄白色和米色与大多数套装都能搭配;丝绸是最好的衬衫面料,但不管是何种面料的衬衫一律要求熨烫平整;衬衫的下摆应掖入裙腰或裤腰之内,不能悬垂于外,更不能在腰间打结;正式衬衫的纽扣除最上面一粒可以不系上,其他纽扣均应系好;穿着西装套裙时不要脱下上衣而直接外穿衬衫;衬衫之内应当穿着内衣但不可显露出来;不允许当着别人的面随便脱下上衣。

3.4.6　内衣和衬裙

内衣会对胸、腰、腹线条进行有效的修饰,使身体曲线流畅,所以一定要合身,也要注意内衣颜色不要外泄。

穿丝、棉、麻等薄型面料或浅色面料的套裙时一定要穿衬裙,否则会使内衣"隐约可见",造成不必要的尴尬;另外如果衬裙的裙腰高于套裙的裙腰,就应把衬衫下摆掖到衬裙裙腰和套裙裙腰之间,可以起到遮挡作用。

3.4.7　鞋袜

在正式场合下,一般选择合脚的黑色皮鞋,或者选择和套裙色彩一致的皮鞋;一般为船式高跟皮鞋,鞋跟高度以 3~5 厘米为宜。不要穿运动鞋、布鞋、休闲鞋、后跟用带系住的鞋、凉鞋或露脚趾的鞋等。

女士穿裙装应当配单色长筒丝袜或连裤袜,不能穿中筒袜或低筒袜;颜色以裸色、黑色最为常用;在正式场合不能穿网眼、镂空或印有时尚图案的袜子,否则会给人一种肤浅的感觉;女士不能在公众场合整理自己的长筒袜,更不能当众脱下袜子;不能同时穿两双袜子,也不可将九分裤、健美裤等当成袜子穿;不能将袜子的最上端暴露在外面,当穿开衩裙的时候就更要注意不要暴露袜口;为防止袜子拉丝或跳丝,应随身携带一双备用的透明丝袜。

3.4.8　协调妆饰

女性的风韵,讲究的是着装、化妆和配饰风格统一,相辅相成。穿套装时,忌浓妆艳抹,可略化淡妆,会有好的形象和精神面貌;长头发应盘起来,造型以干练为主;配饰以少或简洁为佳,合乎自己的身份。

3.5　站务人员职业着装规范

3.5.1　职业着装的分类

职业着装是指从业人员工作时穿着的一种能表明其职业特征的专用服装。主要

微课
视频 2-3-5
站务人员职业着装规范

有以下三个种类：

（1）行政职业装。行政职业装是商业行为和商业活动中最为流行的一种服饰，它是兼具职业装与时装特点的一类服装。它不像职业制服那样有很明确的穿着规定与要求，但需有一定的穿着场合，特别是它还有着很明显的流行性，因此，它具有很浓厚的商业属性。这类服装十分追求品位与潮流，用料上更加考究，造型上强调简洁与高雅，色彩追求合适的搭配与协调，总体上注重体现穿着者的身份、文化修养及社会地位。

（2）职业制服。职业制服是某一种行业为体现自己的行业特点，并有别于其他行业而特别设计的着装。它具有很明显的功能体现与形象体现双重含义。这种职业装不仅具有识别的象征意义，还规范了人的行为并使之趋于文明化、秩序化。

（3）职业工装。职业工装是以满足人体工学、护身功能来进行外形与结构的设计，强调保护、安全及卫生作业使命功能的服装。它是工业化生产的必然产物，并随着科学的进步、工业的发展及工作环境的改善而不断改进。

很明显，站务人员的职业着装应该归于职业制服的范畴内。

3.5.2 统一站务人员职业着装的作用

（1）树立企业形象。站务人员职业着装作为城市轨道交通运营企业形象中的重要识别因素，能够传达出企业的种种信息。它如同一张名片，让乘客从中感悟到企业的经营理念、管理水平、精神面貌等，直接影响到企业的综合竞争力，是赋予城市轨道交通运营企业灵魂的形象信息载体。

（2）提高企业凝聚力。站务人员身着规范、统一的职业装进行工作，可以让企业的精神意识化作形象的职业装可视因素，比如着装造型的美感、色彩的搭配对比、饰物配件的时尚特征等。从中充分体现和传达企业的经营理念，使站务人员对企业产生一致的价值观和认同感，逐渐形成了企业的向心力和凝聚力，激发站务人员按照企业的理念、精神工作的自豪感。

（3）塑造独特的企业文化。站务人员职业着装的设计是一项融艺术、实用、科学于一体的工程。首先要求综合考虑服装材料的质感和舒适性、透气性等；其次考虑款式设计应以体现企业文化为依据，结构要求合理，色彩要符合企业的标准色等。例如，是否能通过镶、印、绣、补、佩戴等方式巧妙地将企业标志融合在职业装的胸口、袋边、背后、帽徽、袖缝等处；图案、字体、大小、工艺是否体现企业定位。

（4）规范站务人员行为。站务人员统一职业着装是投入工作状态的标识，有利于树立和加强其职业道德规范，培养敬业爱岗的精神。如果城市轨道交通运营企业能够恰如其分地将职业着装与站务人员的行为联系起来，那么站务人员穿职业装的过程就相当于一次"岗前会"，意识到自己已经进入工作状态，增强工作责任心和集体荣誉感。

3.5.3 站务人员职业着装的原则

站务人员职业着装能够通过外表的装束，使乘客感受到站务人员应有的工作态度。因此，穿着时应体现三个原则：

（1）穿出自信。站务人员的职业着装、举止、谈吐都直接向乘客展现了城市轨道交通运营企业的形象和文化内涵。穿着得体的职业装不仅表示对乘客的尊重，更有助于站务人员增强自信，展现个人特质以及职业素质，从而快速建立一个与乘客进行良好沟通的平台。

（2）穿出干练。无论女性站务人员还是男性站务人员在工作中不是靠性别优势，而是凭借自身的工作能力。在这一原则指导下，要求职业装在设计时颜色尽量素雅，款式尽量简单，线条干净利索。站务人员按照规范穿着简洁、庄重的职业装，给乘客展示的是一丝不苟、干练的工作形象，让乘客产生信任感。

（3）穿出个性。得体的职业着装只是外在的形象，而站务人员应结合语言、表情、行为等综合因素展现个人的魅力。只有平时注重自身多方面知识储备和能力积蓄，才能做到统一着装下的气质独特、卓尔不群。

3.5.4　站务人员职业着装的规范要求

站务人员穿着职业服装不仅是对乘客的尊重，同时也使着装者有一种职业的自豪感和责任感，是敬业、乐业在服饰上的具体表现。站务人员穿着职业服装的规范要求是：

（1）尺寸合身。站务人员职业着装的款式、颜色是统一规定的，不能随意更改。但是，每个人的身高不同、身材各异，要将职业装穿得"有模有样"，展示出原本的设计意图，就必须尺寸合身。

① 男性站务人员服装尺寸测量（见图 2-5）。主要的测量点有：

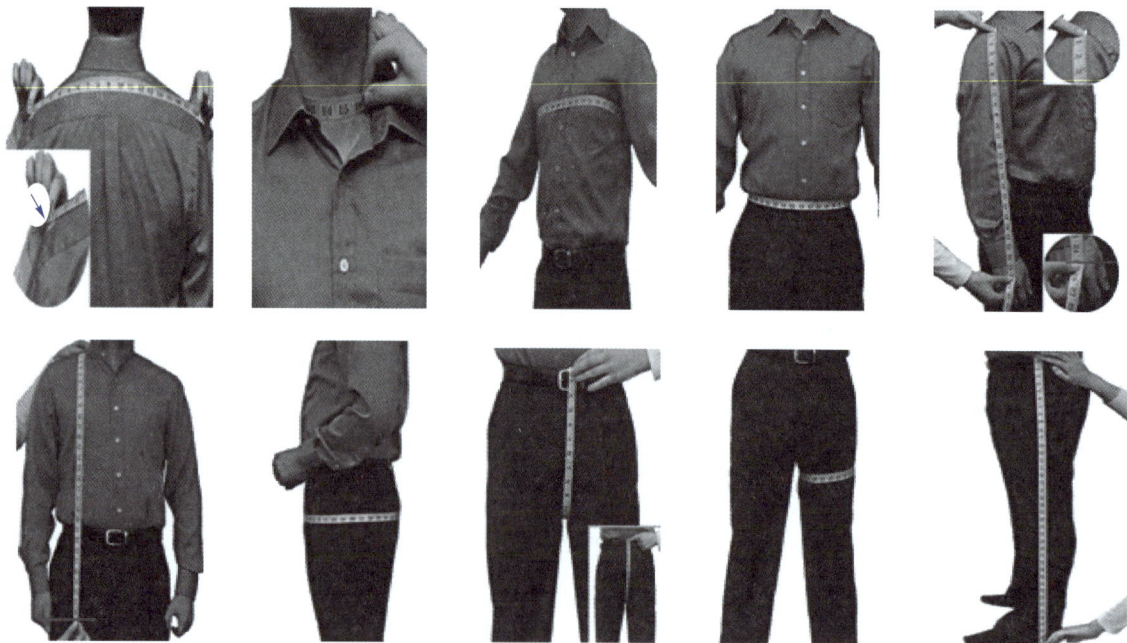

图 2-5　男性服装尺寸测量示意图

　　肩宽:挺胸直立,平视前方,保持自然呼吸,由后背左肩骨外端顶点量至右肩骨外端顶点(软尺在后背中央贴紧后脖根略成弧形)。

　　领围:在颈部最细处量一周适当加放 2~3 厘米为成品所需尺寸,一般指衬衣的领围。

　　胸围:在腋下,通过背部和前胸部水平围量一周,皮尺松度以插入两指为宜。

　　腰围:软尺围量人体腰节最细处一周的长度,皮尺松度以插入一指为宜。

　　臂长:由左肩骨外端顶点量至手的虎口。

　　衣长:由前身左侧脖根处,通过胸部最高点,量所需长度,量至手的虎口。

　　臀围:沿臀部最丰满处水平围量一周,皮尺松度以插入两指为宜。

　　立裆:从腰带上部沿前中心线往下穿过裆部量到背部的腰带上,不要太紧。

　　横裆:在大腿最粗处水平围量一周。

　　裤长:腰截线水平线垂直向下到裤脚水平线的距离(一般距离地面 1 厘米)。

　　② 女性站务人员服装尺寸测量(见图 2-6)。主要的测量点有:

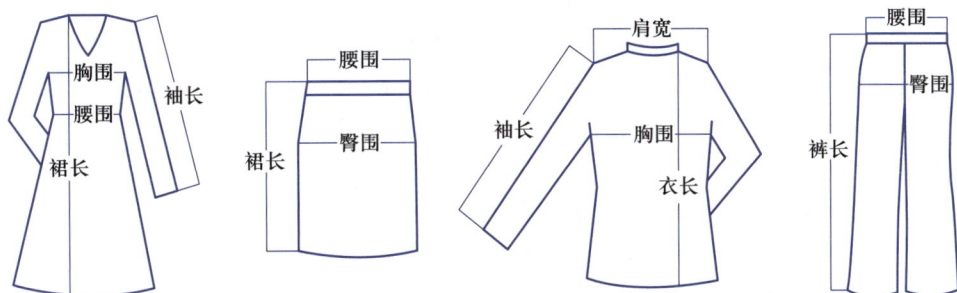

图 2-6　女性服装尺寸测量示意图

　　胸围:两侧腋下之间的连线乘以 2。

　　肩宽:两侧肩线之间的距离。

　　衣长:从肩线与领子的接缝处到衣边的长度,即肩线到下摆的垂直距离。

　　袖长:肩线到袖口的距离。

　　腰围:围腰部最细处量一周所得尺寸。

　　臀围:腰头往下 18~20 厘米处两侧之间的距离乘以 2。

　　裤长:沿外测缝线,从腰带上部到裤脚的长度(要考虑平时着高跟鞋的高度)。

　　裆长:从腰带上部,沿前中心线到立裆的长度。

　　裤腿长:从立裆开始沿内侧缝线到裤脚的长度。

　　底裆宽:底裆线位置的裤腿宽度。

　　半身裙长:后身中央的腰带上部到裙边的长度(一般不短于膝盖以上 3 厘米,不长于膝盖以下 5 厘米)。

　　连衣裙长:从肩线与领子的接缝处到裙边的长度。

　　③ 试穿职业装的方法。将全部的扣子都扣上,看看肩膀等处的线条是否流畅,领围大小是否合适;将手臂抬起、放下,弯曲臂肘,看会不会出现紧绷的感觉;做一个伸展

动作,感觉是否有某处太紧、太松;坐下来,感觉一下裤装的臀部是否舒适,看看裙子的长短是否得体;慢慢蹲下身,看看是否有过于紧绷的地方;来回走走,请同事看看袖长、裤长是否太长或太短。

（2）**整齐清洁**。站务人员穿着职业装时应将衣服上所有的扣子都扣好,不漏扣,不掉扣;如果领口上有挂钩,要勾好;不可随意挽起衣袖或裤筒;领带、领结、飘带与衬衫领口的吻合要紧凑且不系歪;如有工号牌或标志牌,要佩戴在左胸口袋正上方;戴好工作帽与手套。职业装要保持清洁,定期清洗,保证无污垢、油渍、异味,领口与袖口处尤其要保持干净。

（3）**大方挺括**。站务人员职业装款式简练、高雅,线条自然流畅,便于乘客接待服务;穿前要烫平,穿后要挂好,做到上衣平整、裤线笔挺,衣裤不起皱。

学习活动设计
站务人员职业着装规范

【同步习题】

同步习题
2-3

1. 单项选择题(每题 5 分,共 25 分)

（1）着装要遵循（　　）原则,与外围环境相和谐。

A. TPO　　　　　　　B. CIF　　　　　　　C. CMI　　　　　　　D. CTD

（2）男士穿着若有色彩变化,一般上来说,要求不超过（　　）色原则。

A. 1　　　　　　　　B. 2　　　　　　　　C. 3　　　　　　　　D. 4

（3）在西装衬衫的穿着选择上,一般（　　）。

A. 应为纯色,以深色为主,黑色最常用

B. 应为花色,以深色为主,灰色最常用

C. 应为花色,以深色为主,蓝色最常用

D. 应为纯色,以浅色为主,白色最常用

（4）在正装衬衫的穿着上,要求领口挺括、洁净,衬衫衣领高于西服衣领（　　）厘米左右。

A. 1.5　　　　　　　B. 2　　　　　　　　C. 2.5　　　　　　　D. 3.5

（5）男士着西装打领带,一般对领带长度的要求是（　　）。

A. 领带长度与裤兜长度一致为宜

B. 领带长度与衣服长度一致为宜

C. 领带长度以在皮带扣处为宜

D. 领带长度与衬衫长度一致为宜

2. 多项选择题(每题 5 分,共 25 分)

（1）站务人员要遵循服饰穿戴的时间原则,时间原则具体指的是（　　）。

A. 站务人员在着装时,必须考虑时间层面

B. 时间涵盖了每天的早晨、中午、晚上等阶段

C. 时间包括了春、夏、秋、冬四个季节

D. 服装穿着要做到随时间而更替

（2）女性站务人员在穿制服套裙时,不可以穿（　　）。

A．凉鞋　　　　　　　B．布鞋　　　　　　C．旅游鞋　　　　　D．黑色皮质船鞋

（3）城市轨道交通企业给站务人员配有制服,要求穿制服的作用在于(　　　)。

A．制服可以衬托一个人,通过制服可以树立企业形象

B．制服可以展现独特的企业文化

C．规范站务人员行为

D．使穿着者有一种自豪感和责任感,提高企业凝聚力

（4）站务人员职业着装原则是(　　　)。

A．穿出自信　　　　　　　　　　B．穿出个性

C．穿出干练　　　　　　　　　　D．穿出魅力

（5）关于站务人员制服的穿着正确的是(　　　)。

A．原则上只能在工作地点、工作时间穿着工作制服

B．在公司或车站范围内,当班时间必须按规定穿着工作制服,佩戴标志

C．参加公司组织的活动时须按活动要求着装

D．已下班但仍穿着工作制服的员工,其行为举止一律按上岗时的规定执行

3．判断题(每题 5 分,共 25 分)

（1）男士穿深色西服时,应配白色袜子、黑色皮鞋,鞋面清洁光亮,袜筒不宜过矮。(　　　)

（2）一般说来,非主流、暴露、性感的衣服更能增加女士的自信。(　　　)

（3）女性站务人员穿制服套裙时,应穿黑色皮质船鞋,配裸色丝袜。(　　　)

（4）城市轨道交通企业给员工配有制服,制服的设计应充分考虑了穿着者从事的职业和身份,与环境相配,有一种美的内涵。(　　　)

（5）着工作制服时,必须保持衣装整洁,不缺扣、不立领、不挽袖挽裤;凡着工作制服时,必须按规定穿着黑色皮鞋,并保持光亮、整洁,鞋子上不能有过于夸张的装饰。(　　　)

学习任务 4　站务人员饰品佩戴规范

　　佩饰是指人们在着装的同时所选用、佩戴的装饰性物品。在服饰的构成当中,佩饰既可作为服装的辅助用品,又可区别于服装而相对独立存在。

4.1　佩饰的作用

微课

视频 2-4-1
佩饰的作用

　　佩饰的质料通常有石、玉、陶、金属等,它与服装之间完美的搭配,将有效地展示人的气质、修养、个性等特征,可起到烘托主题和画龙点睛的作用。这是因为:

　　从审美的角度来看,佩饰与服装、化妆一道被列为人们用以装饰、美化自身的三大方法之一。

　　从历史的角度来看,佩饰是古代衣着服饰制度的一个重要组成部分,在历史中具有宗教意识、权力观念上的特别意义。

　　从人际交往的角度来看,佩饰是一种无声的语言,可借以表达使用者的知识、阅

历、教养和审美品位;同时它是一种有意的暗示,可借以了解使用者的地位、身份、财富和婚恋现状。

4.2 站务人员佩饰的分类及佩戴规范

在城市轨道交通服务中,站务人员得体的佩饰不仅能够提高服装的整体造型水平,为服装增光添彩,而且能够反映出站务人员不俗的审美品位。站务人员的佩饰从用途上来分可分为个人佩饰和工作佩饰两种。

4.2.1 个人佩饰及佩戴规范

个人佩饰是站务人员本人可选择使用的饰品,一般有耳饰、颈饰、腕饰、戒指、眼镜、香水等。

(1)耳饰。耳饰是佩戴在耳朵(多为耳垂部位)上的饰品,从结构上大体可分为插钉型和耳钳型两类,从款式上可分为耳钉型和耳坠型两类。在一般情况下,它仅为女性所佩戴,时尚男士也有佩戴耳饰的,但男士通常只在左耳垂佩戴一只耳饰。在日常生活中,耳饰讲究成对使用,不宜在一只耳朵上同时戴多只耳环,并且应选择与自己的气质、脸型、发型、着装等协调搭配的耳饰,以获得良好的装饰效果。

从脸型选择上来说,不要选择与脸型相似形状的耳环,使脸型方面的短处被强调夸大。例如,圆脸型的人可选择长款式的耳坠,不宜佩戴圆形耳环;长脸型的人可佩戴圆耳环或大的耳环,不宜佩戴长形耳坠;方脸型的人适宜佩戴小的耳钉或狭长的耳坠,不宜佩戴大的圆形或方形耳环。

从色彩选择上来说,首先考虑耳环与服装色彩相协调。一般来讲,纯白色的耳环和金银耳环可配任何衣服,而鲜艳色彩的耳环则需与衣装相一致或接近。

从耳环的质地上来说,常见的有金银、钻石、珍珠三大类。佩戴熠熠闪亮的钻石耳环或洁白晶莹的大珍珠耳环,必须配以深色高级天鹅绒旗袍或高档礼服,而人们一般习惯佩戴的金银耳环对服装没有更多的限制。

在工作时间内,男性站务人员不宜佩戴任何耳饰,女性站务人员不适宜佩戴任何大的耳环或长的耳坠,只适宜佩戴小巧含蓄的耳钉,且每只耳朵上只能佩戴一只耳钉。耳钉上若有宝石类镶嵌物,其直径不宜超过 5 毫米。另外,耳钉的色彩应与制服的色彩搭配协调。

(2)颈饰。颈饰是佩戴于颈部的饰品,包括项链、项圈等。项链是颈饰中最常见的类型,男女均可使用。

一般情况下,项链只佩戴一条,也可将一条长项链折成数圈佩戴,但男士所戴的项链一般不应外露。

项链的材质应与服装款式相协调。例如,穿柔软、飘逸的丝绸连衣裙时,可佩戴宝石吊坠项链给人以清雅脱俗之感;穿职业套裙时,可佩戴纤巧精致的金属项链给人以高贵璀璨之感。

项链的色彩应与服装颜色相协调。例如,金色的项链适宜穿暖色调服装的女士;银色的项链适宜穿冷色调服装的女士。

　　项链的款式应与体型相协调。例如,脖子细长的女士可以佩戴较短的项链,而体型丰满的高个子女士可佩戴较长的项链。

　　项链的长度应与场合相协调。短项链(长约 40 厘米)适用于多种场合搭配低领上装;中长项链(长约 50 厘米)适用于多种场合多种搭配;长项链(长约 60 厘米)适合女士使用于社交场合;特长项链(长 70 厘米以上)适合女士用于隆重的社交场合。

　　在工作时间内,男性站务人员一般不宜佩戴项链;女性站务人员可以佩戴项链,但其款式应简洁精致,不要选用过分怪异的图形、文字的链坠,色彩要与工作服装相协调,一般情况下项链不能露出制服。

　　(3) 腕饰。常见的腕饰有手镯、手链、手表等。

　　手镯佩戴的方法是:戴一只时,通常戴于左手;戴两只时,可一只手戴一个;戴三只或以上都戴在左手上,但很少见。手链一般只佩戴一条,并戴在左手上,一般不与手镯同时佩戴。

　　站务人员在工作岗位上常有较多操作性工作,若佩戴手镯或手链上岗,可能会给工作带来不便,同时也会使手镯或手链受损。因此,站务人员工作时间内不宜佩戴手镯或手链。

　　站务人员在工作时间内可佩戴手表,方便掌控时间。手表造型一般以正圆形、正方形、长方形、椭圆形和菱形为主;色彩要清晰、高雅,单色或双色均可;手表图案应简洁大方,不要新奇、花哨;怀式表、广告表、卡通表等不宜出现在站务人员的手腕上。应该注意的是,和乘客交谈时,不要有意无意地看表,这样会让乘客认为你心不在焉、不耐烦。

　　(4) 戒指。戒指又叫指环,它佩戴于手指之上,男女老少皆宜。戴戒指时,一般讲究戴在左手之上,而且最好仅戴一枚。国际上有一种流行并约定成俗的戴法:戒指决不能戴在大拇指上;戒指戴在食指上,表示本人想结婚而尚未结婚;戒指戴在中指上,表示本人正处于热恋之中或已经订婚;戒指戴在无名指上,表示本人已经结婚;戒指戴在小指上,表示本人决心过独身生活,也就是表示本人终身不嫁或终身不娶。

　　站务人员工作时间可以佩戴戒指,但通常只允许佩戴一枚戒指,且宝石类戒指上的镶嵌物直径不宜大于 5 毫米。

　　(5) 眼镜。眼镜除了能矫正视力之外,还能起到装饰作用。除特殊岗位外,站务人员在室内应佩戴镜片为透明无色的眼镜,有色的镜片会妨碍站务人员与乘客的目光交流;眼镜框的颜色和式样应与自己的肤色及整体着装风格相配。

　　站务人员如果是用美瞳装饰眼睛,工作时间内应选择自然庄重的颜色,切忌戴与自己瞳色反差较大的美瞳。

　　(6) 香水。香水是无形的饰品,它能快速、有效改变一个人的形象,增添其魅力。在工作时间内,站务人员应选用清淡雅致型的香水;香水应在清洁身体后使用,尽可能与体味调和;在上岗前半小时使用,避免浓郁的香气使乘客不适;香水适合涂在动脉跳动处,如耳后、胸前、大腿弯及手腕内侧;腋下、头发、鞋内忌用香水;避免将香水直接喷于浅色衣物上。

微课
视频 2-4-3
站务人员工
作佩饰的佩
戴技巧及佩
戴规范

4.2.2　工作佩饰及佩戴规范

工作佩饰是指站务人员在工作时间必须按标准佩戴的饰品,一般有发饰、帽子、领带或丝巾、腰饰、胸卡、臂章、绶带、笔等。

（1）发饰。发饰是指在头发上使用的具有约束头发、固定头发或起装饰作用的饰品。在古代,男女都可使用发饰;现代情况下,仅为女士所用。发饰包括发圈、发绳、发梳、发簪、发箍、发束、发爪等。在日常生活中,女性选择合适的发饰搭配衣服和鞋靴,能起到画龙点睛的作用。

在工作时间内,短发女性站务人员不需要使用任何发饰;而长发女性站务人员在工作时的发饰以简洁实用为主,色彩不宜过于鲜艳花俏,材质不宜过于贵重。女性站务人员一般使用统一配发的发夹固定全部头发,并将发尾置于发网中,这样既方便工作又塑造了整齐划一的服务形象（见图 2-7）。

（2）帽子。男性站务人员帽檐边与眉毛保持水平,不露头帘（见图 2-8）;女性站务人员帽檐在额头 1/2 处,不露出刘海,两侧不留耳发,发花与后侧帽子边沿相贴合,只宜选择黑色且无花色图案的发卡（见图 2-7）。

图 2-7　头饰和帽子佩戴　　　　图 2-8　帽子佩戴（男）

（3）领带和领结（丝巾）。一般情况下,城市轨道交通运营企业给男性站务人员配发的是西装类制服,领带是其中一个非常重要的佩饰,领带的系法可参照图 2-4。需要强调的是,男性站务人员不管用哪种打领带的方法,都要把领带结打得端正、挺括,外观上呈倒三角形。

女性站务人员在制服中一般配发领结或丝巾。如果是领结,则上岗前应将其熨烫平整;如果是丝巾,则需要按照企业规定的系法统一佩戴。企业配发的丝巾一般为小方巾,下面介绍四种小方巾的系法:

① 平结。将丝巾对角往中心点对折;对折 2 次,成 3~5 厘米宽;丝巾一长一短拉

住,将长的一端从短的一端的下面向上穿过来系活结;将从下面穿过来的一端绕过较短的一端再系一个结;整理好形状,将结移到喜欢的位置(见图2-9)。

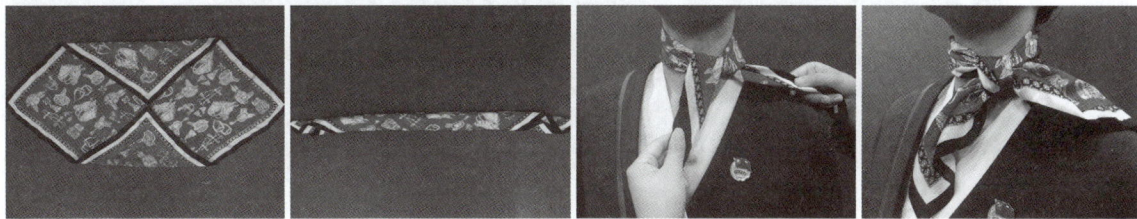

图 2-9　平结

② 百褶花结。将方巾折成风琴状百褶长带围在颈上;打两次活结,即成一个平结,或者也可以用别针把两端固定起来;将平结调至适当位置,整理成花朵形状。此种方法适用于带有镶边的丝巾,更能突出此种系法所特有的富有层次的丝巾褶(见图2-10)。

图 2-10　百褶花结

③ 茉莉结。将丝巾对折使两端重叠,然后扭转成麻花状;围在脖子上,把丝巾两端稍微分开;把丝巾的两端分别打结后,穿过另一头的环内;调整角度,将丝巾角展开成漂亮的形状(见图2-11)。

图 2-11　茉莉结

④ 闪亮宝石结。将方巾往中心点对折,再对折;折成长条形状后,把丝巾绕在手指上,把长的一端从下往上穿出来打一个死结,使结刚好在长巾的中间位置,整理成宝石状;在两边再各打一个同样的结,形成三个宝石结。将丝巾两端拉到颈后,以平结固定即可(见图2-12)。

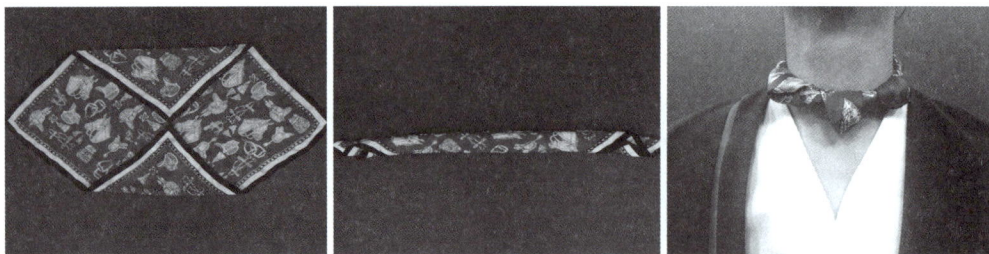

图 2-12   闪亮宝石结

（4）腰饰。在工作时间内,所有站务人员必须按规定着制式腰带,腰带上不可悬挂手机、钥匙链等物品;上岗前应检查腰带扎得是否合适,腰带有没有"移位",不能在服务场合调整腰带;在工作进餐的时候,不要当众松紧腰带,这样既不礼貌,也不雅观;如果必要,可以起身到洗手间去整理。

（5）胸卡。胸卡是佩戴在胸前以示工作人员身份的卡片类标志牌,包括胸章、胸徽、工号牌等。胸卡有长方形、条形、圆形、椭圆形等多种形状,可显示佩戴者单位名称、所属部门、职务、姓名、编号等信息,由单位统一定制并下发。

站务人员工作时应按照本单位的规定佩戴胸卡。佩戴胸卡时,应注意将胸卡佩戴于规定的位置:带绳的长方形胸卡一般挂在胸前,应注意使其正面朝外;条形胸卡一般佩戴于左胸前口袋上沿中部(见图2-13);圆形胸卡一般佩戴于西装上衣左侧衣领的上端等。

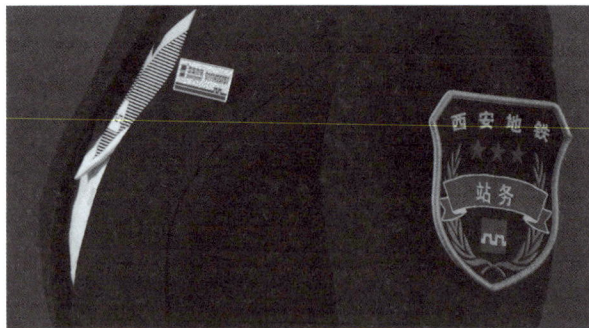

图 2-13   胸卡和臂章

佩戴时要保持胸卡干净整洁、完好无缺;胸卡上的字迹模糊或缺损时,应及时更换新的胸卡;不能在胸卡上乱写乱画,也不能在胸卡上粘贴或悬挂其他物品。

（6）臂章。臂章是佩戴在衣袖上臂部位,表示身份、勤务等信息的标志。站务人员的臂章一般佩戴在左臂(见图2-13),形状有盾形、长方形、菱形等,一般为电脑刺绣制品。

（7）绶带。在城市轨道交通运营企业的活动宣传时(如"排队日"宣传),站务人员会佩戴绶带上岗。佩戴绶带时应遵循"左肩右胯"的原则,即绶带斜挎在身上时,搭在左肩上(见图2-14)。

图 2-14　绶带的佩戴

（8）笔。站务人员在服务过程中常常会用到书写笔，因此，需要随身携带。笔的正确携带位置应该是制服上衣内侧的口袋中。一般情况下，也尽量避免把笔携带在衬衫的口袋里，这样容易把衬衫弄污。

4.3　站务人员饰品佩戴原则

4.3.1　数量原则

选择佩戴饰品应当是起到锦上添花、画龙点睛的作用，而不应是过分炫耀，刻意堆砌，切不可画蛇添足。站务人员除必要的工作佩饰外，其他个人佩饰可以一件不戴；若有意同时佩戴多种饰品，一般上限为三件，即个人佩饰的总量不超过三件。

4.3.2　搭配原则

佩戴饰品要视为着装整体上的一个环节，兼顾着装的质地、色彩、款式，使之在搭配风格上相互匹配。比如，同时佩戴两种及两种以上的饰品应使其色彩一致；戴镶嵌饰品时，应使其与主色调保持一致，避免杂乱感。

4.3.3　扬长避短原则

饰品的佩戴应与自身条件相协调，如体形、肤色、脸型、发型、年龄、气质等，要通过佩戴饰品突出自己的优点。例如，短而粗的手指不适宜戴重而宽的戒指，戴一个窄戒指反而能使手指显得细长些。

学习活动设计
站务人员饰品
佩戴规范

【同　步　习　题】

同步习题
2-4

1. 单项选择题（每题 5 分，共 25 分）

（1）城市轨道交通女性站务人员发花位置（　　　）。

A. 发花与后侧帽子边沿相贴合　　　　　B. 发花距后侧帽子边沿 1 cm

C. 发花距后侧帽子边沿 2 cm　　　　　　D. 发花距后侧帽子边沿 3 cm

(2) 城市轨道交通女性站务人员戴帽高度(　　　)。

A. 帽檐与前额发线持平　　　　　　　　B. 帽檐与眉毛持平

C. 帽檐在额头 1/2 处　　　　　　　　　D. 帽檐在额头 1/3 处

(3) 城市轨道交通站务人员工号牌的位置(　　　)。

A. 右胸前口袋上沿中部　　　　　　　　B. 左胸前口袋上沿中部

C. 右胸前口袋盖上　　　　　　　　　　D. 左胸前口袋盖上

(4) 城市轨道交通站务人员携笔的位置(　　　)。

A. 衬衫左侧口袋　　　　　　　　　　　B. 衬衫右侧口袋

C. 制服上衣内侧口袋　　　　　　　　　D. 制服上衣外侧口袋

(5) 城市轨道交通站务人员绶带佩挂的位置(　　　)。

A. 绶带佩挂于右肩上　　　　　　　　　B. 绶带佩挂于左肩上

C. 绶带佩挂于腰间　　　　　　　　　　D. 绶带佩挂于脖颈

2. 多项选择题(每题 10 分,共 50 分)

(1) 佩饰的作用体现在(　　　)。

A. 装饰　　　　　　B. 暗示　　　　　　C. 陪衬　　　　　　D. 美化

(2) 手链是佩戴于手腕上的链状饰物,男女均可佩戴。但一般不允许(　　　)。

A. 一只手上戴多条手链

B. 手链与手镯同时佩戴

C. 一般只佩戴一条手链,并戴在左手腕上

D. 站务人员工作时间内不宜佩戴手链

(3) 关于戒指(指环)的戴法,一般要求是(　　　)。

A. 一般戴在右手上,最好戴多枚

B. 一般讲究戴在左手上,最好只戴一枚

C. 站务人员工作时间可以佩戴戒指,但通常只允许佩戴一枚戒指

D. 站务人员工作时佩戴的宝石类戒指上的镶嵌物直径不宜大于 6 毫米

(4) 站务人员佩戴手表,一般应注意(　　　)。

A. 造型:奇特、新颖

B. 造型:庄重、保守

C. 色彩:鲜艳、夸张、前卫,一般为红色、黄色、绿色,多色或彩色

D. 色彩:清晰、高贵、典雅,一般为金色、银色、黑色,单色或双色

(5) 香水的喷洒部位应该是(　　　)。

A. 前胸　　　　　　B. 手腕　　　　　　C. 腿弯　　　　　　D. 耳后

3. 判断题(每题 5 分,共 25 分)

(1) 女性站务员工在工作岗位上,可佩戴耳钉,但耳钉应无坠,且不能超过一副。
(　　　)

(2) 工作时间允许戴墨镜等有色眼镜、允许戴与本人瞳色反差较大的美瞳。(　　　)

(3) 佩饰是指人们在着装的同时所选用、佩戴的装饰性物品。(　　　)

（4）男性站务人员戴帽高度标准是帽檐在额头 1/2 处。（　　）

（5）站务人员的臂章一般佩戴在右臂。（　　）

知识拓展

职业装尺码对照标准

（1）国家服装号型的含义

"号"指人体的身高，以 cm 为单位，是设计和选购服装长短的依据；"型"指人体的胸围和腰围，以 cm 为单位，是设计和选购服装肥瘦的依据。体型分类是以人体的胸围与腰围的差数为依据来划分体型，并将体型分为四类，分类代号分别为 Y（偏瘦）、A（正常）、B（偏胖）、C（肥胖）。

号型的表示方法为号与型之间用斜线分开，后接体型分类代号。例如，上装 160/84A，其中 160 为身高，表示号；84 为胸围，表示型；A 表示体型代号；下装 160/68A，其中 160 为身高，表示号；68 为腰围，表示型；A 表示体型代号。

（2）男士职业装尺寸对照标准（参照图 2-15）

男士职业装尺码对照表见表 2-3、表 2-4。

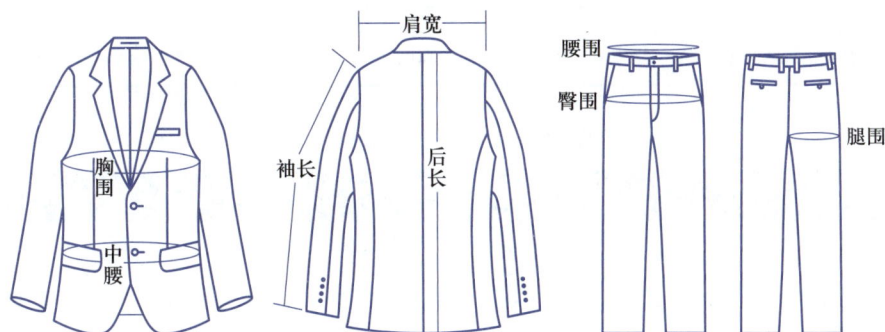

图 2-15　男装尺寸参照示意图

表 2-3　男士职业装上衣尺码对照表

规格	42	44	44B	46	46B	48	48B	50	52
号型	160/80A	165/84A	165/88A	170/88A	170/92A	175/92A	175/96A	180/96A	185/100A
胸围/cm	94	97	101	100	104	103	107	106	109
中腰/cm	83	86	90	89	93	92	96	95	98
肩宽/cm	42	43	44	44	45	45	46	46	47
后长/cm	70.5	72	72	74	74	76	76	78	80
袖长/cm	59.5	60	60	61	61	62	62	63	64

表 2-4　男士职业装西裤尺码对照表

规格	28	29	30	31	32	33	34	36
号型	160/80A	165/84A	170/88A	170/92A	175/92A	175/96A	180/96A	185/100A
腰围/cm	71.5	74	76.5	79	81.5	84	86.5	91.5
臀围/cm	93	95	97	99	101	103	105	109
腿围/cm	61	62	63	64	65	66	67	68

（3）女士职业装尺寸对照标准

女士职业装尺码对照表见表 2-5～表 2-7。

表 2-5　女士职业装上衣标准尺码对照表

上衣尺码	S	M	L	XL	XXL	XXXL
国际尺码	36	37	38	39	40	41
胸围/cm	79～82	83～86	87～90	91～94	95～98	99～103
腰围/cm	62～66	67～70	71～74	75～78	79～82	83～86
肩宽/cm	37	38	39	40	41	42
身高/胸围	155/82A	160/86A	165/90A	170/94A	172/98A	175/102A

表 2-6　女士职业装连衣裙尺码对照表

连衣裙尺码	S	M	L	XL	XXL
服装尺码	36	38	40	42	44
胸围/cm	79～82	83～86	87～90	91～94	95～98
腰围/cm	62～66	67～70	71～74	75～78	79～82
肩宽/cm	37	38	39	40	41
身高/胸围	155/82A	160/86A	165/90A	170/94A	172/98A

表 2-7　女士职业装西裤尺码对照表

女西裤	S		M		L		XL	
裤子尺码	25	26	27	28	29	30	31	32
国标号型	155/62A	159/64A	160/66A	164/68A	165/70A	169/72A	170/74A	170/76A
对应臀围/cm	85	87.5	90	92.5	95	97.5	100	102.5
对应腰围/cm	62	64.5	67	69.5	72	74.5	77	79.5

规范、规程与标准

微课

站务员工仪容仪表礼仪规范场景化展示

××地铁公司站务员工仪容规范和着装规范

1. 站务员工仪容规范

（1）头发的修饰卫生

① 头发的整齐。客运员工的发型选择,应该与自己的年龄、脸型、身材、性别相称,发型整齐利落,不留怪异发型,不染不自然的发色;男员工不可剃光头,不留长发和烫发;头发要修剪整齐,前不遮眉,侧不遮耳,后不及领。

② 头发的清洁美化。客运员工应保持头发的清洁,避免头发有异味、头屑。每日适时梳理头发,避免头发凌乱,有损形象;在工作中,发长过肩的女性必须佩戴有发网的头饰,将头发挽于头饰发网内,客运人员不得佩戴花哨的发饰。

（2）面部修饰与卫生

① 保持面部清洁。注意每天早晨、晚上洗脸,洗去脸上的油脂、灰尘,保持面部清洁,使自己容光焕发,清新自然。

② 注意面部修饰。女员工应化素雅的淡妆,保持良好的精神状态,不要浓妆艳抹,也不要使用颜色怪异和气味浓烈的化妆品,男员工必须将胡须剃净,常修剪鼻毛,保持面容清洁。

（3）注意口腔、手部、身体卫生

① 口腔卫生。必须讲究礼仪,保持口腔清洁,养成每日早、晚、饭后刷牙的良好习惯,消除残留物,保持口腔清新,班前忌饮酒,忌吃蒜、葱、韭菜等气味浓烈的食物,以免产生异味,影响对乘客的服务。

② 手部卫生。平时勤洗手,保持双手清洁,养成经常修剪指甲的良好习惯,不留长指甲,以免藏污垢,指甲长度以从手心向外看不超过 1mm 为宜;只可涂肉色或透明色的指甲油并保持完好,不得使用指甲装饰品。

③ 身体卫生。为保持身体卫生,应勤洗澡、勤换衣服,班前忌剧烈运动。另外,客运员工在工作时不宜使用气味浓烈的香水。

2. 站务员工着装规范

（1）上班时间必须按规定整齐统一穿着工作制服,佩戴领带/领结、臂章、工号牌,工号牌戴在左胸前口袋上沿中部(如未配发工号牌或工号牌丢失期间必须佩带本人胸卡)。

（2）着工作制服时,必须保持衣装整洁,不缺扣、不立领、不挽袖挽裤;凡着工作制服时,必须按规定穿着黑色皮鞋,并保持光亮、整洁,鞋子上不能有过于夸张的装饰。

（3）佩戴标志要清洁平整,服务品牌的宣传牌等佩戴于工号牌中上方;绶带佩挂于左肩上。

（4）女员工穿着制服时,只能佩戴式样简洁大方的项链(不可露出制服)、耳钉(无坠,不能超过一副),戒指只允许戴婚戒,其他饰品和款式夸张的项链、戒指一律不允许佩戴。

（5）工作时间不准戴墨镜等有色眼镜、不允许戴与本人瞳色反差较大的美瞳。

（6）原则上只能在工作地点、工作时间穿着工作制服。在公司或车站范围内，当班时间必须按规定穿齐工作制服，佩戴标志；参加总公司或运营分公司组织的活动时须按活动要求着装；已下班但仍穿着工作制服的员工，其行为举止一律按上岗时的规定执行。

复习思考题与实践训练

1. 站务人员仪容形象的基本要求有哪些？

2. 女性站务人员仪容修饰应把握哪些原则？

3. 简述着装的基本要求。

4. 谈谈统一站务人员职业着装有什么作用和意义？

5. 简述站务人员职业着装规范。

6. 具体说明站务人员各种工作佩饰的佩戴方法。

7. 实践训练

（1）案例分析：请利用所学知识对案例进行分析后回答问题。

赵华是一名即将毕业的城市轨道交通运营管理专业的学生。有一天，他从学校获悉：本市某地铁公司准备在该校招聘一批工作人员。让赵华高兴的是地铁公司对站务岗位专业的要求恰好就是他所学的专业，其他的条件也都基本符合。

终于等到了招聘的那一天，赵华早早起床，他想对自己的形象做一个别出心裁的设计，好让面试官对其印象深刻，增加成功的概率。因此，他上穿小西装，下穿牛仔裤，头戴鸭舌帽，脖子搭了一条文艺范十足的围巾，足蹬旅游鞋。无疑，他希望自己能给对方留下精明强干、时尚新潮、年轻个性的印象。

然而事与愿违，这一身时髦的"行头"，却偏偏坏了他的大事。赵华的错误在哪里？地铁公司招聘工作人员对此会有何评价？

（2）实操性训练

① 针对自己的脸型进行妆容塑造。

② 针对自己的皮肤进行皮肤保养。

③ 女性进行职业盘发训练，要求发髻饱满、发花佩戴符合高度、无乱发。

④ 根据自己的头型、发质和脸型选择最适合自己形象的发型。

扬工匠精神　讲轨道故事

全国轨道交通服务明星——武汉地铁易建勇、祝阳

易建勇，男，1990 年 1 月出生，中共党员，2011 年入职，是武汉地铁蔡甸线知音站区干事。入职以来，他坚守一线，立足岗位踏实工作，以乘客需求为导向提供优质服

务,所在班组从未发生一起有责投诉或责任安全事故。多年来,他的工作得到了乘客、同事及领导的一致好评。他曾先后获得 2015 年、2016 年"集团公司优秀团员",2016年"集团公司优秀员工",2017 年"安康杯"先进个人,2018 年"运营公司优秀员工"等荣誉称号。

为了让乘客感受到最热忱的服务,他练就了一手"问不住,难不倒,有问必答,一问多答""听问知所需,看面知心理"绝活,令过往乘客赞不绝口。他精益求精的工作作风曾被《长江日报》两次专访报道表扬,被誉为"暴走值班站长""地铁界的旺旺"。据统计,他在岗时平均每 5 分钟就为乘客提供一次人性化的服务,入职以来累计帮助乘客万余人,找回失物 2 000 余件,受到了诸多乘客表扬。其中"女孩生理期痛倒在地,路过乘客无人理,一群穿制服的过来帮她""外籍女子乘电梯险将婴儿车摔倒,地铁小哥一把拉住"等优秀服务事迹被《人民日报》、新华网及《长江日报》在内的多家主流媒体报道表扬,仅 2018 年,易建勇被主流媒体报道表扬的事迹便有十余起。

一路走来,他一直怀着感恩之心,默默无闻地奉献在自己的岗位上,时刻用严格的标准规范自己的一言一行。他把"以德为本做好人、勤学苦练做能人、勇于开拓做新人"作为自己的座右铭,在点点滴滴中弘扬着正能量,以自身良好的素质、突出的业绩树立修身立德的青年服务榜样。

祝阳,女,1988 年 4 月出生,2008 年参加工作,是武汉地铁 4 号线钟家村站值班站长。入职以来,她立足岗位不断奉献,入职以来带出各岗位徒弟 20 余名。她坚持践行"知你心忧,懂你所求"的服务理念,在岗期间从未发生过一起有责投诉及安全责任事故。祝阳曾荣获 2012 年"湖北省优秀共青团员"、2013 年"武汉市三八红旗手"、2018年"武汉地铁集团岗位立功女明星"等荣誉称号。

作为一名地铁人,祝阳始终不忘初心,牢记使命,用实际行动践行"想乘客所想,急乘客所急"的宗旨。入职以来,但凡她工作过的车站都能感受到她温暖播撒的种子生根发芽。在日常巡站过程中,她眼里关注的是影响乘客安全出行的隐患,心里牢记的是"知你心忧,懂你所求"的服务理念。入职以来,她帮扶乘客千余次,归还失物 1 385件,受到领导及同事的一致好评。"0.1 元支付宝转账成功找到失主""85 岁老年痴呆症老人在车站走失,她细心发现帽子信息帮助老人找回家人""小学生出门忘带钱包,她自掏腰包帮孩子买票获得家长送蛋糕表示感谢""七旬老人独自出门突发高血压,幸亏她临危不乱安抚情绪顺利送医"等事件先后被《长江日报》、未来网等主流媒体争相报道。扎实的业务、优质的服务使她被公司评为"微笑服务五星员工",细致、温暖是大家对这位"80 后"女站长的第一形容词,她也被大家称作"地铁最美暖心站长""行走的 Siri"。

十年磨一剑,青春吐芳华。她恪尽职守,用小爱温暖他人,用大爱投身工作;她踏实工作,用贴心服务乘客,用暖心温暖同事。她努力实现自我价值,不忘初心;她牢记使命,始终坚持通过自身努力,为地铁事业蓬勃发展添砖加瓦。

模块3
城市轨道交通服务仪态礼仪

知识结构图

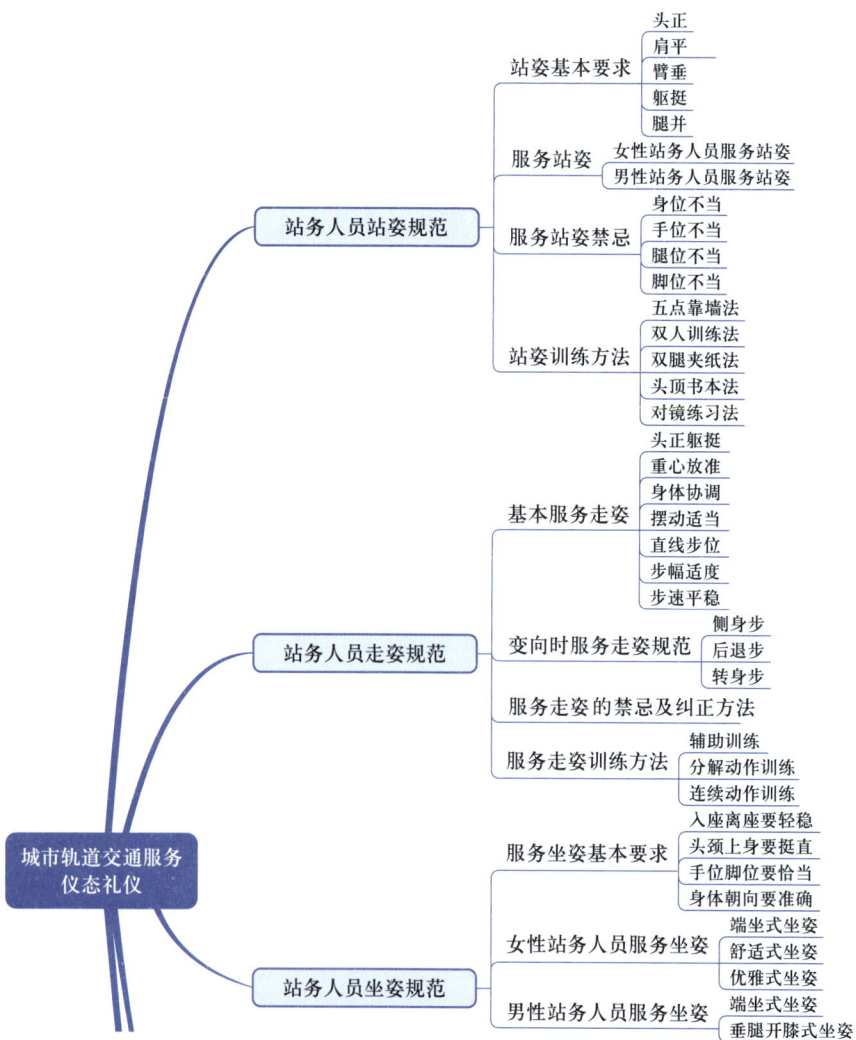

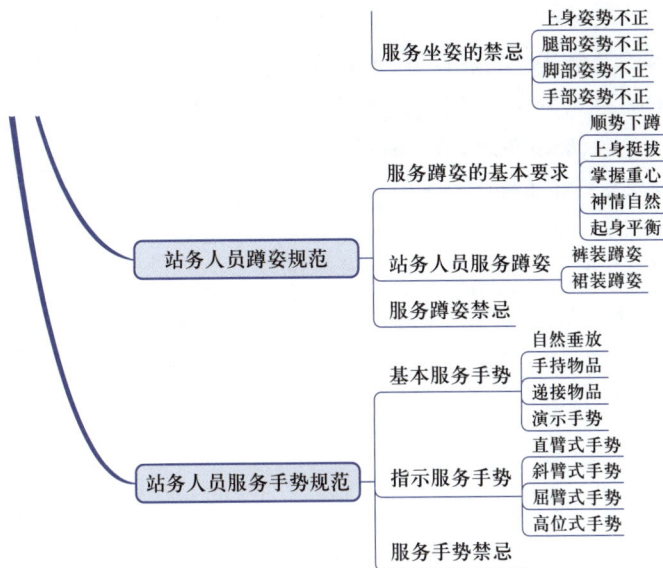

```
                                                        ┌─ 上身姿势不正
                                       服务坐姿的禁忌 ───┤─ 腿部姿势不正
                                                        ├─ 脚部姿势不正
                                                        └─ 手部姿势不正
                                                        ┌─ 顺势下蹲
                                                        ├─ 上身挺拔
                                       服务蹲姿的基本要求 ┤─ 掌握重心
                                                        ├─ 神情自然
                                                        └─ 起身平衡
              站务人员蹲姿规范                            ┌─ 裤装蹲姿
                                       站务人员服务蹲姿 ──┤
                                                        └─ 裙装蹲姿
                                       服务蹲姿禁忌
                                                        ┌─ 自然垂放
                                                        ├─ 手持物品
                                       基本服务手势 ─────┤─ 递接物品
                                                        └─ 演示手势
                                                        ┌─ 直臂式手势
              站务人员服务手势规范          指示服务手势 ──┤─ 斜臂式手势
                                                        ├─ 屈臂式手势
                                                        └─ 高位式手势
                                       服务手势禁忌
```

模块概述

本模块由五个学习任务构成。其涵盖了运营现场站务人员工作期间所有的仪态规范,包括服务站姿、服务走姿、服务坐姿、服务蹲姿和服务手势等。每种仪态动作在介绍时都从其基本要求引出在运营现场服务中常用的仪态规范标准,强调了每种仪态的禁忌及简单易行的训练方法。具体可以达到以下学习目标:

(1)能力目标:能够通过仪态礼仪建立站务人员的服务角色感,主动运用优雅得体的行为向乘客传达尊重之情。

(2)知识目标:熟悉并掌握站务人员站姿、走姿、坐姿、蹲姿和手势等服务仪态动作的基本要求,常用姿态标准及适用的场景。

(3)素质目标:理解站务人员的职业举止风貌体现了服务规格和品质,能够在潜移默化的学习中主动塑造良好的仪态,提升职业素养。

在本模块的学习过程中学习者务必加强练习,结合形体美和效果美两个根本点,领会每种仪态动作要领,充分展示城市轨道交通服务人员举手投足间的形象魅力。

导入案例

得体的仪态说服乘客

站台上,距离站务员较远处,有一名男乘客蹲姿候车。

站务员用扩音器提醒乘客:"先生,请不要蹲着候车,谢谢!"

乘客不理会。

站务员走近,弯下腰去,摆出"请"的手势对乘客说:"您好,这样不够安全,您可以到座椅上休息。"

乘客仍然不听:"我喜欢这样蹲着,关你什么事?"

站务员:"列车进站时速度很快,风也很大,我们要确保乘客安全。而且其他乘客可能会跟着您这样做,会有很大的安全隐患。"

乘客:"开玩笑,还有座椅空着吗?"

站务员:"如果您确实需要,我可以请其他乘客给您让个座。"

乘客不再坚持,站务员将他引导至安全区域。

案例简析:当有乘客不理解城市轨道交通乘车规则时,需要站务人员以尊重的态度耐心劝说。此时,站务人员举手投足间的体态动作和得体的语言体现了其职业素质、礼仪水准和工作态度。

知识讲解

仪态泛指人们的身体在人际沟通与交往过程中所呈现出来的各种姿势,即一个人在行为中的姿态和风度。仪态属于人的行为美学范畴,有时无声的体态语言比有声的口头语言传递的信息更丰富、更有感染力,可以展示出一个人的道德修养、人文学识、职业态度等方面的素质与能力。

在城市轨道交通运营中,仪态礼仪就是站务人员在服务过程中的行为举止应遵循的原则与规范,具体是指站务人员的服务站姿、走姿、坐姿、蹲姿和手势等姿态应达到文明大方、端庄自然、优雅得体,在展示自己良好风度的同时传达对乘客的尊重之意。

学习任务1　站务人员站姿规范

站姿是指一个人站立时的姿势,是一种静态的身体造型,是动态身体造型的基础和起点。优美的站姿是保持良好体型的秘诀,也是衡量一个人外表乃至精神的重要标准。因此,规范的站姿能够体现站务人员的精神状态、品质修养及健康状况,能衬托出其职业气质和风度。

1.1　站姿基本要求

站务人员的站姿应端庄、自然、亲切、稳重,才能彰显规范的职业形象。其基本要求是:站立时,竖看要有直立感,即沿中心线(从头部中心延伸经过颈、肩、臀、膝及脚底)使整个身体挺拔劲秀;横看要有开阔感,即四肢及身体姿态给人以舒展的感觉;侧看要有垂直感,即从耳与颈相接处至脚的踝骨前侧应大体呈直线,给人以挺、直、高的美感。具体标准如下:

(1)头正。脖颈挺直,头部微微抬起,两眼平视前方,嘴微闭,下颌微微内收,表情自然,稍带微笑。

(2)肩平。颈部挺直,两肩平正,稍向后下沉,微微放松,气沉于胸腹之间,呼吸自然。

(3)臂垂。双臂自然平衡、放松,自然下垂于体侧。

微课
视频 3-1-1
站姿基本
要求

（4）躯挺。胸部挺起,腹部往里收,腰部直立,臀部向内向上收紧,髋部两侧略向中间用力,上体自然挺拔。

（5）腿并。两腿并拢直立,腿部肌肉收紧,大腿内侧夹紧,双膝紧靠在一起,身体重量应当平均分布在两条腿上。

由于工作中站务人员站立时间较长,要避免一个站姿时间过长而导致肌肉僵直硬化。站务人员可以适宜地变换不同的姿势,在保持稳重大方的仪态的基础上,使肌肉得到有效放松。

1.2　服务站姿

不同服务场景的站姿要求不尽相同,性别不同站姿也不一样,区别主要体现在手和脚的动作上。

1.2.1　女性站务人员服务站姿

女性站务人员的站姿要表现出女性的娇巧、轻盈、娴静、典雅之态,给人一种"静"的优美感。常见的女性站务人员站姿有以下四种:

（1）肃立站姿（见图3-1）。动作要领是:

① 手部:双臂自然下垂处于身体两侧,手部虎口向前,手指自然弯曲,指尖朝下,中指压裤缝。

② 脚部:两腿立正,双膝紧靠在一起,两脚跟并拢,双脚呈"V"状,脚尖分开夹角为30°~45°。

③ 特点:正式、严肃,显示对对方的尊重之意。

④ 适用范围:适用于严格按流程标准服务的场合,如站务人员接发列车时。

（2）体前交叉式站姿（见图3-2）。动作要领是:

图 3-1　肃立站姿（女）　　　　图 3-2　体前交叉式站姿（女）

微课
视频 3-1-2
服务站姿

① 手部:双臂自然下垂,双手虎口相交叠放于小腹的位置,右手握左手的手指部分,使左手四指不外露,手掌尽量舒展,两手呈自然的弧度,左右手大拇指内收在手心处。

② 脚部:双脚呈小"丁"字步,两只脚一前一后,前一只脚的脚跟轻轻地靠近后一只脚的脚弓处,两脚尖稍稍展开15°~45°,将重心集中于后一只脚上,腿绷直并严。注意:两脚不要分开,更不能摆成平行状。

③ 特点:郑重中略有放松,给人以亲切感。

④ 适用范围:适用于日常与乘客交流沟通的服务场合,如接受乘客咨询时。

(3) 体前屈臂式站姿(见图3-3)。动作要领是:

① 手部:双臂肘关节屈,双手虎口相交叠放于中腹部,右手握左手的手指部分,使左手四指不外露,手掌尽量舒展,两手呈自然的弧度,左右手大拇指内收在手心处。

② 脚部:双脚呈小"丁"字步,两只脚一前一后,前一只脚的脚跟轻轻地靠近后一只脚的脚弓处,两脚尖稍稍展开15°~45°,将重心集中于后一只脚上,腿绷直并严。注意:两脚不要分开,更不能摆成平行状。

③ 特点:大气、端庄、亲和,易体现良好的职业形象。

④ 适用范围:正式的接待场合和日常的服务场合都适用。

(4) 体后单背式站姿(见图3-4)。动作要领是:

① 手部:一只手背在后面,贴在腰际;另一只手自然下垂,手指自然弯曲,中指对准裤缝。

② 脚部:双脚呈"V"状,也可以站成小"丁"字步。

③ 特点:显得大方、自然、优雅。

④ 适用范围:需用手为乘客做引导服务的场合适用。

图3-3 体前屈臂式站姿(女)　　　　图3-4 体后单背式站姿(女)

1.2.2　男性站务人员服务站姿

男性站务人员的站姿要表现出男性的刚健、强壮、英武、威风之貌,给人一种"劲"的壮美感。常见的男性站务人员站姿有以下三种:

(1)肃立站姿(见图 3-5),动作要领是:

① 手部:双臂自然下垂于身体两侧,手部虎口向前,手指自然弯曲,指尖朝下,中指压裤缝。

② 脚部:两腿立正,双膝紧靠在一起,两脚跟并拢,双脚呈"V"状,脚尖分开夹角为 45°~60°。

③ 特点:比较正式、严肃,显示对对方的尊重之意。

④ 适用范围:可用于严格按流程标准服务的场合,如站务人员接发列车时,也可用于正式接待的场合。

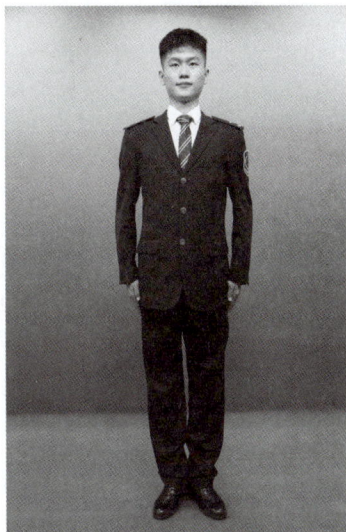

图 3-5　肃立站姿(男)

(2)体前交叉式站姿(见图 3-6),动作要领是:

① 手部:双手在腹前交叉,右手大拇指与四指分开搭在左手腕部靠近手掌的位置,使右手掌心与左手手背重叠,左手自然弯曲。

② 脚部:左脚向左横迈 1 小步,两脚展开,距离小于肩宽为宜(约 20 厘米),身体重心放在两脚中间。

③ 特点:郑重中略有放松,有亲切感。

④ 适用范围:适用于日常与乘客交流沟通的服务场合,比如接受乘客咨询时。

(3)体后交叉式站姿(见图 3-7),动作要领是:

图 3-6　体前交叉式站姿(男)

图 3-7　体后交叉式站姿(男)

① 手部：双手在背后腰际交叉，右手大拇指与四指分开搭在左手腕部靠近手掌的位置，使右手掌心与左手手背重叠，左手手心向上收。

② 脚部：左脚向左横迈一小步，两脚展开，距离小于肩宽为宜（约 20 厘米），身体重心放在两脚中间。

③ 特点：优美中略带威严，易产生距离感。

④ 适用范围：维持服务现场秩序时适用。

对于这几种站姿，站务人员在服务工作中视具体场景选择适合的站姿。

微课

视频 3-1-3
服务站姿的
禁忌

1.3 服务站姿的禁忌

站姿是影响站务人员仪态美最基础、最关键的因素。好的站姿可以让身体各个关节得到均匀的受力，从而不会让某些特定的关节承担大部分的重量。但不良的站姿则会影响到体内的血液循环，可能会压迫内脏。因此，不管在形体上还是在外貌上，不良的站姿都会对人体产生消极的影响。

1.3.1 身位不当

（1）弯腰驼背。在站立时，一个人如果弯腰驼背，最明显的体态就是腰部弯曲、背部弓起，同时伴有颈部弯缩、胸部凹陷、腹部凸出、臀部撅起等。这样会显得一个人缺乏锻炼，无精打采。

（2）歪歪斜斜。站立时，身躯明显地歪斜，如头偏、肩斜、腿曲、身歪，或是膝部不直，直接破坏了人体的线条美；有时还会看到某些站务人员将身体依靠在柱子、墙壁或是桌子旁，甚至还伴有身体的晃动或抖动。这样会显得颓废消沉，萎靡不振。

1.3.2 手位不当

在站立时，站务人员必须注意以正确的手位去配合站姿。若手位不当，则会破坏站姿的整体效果。

（1）双手抱在脑后：显得不成熟、不专业，随意性强。

（2）用手托着下巴：显得当班时心不在焉，缺乏积极向上的心态。

（3）两臂交叉在胸前：显得盛气凌人，容易使乘客有受压迫之感。

（4）双手抱于胸前：显得不自信，有防御、戒备之嫌。

（5）把肘部支在某处：显得不庄重、无礼，瞧不起他人。

（6）双手或单手叉腰：往往含有进犯之意，对乘客非常不尊重。

（7）将手插在衣服或裤子口袋里：有消极、散漫的感觉。

（8）不时做小动作，如玩弄衣服、发辫、咬手指甲等：显得拘谨，给人以缺乏自信的感觉。

1.3.3 腿位不当

（1）两腿交叉站立：显得不成熟、不严肃。

（2）两腿分开过大：男性站务人员站立时两腿分开超过肩宽，会给乘客以大大咧咧、不拘小节的感觉;女性站务人员站立时双腿不能分开,否则将会被认为是不注重细节、缺乏教养。

1.3.4　脚位不当

(1)"人"字步脚位:也就是"内八字"步,给人一种身体扭曲感,不庄重大方。

(2)蹬踩式脚位:指的是在一只脚站在地上的同时,把另一只脚踩在其他物体上。这种脚位显得不文明、没有素质和教养。

1.4　站姿训练方法

站务人员在服务场合的站姿可以传达很多信息,如工作的专业性、敬业意识、职业素养和专业操守。好的站姿能通过学习和训练而获得,因此要拥有优美的站姿,就必须养成良好的习惯,长期坚持。除了理论学习外,站务人员还应在生活中加以训练。

微课
视频 3-1-4
站姿训练方法

1.4.1　五点靠墙法

背墙站立,头部、双肩、臀部、小腿、脚跟紧靠墙壁,用力呼吸、收腹、腹部肌肉有力缩回,每天坚持训练 20 分钟,以达到强化身体控制能力的目的(见图 3-8)。

1.4.2　双人训练法

两人背靠背站立,两人脚跟、小腿、臀部、双肩、后脑勺贴紧,要求两人身高、体重相当,每次坚持训练 15 分钟(见图 3-9)。

图 3-8　五点靠墙法　　图 3-9　双人训练法

1.4.3　双腿夹纸法

站立者在两膝盖间夹一张纸,要求不松、不掉,每次坚持训练 10 分钟,达到训练腿部控制能力的目的(见图 3-10)。

1.4.4　头顶书本法

站立者按动作要领站好后,在头顶上放置一本书,努力保持书在头上的稳定性,实现训练头部控制能力的目的(见图 3-11)。

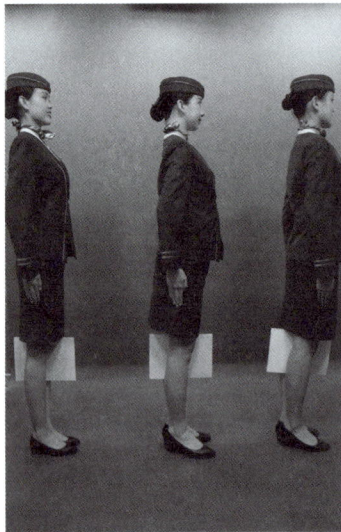

图 3-10　双腿夹纸法

图 3-11　头顶书本法

学习活动设计
站务人员站姿
规范

1.4.5　对镜练习法

对镜训练站姿时发现问题及时纠正,要坚持微笑,使规范的站姿与轻松的微笑自然结合;训练时间应控制在 20~30 分钟;配合优美、抒情的音乐,对照镜子观察面部表情及整个身体的状态,提升站姿训练的整体效果。

综上所述,站务人员站姿优美,身体才会得到舒展,不仅有助于健康,而且看起来有精神、有气质,体现了站务人员的职业素养以及对乘客的尊重,进而会更快引起乘客的好感,为顺利开展服务工作奠定良好的基础。

【同步习题】

同步习题
3-1

1. 单项选择题(每题 5 分,共 25 分)

(1) 城市轨道交通女性站务人员体前屈臂式站姿双臂动作(　　)。

A. 双臂肘关节屈,抬至水平位置　　B. 双臂肘关节屈,抬至小腹部

C. 双臂肘关节屈,抬至中腹部　　D. 双臂垂直自然交叉于体前

(2) 城市轨道交通男性站务人员体前交叉式站姿双手动作(　　)。

A. 左手握右手手指部分　　B. 右手握左手手指部分

C. 左手握右手手腕部分　　D. 右手握左手手腕部分

（3）城市轨道交通男性站务人员体后交叉式动作要领（　　　）。

A. 右脚向右横迈 1 小步,两手在身后交叉,右手搭左手腕部,两手心向上收

B. 左脚向左横迈 1 小步,两手在身后交叉,右手搭左手腕部,两手心向上收

C. 右脚向右横迈 1 小步,两手在身后交叉,左手搭右手腕部,两手心向上收

D. 左脚向左横迈 1 小步,两手在身后交叉,左手搭右手腕部,两手心向上收

（4）城市轨道交通女性站务人员肃立站姿双手动作（　　　）。

A. 食指压裤缝　　　　　　　　　　　B. 中指压裤缝

C. 无名指压裤缝　　　　　　　　　　D. 小拇指压裤缝

（5）城市轨道交通女性站务人员体前交叉式站姿双手动作（　　　）。

A. 左手握右手手指部分　　　　　　　B. 右手握左手手指部分

C. 左手握右手手腕部分　　　　　　　D. 右手握左手手腕部分

2. 多项选择题（每题 10 分,共 50 分）

（1）城市轨道交通女性站务人员体前交叉式站姿双脚动作（　　　）。

A. 右"丁"字步是将右脚跟靠于左脚内侧中间位置

B. 右"丁"字步是将右脚跟靠于左脚内侧前面位置

C. 左"丁"字步是将左脚跟靠于右脚内侧前面位置

D. 左"丁"字步是将右脚跟靠于左脚内侧中间位置

（2）站姿的基本要求是（　　　）。

A. 头偏、肩斜、身歪　　　　　　　　B. 头正、肩平、臂垂

C. 颈弯、背弯、腰弯、腿弯　　　　　D. 躯挺、腿并

（3）女性站务人员工作中不同的站姿方式常见的有（　　　）。

A. 肃立站姿　　　　　　　　　　　　B. 体前交叉式站姿

C. 体后交叉式站姿　　　　　　　　　D. 体前屈臂式站姿

（4）男性站务人员工作中不同的站姿方式常见的有（　　　）。

A. 肃立站姿　　　　　　　　　　　　B. 体前交叉式站姿

C. 体后交叉式站姿　　　　　　　　　D. 体后单背式站姿

（5）站姿的训练方法有（　　　）。

A. 双人训练法　　　　　　　　　　　B. 头顶书本法

C. 五点靠墙法　　　　　　　　　　　D. 站着不动

3. 判断题（每题 5 分,共 25 分）

（1）女性站务人员肃立站姿要求两腿立正,双膝紧靠在一起,两脚跟并拢,双脚呈"V"状,脚尖分开夹角为 60°。（　　　）

（2）体前交叉式站姿适用于日常与乘客交流沟通的服务场合,如接受乘客咨询时。（　　　）

（3）男性站务人员维持服务现场秩序时适用肃立站姿。（　　　）

（4）两人背靠背站立,两人脚跟、小腿、臀部、双肩、后脑勺贴紧,要求两人身高、体重相当,每次坚持训练 15 分钟。这种训练方法称为五点靠墙法。（　　　）

（5）对镜练习法也是训练服务站姿的方法之一。（　　　）

学习任务 2　站务人员走姿规范

　　走姿又被称为行姿,是指一个人在行走时采取的身体姿势,是站姿的延续动作。它是一种动态美,展现一个流动的造型体,在城市轨道交通服务场合,站务人员的走姿是最受乘客关注的身体语言。

微课
视频 3-2-1
基本服务
走姿

2.1　基本服务走姿

　　站务人员的走姿应优雅、稳健、敏捷,这样不仅会给乘客以美的享受,而且能表现自己的风度和活力,反映出积极向上的精神状态(见图 3-12)。其基本要求是:

　　(1)头正躯挺。上身基本保持站立的标准姿势,头部与躯干应当成一条直线,挺胸收腹,下巴微向内收,双眼平视。

　　(2)重心放准。起步时身子稍向前倾,腹部和臀部要向内提,以大腿发力带动小腿;脚跟先接触地面,然后将身体重心迅速前移至前脚掌,脚后跟应随着步伐向上提起。

　　(3)身体协调。上体的稳定与下肢的频繁规律运动形成步履和谐,前后、左右动作应平衡对称。

　　(4)摆动适当。两肩平正,两臂自然垂于身体两侧,与身体夹角 10°～15°,前后摆动,前摆约 35°,后摆约 15°。摆动的幅度不要太大,否则腰部和臀部都会过度扭曲转动而显得不雅。

图 3-12　基本服务走姿

　　(5)直线步位。行走时要将双腿并拢,脚尖向正前方伸出。女性站务人员双脚应踩在一条直线上,体现优雅的步态;男性站务人员双脚应走踩在同一条直线的两边,切莫呈内八字或外八字。

　　(6)步幅适度。行走时的步幅是指前一只脚的脚跟与后一只脚的脚尖的距离,大约为自己的一个或一个半脚长。注意,步幅会因性别和身高不同有一定差异。

　　(7)步速平稳。站务人员在行走时脚步要轻,膝盖和脚腕富有弹性和节奏,每分钟步速在 60～100 步之间。

微课
视频 3-2-2
变向时服务
走姿规范

2.2　变向时服务走姿规范

　　在城市轨道交通服务中,除了基本的向前行走,站务人员的行走方向要根据乘客的需求进行合理调整,即变向行走。与基本走姿一样,变向行走同样要求体现出规范和优美的步态。一般情况下,常见的变向行走有侧身步、后退步和转身步等。

2.2.1 侧身步

（1）适用情况。在城市轨道交通服务中，遇到乘客不熟悉行进方向需要站务人员的陪同引导时，或站务人员与乘客相遇需要避让和行礼时，或在站务人员需要侧身而行的其他场景，站务人员都需要采用侧身步（见图3-13）。

图 3-13 侧身步

① 前方陪同引导时：请乘客开始行走时，要面向对方，稍微欠身；引导按照国际上"以右为尊"的惯例，走在乘客左侧前方；如果为左侧通行道路，则方向相反，走在乘客右侧前方，保证乘客在里侧行走。在行进中髋部朝向前行的方向，上身稍转体，一肩稍前，另一肩稍后，侧身向着乘客，与乘客保持两三步的距离。

② 同行陪同引导时：引导按照国际上"以右为尊"的惯例，走在乘客左侧前方；如果为左侧通行道路，则方向相反，走在乘客右侧前方，保证乘客在里侧行走；在交谈或介绍时上身宜转向乘客，距乘客较远一侧的肩部朝前，身体与乘客的身体应保持一定的距离。

③ 上下楼梯引导时：引导乘客上楼时，应让乘客走在前面，站务人员走在后面；若是引导乘客下楼时，应该由站务人员走在前面，乘客走在后面。

④ 与乘客相遇时：站务人员两肩一前一后，并将胸部转向乘客行点头礼或注目礼，目光要照顾到乘客。

（2）行走速度。站务人员行走的速度要以乘客的速度为准，保持与乘客的协调一致，不可以走得过快或过慢。

（3）语言配合。陪同引导时要处处以乘客为中心，每当经过拐角、楼梯或道路坎坷、照明欠佳的地方时，需要以手势或语言提醒乘客留意；与乘客相遇时可使用"您好"或"欢迎下次乘坐"等礼貌用语。

2.2.2 后退步

顾名思义，后退步是指在后退的时候采用的走姿（见图3-14）。站务人员在离开乘客的时候，应该先面向对方后退几步，然后转体离去，表示对乘客的尊重。

动作要领：退步时，脚要轻擦地面，不可高抬小腿；后退的步幅要小；转体时要先转身体，头稍候再转。

2.2.3　转身步

转身步可分为前行转身步和后退转身步两类。

（1）前行转身步。前行转身步是站务人员在前行中需要进行转身时而采用的走姿。根据转身的方向可分为前行右转步和前行左转步。

其动作要领分别是：前行右转步以左脚为轴心向右转体 90°，同时迈出右脚；前行左转步以右脚为轴心向左转体 90°，同时迈出左脚。

（2）后退转身步。后退转身步是站务人员在后退中需要进行转身时而采用的走姿。根据转身的方向可分为后退右转步、后退左转步和后退后转步。

图 3-14　后退步

其动作要领分别是：后退右转步以左脚为轴心向右转体 90°，同时迈出右脚；后退左转步以右脚为轴心向左转体 90°，同时迈出左脚；后退后转步以左脚为轴心，向右转体 180°，然后迈出右脚；或以右脚为轴心，向左转体 180°，然后迈出左脚。

注意：转身步需要有高度的连续性，才显得自然优雅。只有坚持按照规范适当训练，熟能生巧，才会养成良好的行走习惯，让乘客感觉赏心悦目，而非刻意而为。

微课
视频 3-2-3
服务走姿的
禁忌及纠正
方法

2.3　服务走姿的禁忌及纠正方法

站务人员的不良服务走姿的产生有主观与客观两种原因：客观原因大多是无意识间养成了不良行走习惯；主观上有一部分是对走姿礼仪的不了解，还有一部分是不良服务心态（见表 3-1）。

表 3-1　不良服务走姿特征及纠正方法

部位	不良走姿	表现特征	纠正方法
躯干	身体后仰	头部抬起较高，肚子腆起、重心下移，眼睛斜向上方	行走时保持挺胸收腹，下巴微向内收，双眼平视
	含胸弓背	上身前屈呈含胸状、背呈弓形，两眼向前看时常有缩脖状	行走时保持头部与躯干成一条直线，保持上身挺直
	上身左右摇摆	行走时像鸭子一样，身体重心左右移动较大，肩膀摇晃，步幅较小，大臂摆动幅度小且与步行方向不一致	经常沿直线走，使向前迈步的脚落到直线上；注意大臂的摆动，要使大臂的摆动方向与步行的方向一致

续表

部位	不良走姿	表现特征	纠正方法
双臂	双臂夹肩摆动	行走时肩部紧张,大臂摆动幅度小、肩部摆动幅度较大,步幅较小	行走时肩部要放松,双臂自然下垂,与身体夹角 10°~15°,大臂随步行相应摆动
	小臂横着摆动	像小学生走"一二一",左右小臂在身体前交互运动	双臂自然垂于身体两侧,前后摆动
双脚	"内八字"步或"外八字"步	大腿和脚掌不在同一平面上,步幅较小、身体摇摆、步频较慢	用走直线练习,让自己的膝和脚尖保持对着正前方
	叉开双脚行走	行走时双腿没有并拢,双脚离中线距离较远	用直线作参照进行纠正,尽量使脚的内侧贴近直线,行走速度要均匀,不能走得过快
	落脚过重	把地板踩得"咚咚"作响	注意控制脚步重量,可以用加快步伐频率的方法提速
其他	工作中消极走姿	行走时身体僵硬,步履缓慢沉重,让对方会认为心境不佳,内心保守顽固,思想陈旧僵化	调解工作情绪、增强服务意识、规范服务行为,培养自己良好的礼仪习惯
		行走时低着头或耷拉着眼皮,让对方会认为心境不佳或自信心不足	
		行走时手插在口袋、双臂相抱、倒背双手,让对方会感到距离感、抗拒、狂妄自傲、缺乏教养	
		走路不抬脚,脚步拖拉在地上,蹭着地走,让对方会认为拖沓、迟钝、缺乏朝气和活力	
		行走时身体过分摇摆,步幅忽大忽小,让对方会认为轻挑、浅薄,矫揉造作	
		抢道先行,会让对方认为自恃优越、缺乏修养	

2.4　服务走姿训练方法

2.4.1　辅助训练

（1）摆臂练习。保持基本站姿。在距离小腹两拳处确定一个点,两手呈半握拳状,由大臂带动小臂从斜前方向此点摆动(见图 3-15)。

微课
视频 3-2-4
服务走姿训练方法

（2）展膝练习。保持基本站姿。左脚跟提踵，脚尖不离地面，左脚跟落下的同时右脚跟提踵，两脚交替进行，提踵的腿屈膝，另一条腿膝部向后用力绷直，两膝靠拢，膝内侧摩擦运动。

（3）平衡练习。行走时脊背、脖子竖直，上半身保持稳定，在头上放置一本书，左右手扶稳能够保持平衡后，再放下手进行平衡练习。

2.4.2 分解动作训练

（1）保持基本站姿，双手叉腰，左脚擦地出前脚掌点地与右脚相距一个脚长，右腿直腿蹬地，髋关节迅速前移重心，呈右前脚掌点地，然后交换练习。

（2）保持基本站姿，两臂自然下垂至体侧。左脚前脚掌点地时，右臂移至小腹前的指定位置，左臂向后斜摆，右脚蹬地，重心前移成右前脚掌点地时，手臂位置交换方向练习。

图 3-15 摆臂练习

2.4.3 连续动作训练

学习活动设计
站务人员走姿规范

（1）左腿屈膝，向上抬起，提腿向正前方迈出，经脚跟、脚心、前脚掌至全脚落地，同时右脚后跟向上抬起，身体重心前移至左腿。

（2）右腿屈膝，经与左腿膝盖内侧摩擦向上抬起，勾脚迈出，脚跟着地，落在左脚尖前方，两脚相隔一脚距离。

（3）迈左腿时，右臂前摆；迈右腿时，左臂前摆。

（4）将（1）~（3）动作连贯反复练习。

同步习题
3-2

【同步习题】

1. 单项选择题（每题 5 分，共 25 分）

（1）城市轨道交通站务人员行走时手臂与身体夹角为（   ）。

A. 前摆 35°，后摆 15°　　　　　　　　B. 前摆 30°，后摆 10°

C. 前摆 45°，后摆 25°　　　　　　　　D. 前摆 30°，后摆 5°

（2）城市轨道交通站务人员行走时步速为（   ）。

A. 50~100 步/分钟　　　　　　　　　　B. 60~100 步/分钟

C. 60~90 步/分钟　　　　　　　　　　D. 50~60 步/分钟

（3）按照国际惯例，城市轨道交通站务人员陪同引导乘客的方位与距离是（   ）。

A. 乘客右侧前方两步位置　　　　　　　B. 乘客右侧前方一步位置

C. 乘客左侧前方两步位置　　　　　　　D. 乘客左侧前方一步位置

（4）出现"内八字"步或"外八字"步的问题在于（   ）部位。

A. 躯干　　　　　　　B. 双臂　　　　　　C. 双脚　　　　　　D. 双腿

（5）行走时的步幅是指前一只脚的脚跟与后一只脚的脚尖的距离,大约为自己的（　　　）脚长。

A. 两个半　　　　　　B. 两个　　　　　　C. 一个或一个半　　D. 半个

2. 多项选择题(每题 10 分,共 50 分)

（1）下列属于走姿禁忌的有（　　　）。

A. 步伐稳健,有节奏感　　　　　　　　B. 蹬踏或拖蹭地面,踮脚走路

C. 步伐过快或过慢　　　　　　　　　　D. 走路"外八字"或"内八字"

（2）城市轨道交通站务人员前行转身步（　　　）。

A. 右转:左脚为轴心,转体 90°,迈出右脚

B. 右转:右脚为轴心,转体 90°,迈出左脚

C. 左转:左脚为轴心,转体 90°,迈出右脚

D. 左转:右脚为轴心,转体 90°,迈出左脚

（3）城市轨道交通站务人员离开乘客时后退步（　　　）。

A. 先转身体,头稍后再转　　　　　　　B. 先转头,身体稍后再转

C. 后退几步再转体离去　　　　　　　　D. 直接转体离去

（4）以下属于行走时躯干部位问题的是（　　　）。

A. 头部抬起较高,肚子腆起、重心下移,眼睛斜向上方

B. 行走时像鸭子一样,身体重心左右移动较大,肩膀摇晃,步幅较小,大臂摆动幅度小且与步行方向不一致

C. 行走时肩部紧张,大臂摆动幅度小、肩部摆动幅度较大,步幅较小

D. 上身前屈呈含胸状、背呈弓形,两眼向前看时常有缩脖状

（5）下列属于服务走姿的训练方法的有（　　　）。

A. 摆臂练习　　　　B. 顶书练习　　　　C. 展膝练习　　　　D. 平衡练习

3. 判断题(每题 5 分,共 25 分)

（1）按照国际惯例,引领乘客时应走在乘客的左前方两三步的位置,行进步速需与乘客步幅保持一致。（　　　）

（2）搀扶他人时,注意步速一定要快,在行进过程中加快速度,以求迅速完成任务。（　　　）

（3）城市轨道交通女性站务人员走姿步幅约 75 cm。（　　　）

（4）站务人员后退右转时应以左脚为轴心,转体 90°,迈出右脚。（　　　）

（5）引导乘客上下楼时,应让乘客走在后面,站务人员走在前面。（　　　）

学习任务3　站务人员坐姿规范

　　坐姿就是人在入座时将自己的臀部置于椅子、凳子、沙发或其他物体之上,双脚放在地上的一种静态的姿势。俗话说,坐有坐相。规范的坐姿能传递自信、热情、积极、尊重之意。因此,站务人员在一些需要采用坐姿服务的场合或岗位时,以规范标准的

坐姿面对服务对象。

微课
视频 3-3-1
服务坐姿基
本要求

3.1   服务坐姿基本要求

站务人员的服务坐姿强调的是端庄、文雅、得体、大方。其基本要求是：

（1）入座离座要轻稳。目前国际通用的礼仪标准是"以右为尊"，因此，站务人员入座、离座都应从椅子的左侧进行，动作应轻缓；入座时先侧身走近座椅，背对着站立，一条腿后退，以小腿确认一下座椅的位置，然后随势稳稳落座，同时顺便整理衣服，保持衣服平整；入座和离座需要挪动椅子时，要用双手搬起，使椅子脚尽量脱离地面，动作要轻巧，不要发出刺耳的拖动声响，如果不小心发出较大的声响，要对服务对象表示抱歉。

（2）头颈上身要挺直。入座后，头部位置端正，上身自然挺立，稍向前倾；表情自然亲切，目光柔和平视，两肩平正放松；服务时为了显示对服务对象的尊重，站务人员最好不要倚靠椅背，否则会显得精神不佳，一般情况下，坐满椅面的 2/3 左右最合乎礼节。

（3）手位脚位要恰当。坐下时，两臂自然弯曲，双手轻轻放在大腿上，如果在桌子旁，则双手可直接平扶在桌子边沿，或是双手相握置于桌上，或双手叠放在桌上都是可行的，以自然得体为宜，掌心向下；双膝自然并拢，男性站务人员两膝之间也可保持一拳的距离；双腿正放或侧放；双脚并拢或交叠或呈两脚平落地面。

（4）身体朝向要准确。站务人员坐着为服务对象服务时，为表示对对方的尊重，应将头部和上身朝向对方，不能将后脑勺对着对方。

微课
视频 3-3-2
女性站务人
员服务坐姿

3.2   女性站务人员服务坐姿

女性站务人员的坐姿要表现出女性的娴静、文雅和柔美之态，给人一种"优雅"的美感。根据坐姿的适应场合及舒适度，将女性站务人员服务坐姿分为端坐式坐姿、舒适式坐姿、优雅式坐姿三类。

3.2.1   端坐式坐姿

端坐式坐姿是最严谨的服务坐姿，适用于要求较为正规的服务场合（见图 3-16）。其动作步骤是：

第一步：整个身体呈"两个直角一垂直"，即从侧面看上身自然挺直与大腿成直角，同时大腿与小腿成直角，小腿垂直于地面。

第二步：双膝、双腿和双脚都要完全并拢，双脚足底完全着地。

第三步：双手虎口相交叠放于并拢的大腿中间位置，右手握左手的手指部分，使左手四指不外露，掌面朝下，两手呈自然的弧度，左右手大拇指内收在手心处。

3.2.2   舒适式坐姿

舒适式坐姿是指女性站务人员根据身体的曲线，通过调整腿、脚的位置，达到端庄、舒适的坐姿效果。该坐姿适用于各种服务场合，常见的有以下几种：

（1）前伸后屈式（见图 3-17）。上身自然挺直与大腿成直角，同时大腿并紧；向前伸出一条腿,并将另一条腿屈后;调整脚的位置,将后面的脚尖与前面的脚跟相接,两脚在一条直线上;前脚足底全部着地,后脚前脚掌着地,脚跟抬起;右手握左手的手指部分,掌面朝下,相叠放于大腿中间位置。

图 3-16　端坐式坐姿(女)

图 3-17　前伸后屈式坐姿(女)

(2) 双脚内收式(见图 3-18)。上身自然挺直与大腿成直角,同时大腿并紧;两条小腿并拢向后侧屈回,双脚前脚掌着地,脚跟抬起;身体可向一侧少许倾斜,但要头颈端正、目视前方;右手握左手的手指部分,掌面朝下,相叠放于大腿中间位置。

(3) 双脚交叉式(见图 3-19)。上身自然挺直与大腿成直角,同时大腿并紧、双膝并拢;一只脚后撤,绕另一只脚跟使双脚交叉;后撤的脚跟抬起,大腿与小腿成 90°;右手握左手的手指部分,掌面朝下,相叠放于大腿中间位置。

图 3-18　双脚内收式坐姿(女)

图 3-19　双脚交叉式坐姿(女)

3.2.3　优雅式坐姿

优雅式坐姿是指女性站务人员在穿着职业套裙入座后，通过交叠、斜放等肢体造型，尽显女性优雅姿态的坐姿。

（1）双腿叠放式（见图3-20）。以双腿右叠放式为例：上身自然挺直与大腿成直角，同时大腿并紧、双膝并拢；右脚向右平移一步，右脚掌内侧着地，脚跟提起；左腿在上，与右腿交叠，交叠后的两腿间没有任何缝隙，大腿与小腿呈90°；左脚尖下绷垂向地面；双小腿靠拢斜放，斜放后的腿部与地面呈45°；右手握左手的手指部分，掌面朝下，相叠放于左大腿上。双腿左叠放式反之。

（2）双腿斜放式（见图3-21）。以双腿右斜式为例：上身自然挺直与大腿成直角，同时大腿并紧、双膝并拢；右脚向右平移一步，右脚掌内侧着地；左脚右移后与右脚尖齐平，脚掌外侧着地，脚跟提起；双腿靠拢斜放，力求使斜放后的腿部与地面呈45°；小腿不回曲，大腿与小腿呈90°；右手握左手的手指部分，掌面朝下，相叠放于大腿中间位置，双腿左斜式反之。

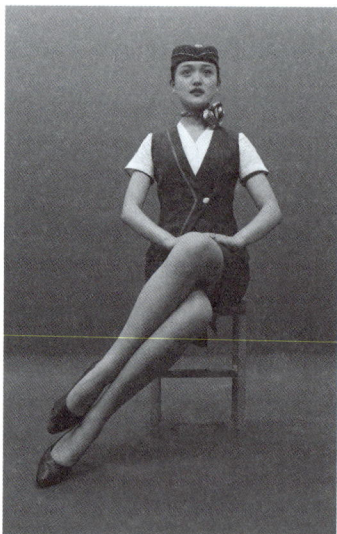

图3-20　双腿叠放式坐姿（女）　　　　图3-21　双腿斜放式坐姿（女）

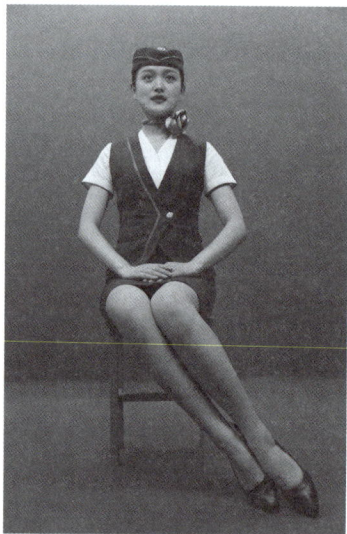

微课
视频3-3-3
男性站务人员服务坐姿

3.3　男性站务人员服务坐姿

男性站务人员的坐姿要表现出男性的练达、自信之态，给人一种"稳重"的成熟感。根据坐姿的适应场合，将男性站务人员服务坐姿分为端坐式坐姿和垂腿开膝式坐姿两类。

3.3.1　端坐式坐姿

端坐式坐姿是最严谨的服务坐姿，适用于较为正规的服务场合（见图3-22）。其动作步骤是：

第一步：整个身体呈"两个直角一垂直"，即从侧面看上身自然挺直与大腿成直角，同时大腿与小腿成直角，小腿垂直于地面。

第二步：双膝、双腿和双脚都要完全并拢，双脚足底完全着地。

第三步：双手五指并拢展开放于大腿上靠近膝盖的位置。

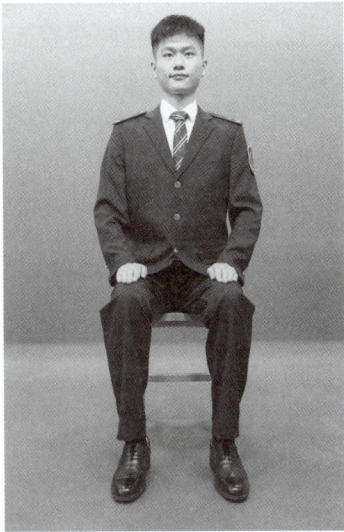

3.3.2　垂腿开膝式坐姿

垂腿开膝式坐姿是指男性站务人员根据男性的特质，通过调整腿、脚的位置，达到自然、大方、舒适的坐姿效果（见图 3-23）。该坐姿适用于各种服务场合。其动作步骤是：

图 3-22　端坐式坐姿（男）　　　图 3-23　垂腿开膝式坐姿（男）

第一步：整个身体呈"两个直角一垂直"，即从侧面看上身自然挺直与大腿成直角，同时大腿与小腿成直角，小腿垂直于地面。

第二步：双膝、双脚分开，分开幅度不宜超过肩宽，双脚足底完全着地。

第三步：双手可四指并拢，大拇指适当张开，自然放于大腿上靠近膝盖的位置。

3.4　服务坐姿的禁忌

坐，是人们休息的一种形式。作为一名站务人员，即便是坐着服务于乘客，也应是在工作状态中，需要克服一些慵懒、随意的不雅姿态。

3.4.1　上身姿势不正

（1）上身趴伏。入座后，上身趴伏在工作桌、椅或本人腿上，会给对方身体不适或萎靡不振的印象。

（2）仰靠椅背。上身歪斜，依靠在椅背上，会给对方慵懒无力的印象。

微课

视频 3-3-4
服务坐姿的
禁忌

3.4.2　腿部姿势不正

（1）跷二郎腿。面对服务对象时，不能跷二郎腿，更不能摇动，这样会给对方傲慢和随意的印象。

（2）双腿叉开过大。不管是男性还是女性，大腿或小腿叉开过大，都显得非常不雅。一般男性双腿叉开不超过肩宽，女性尽量将腿并拢，身着裙装的女性尤其要注意这点。

（3）双腿直伸出去。这种坐姿会使自己身体陷入椅子里，造成不雅的形象；而且伸出去的脚也容易绊倒别人，造成不必要纠纷。

（4）将腿放在桌椅上。作为一名站务人员，不管在工作场所或休息场所，都不能为了贪图舒服把腿架在高处，放在面前桌子或椅子上，这种行为是非常不文明的。另外，也不能够把腿盘在座椅上。

（5）抖腿。有两种情况可能发生抖腿，一种是内心恐慌而产生的不自主抖腿，一种是习惯性抖腿。不管是哪种情况，反反复复地抖动或摇晃自己的腿部，再加上腿部晃动时发出的某种声音，会让对方心情烦躁。

3.4.3　脚部姿势不正

（1）脚尖指向他人。采用任何一种坐姿，都不能以自己的脚尖指向别人，这是一种非常失礼的脚部姿势。

（2）脚蹬踏他物。入座后，脚部应按照坐姿要求平放在地上或前脚掌着地，不能随意地将脚踩踏在其他物体上，否则会显得没有修养。

3.4.4　手部姿势不正

学习活动设计
站务人员坐姿规范

（1）手乱放。入座后，双手要放在大腿上，也可放在面前的桌上；但不可将双手夹在两腿间或垫在臀部下，也不能将双肘支在桌子上。

（2）双手抱在腿上。双手抱腿是一种惬意、放松的休息姿势，不适用于工作场合。

（3）手触摸脚部。入座后不要再用手抚摸小腿或脚部，既不卫生又不雅观。

（4）手托下巴。服务场合中用手托下巴的坐姿，会让人产生漫不经心、心不在焉的感觉。

除以上的不良坐姿外，当座椅是转椅时，也会发现一些不文明的坐姿，如总是转动椅子、懒散懈怠来回拖着椅子操作等，这些不良行为都需要站务人员尽量克服。

同步习题
3-3

【同 步 习 题】

1. 单项选择题（每题 5 分，共 25 分）

（1）适合城市轨道交通站务人员最正规服务场合的坐姿为（　　　）。

A. 前伸后屈式　　　B. 端坐式　　　　C. 双腿叠放式　　　D. 双脚内收式

（2）城市轨道交通站务人员坐姿椅面占用比例为（　　　）。

A. 2/3　　　　　　　B. 1/2　　　　　　　C. 1/3　　　　　　　D. 1/5

（3）（　　）适合穿短裙的女性站务人员采用。将双腿一上一下交叠在一起,交叠后的两腿间没有任何缝隙,犹如一条直线。双脚斜放在左右一侧。斜放后的腿部与地面呈45°角,叠放在上的脚的脚尖垂向地面。

A. 双腿内收式　　B. 双腿斜放式　　　　C. 端坐式　　　　　D. 双腿叠放式

（4）（　　）适合于穿裙子的女性站务人员在较低的位置就座时所用。双腿首先并拢,然后双脚向左或向右侧斜放,力求使斜放后的腿部与地面呈45°角。

A. 双腿内收式　　B. 双腿斜放式　　　C. 端坐式　　　　　D. 双腿叠放式

（5）不管具体采用哪一种坐姿,都不要以（　　）指向别人,因为这一做法是非常失礼的。

A. 脚踝　　　　　　B. 身体　　　　　　C. 脚背　　　　　　D. 脚尖

2. 多项选择题（每题10分,共50分）

（1）以下符合城市轨道交通站务人员端坐式坐姿规范的是（　　）。

A. 上身和大腿、大腿和小腿都应当形成直角,小腿垂直于地面

B. 双膝、双脚包括两脚的跟部,都要完全并拢

C. 头颈挺直,下颌微收,双目平视前方

D. 双肩平沉,女士双手相叠放于大腿处,男士双手并拢展开放于膝盖处

（2）以下适合女性站务人员坐姿的有（　　）。

A. 前伸后屈式　　B. 垂腿开膝式　　　C. 双脚内收式　　　D. 双腿斜放式

（3）男性站务人员常见的坐姿有（　　）。

A. 前伸后屈式　　B. 垂腿开膝式　　　C. 双脚内收式　　　D. 端坐式

（4）以下属于坐姿禁忌的有（　　）。

A. 侧肩、耸肩、上身不正

B. 含胸或过于挺胸

C. 趴伏桌面,背部拱起,跷二郎腿,双腿叉开过大,腿部伸出过长

D. 脚步抖动,蹬踏他物,脚尖指向他人

（5）服务坐姿的基本要求有（　　）。

A. 入座离座要轻稳　　　　　　　B. 头颈上身要挺直

C. 手位脚位要恰当　　　　　　　D. 身体朝向要准确

3. 判断题（每题5分,共25分）

（1）符合规范的坐姿能向乘客传递自信练达、积极热情、尊重他人的信息和良好的职业风范。（　　）

（2）垂腿开膝式坐姿多为女性站务人员所用,也比较正规。上身和大腿、大腿和小腿都成直角,小腿垂直于地面。双膝允许分开,分的幅度不要超过肩宽。（　　）

（3）前伸后屈式坐姿是女性站务人员适用的一种坐姿。大腿并紧后,向前伸出一条腿,并将另一条腿屈后,两脚脚掌着地,双脚前后要保持在一条直线上。（　　）

（4）有人为了贪图舒服,喜欢把腿架在高处,甚至抬到身前的桌子或椅子上,这样的行为非常值得借鉴。（　　）

（5）目前国际通用的礼仪标准是"以右为尊"，因此，站务人员入座、离座都应从椅子的右侧进行。（   ）

学习任务 4   站务人员蹲姿规范

微课

视频 3-4-1
服务蹲姿的
基本要求

蹲是由站立姿势转变成两腿弯曲和身体高度下降的姿势。蹲姿是人们在比较特殊的情况下所采用的暂时性体态，例如，站务人员在整理工作环境、给予乘客帮助、提供必要服务、捡拾地面物品等场景中，都需要暂时采取蹲姿以降低高度进行有效服务。

4.1   服务蹲姿的基本要求

对于站务人员来说，良好的蹲姿既要显得大方得体，又体现了对乘客的尊重、体贴和关心。其基本要求是：

（1）顺势下蹲：蹲下屈膝，头、胸、膝关节在一个角度上，蹲姿自然。

（2）上身挺拔：保持脊背挺直下蹲，臀部向下。

（3）掌握重心：两腿合力支撑身体，掌握好身体的重心，避免滑倒。

（4）神情自然：表情得体、大方，不遮遮掩掩。

（5）起身平稳：小腿和脚部用力平稳起身。

微课

视频 3-4-2
站务人员服
务蹲姿

4.2   站务人员服务蹲姿

由于站务人员着装类型不同，将服务蹲姿分为裤装蹲姿和裙装蹲姿。裤装蹲姿可适合所有站务人员，而裙装蹲姿适用于女性站务人员。

4.2.1   裤装蹲姿

（1）高低式蹲姿。高低式蹲姿是站务人员最常用的蹲姿，基本特征是两膝一高一低。以捡拾右侧物品为例：站立姿势右脚向后退一小步，左脚在前顺势下蹲（注意：女性应两腿靠紧向下蹲）；左脚全脚着地，小腿基本垂直于地面，右脚跟提起，前脚掌着地；右膝内侧靠于左小腿内侧，左膝高右膝低，臀部向下，基本用右腿支撑身体（见图 3-24）。捡拾左侧物品时反之。

（2）半蹲式。一般是在服务中为了临时降低自身高度时采用，基本特征是身体半立半蹲。其要求是：在下蹲时，上身稍许弯下，不宜与下肢构成直角或锐角；臀部向下而不能撅起；双膝略为弯曲，其角度可根据需要自行调节，一般为钝角；身体的重心放在一条腿上，两腿之间不要分开过大。

图 3-24   高低式蹲姿

4.2.2　裙装蹲姿

（1）交叉式蹲姿。交叉式蹲姿的特征是蹲下后双腿交叉在一起，造型优美典雅，适合穿裙装的女性站务员。以捡拾右侧物品为例：站立姿势右脚向后退一小步，左脚在前；下蹲时左小腿垂直于地面，全脚着地，右膝由左膝后下方伸向左侧，左腿在上，右腿在下，二者交叉重叠；右脚跟抬起，并且前脚掌着地；两脚前后靠近，合力支撑身体；上身略向前倾，臀部朝下（见图 3-25）。

（2）半跪式蹲姿。半跪式蹲姿又叫单跪式蹲姿。它是一种非正式蹲姿，女性站务员穿裙装时多采用；有时下蹲时间较长，或为了用力方便。它的特征是双腿一蹲一跪，其要求是：下蹲之后，改为一腿单膝着地，臀部坐在脚跟之上，以其脚尖着地；另外一条腿则应当全脚着地，双膝同时向外，双腿尽力靠拢（见图 3-26）。

图 3-25　交叉式蹲姿（女）　　　　图 3-26　半跪式蹲姿（女）

注意：女性站务员采用任何一种蹲姿，都要双腿紧贴、臀部向下，方显优雅。

4.3　服务蹲姿禁忌

在城市轨道交通服务场合中，站务人员面对的是众多的乘客，因此不能采用日常生活中一些随意的蹲姿。例如：

（1）捡拾物品时，两腿叉开，弯腰不屈膝下蹲，同时低头弓背、臀部向后撅起。此种姿势不仅不礼貌，而且显得懒散、不积极。

（2）蹲下后，两腿弯曲同样高度、膝盖朝上、臀部下垂的姿势叫"卫生间姿势"，在公共场合是最不雅的动作。

（3）下蹲的时候腰部没有控制力，上衣自然上提，露出腰部的皮肤或是内衣，会使乘客感到尴尬。

（4）在行进中没有目光示意，突然下蹲，后面跟着的人会措手不及，造成不必要的

微课
视频 3-4-3
服务蹲姿
禁忌

麻烦和不愉快。

（5）双腿正面或是背面对着乘客下蹲都是没有职业素养的表现，正确的是采取侧向对方的角度。

（6）站务人员长时间蹲在地上是不雅观的，尤其是蹲在地上休息更是不可取的。

（7）蹲姿转为站姿时用幅度明显的手撑着大腿站起的方式，给人以疲惫拖沓的印象。站务人员应该力求轻松自然起身，即便借力也应该从容地、隐蔽地撑腿用力。

需要提示的是，在城市轨道交通服务中，站务人员的蹲姿不要刻意讲究哪条腿在前哪条腿在后，主要是下蹲的速度、方向和姿势是否能够为工作所需，从而展现舒展大方、从容不迫的姿态，因此需要平时加强练习。

学习活动设计
站务人员蹲姿规范

同步习题
3-4

【同步习题】

1. 单项选择题（每题 5 分，共 25 分）

（1）双腿交叉在一起，比较适合女性站务人员，尤其是穿制服套裙的女性站务人员的蹲姿是（   ）。

A. 交叉式蹲姿　　　　B. 高低式蹲姿　　　　C. 半蹲式蹲姿　　　　D. 半跪式蹲姿

（2）下蹲时右脚在前，左脚在后，右小腿垂直于地面，全脚着地。左腿在后与右腿交叉重叠，左膝由后面伸向右侧，左脚跟抬起脚掌着地。两腿前后靠紧，合力支撑身体是（   ）。

A. 交叉式蹲姿　　　　B. 高低式蹲姿　　　　C. 半蹲式蹲姿　　　　D. 半跪式蹲姿

（3）高低式蹲姿的特点是（   ）。

A. 双腿并行　　　　B. 双脚并行　　　　C. 双膝并行　　　　D. 双膝一高一低

（4）（   ）下蹲时左脚在前，右脚稍后（不重叠）；两腿靠紧向下蹲。左脚全脚着地，小腿基本垂直于地面，右脚跟提起，脚掌着地。右膝低于左膝，右膝内侧靠于左小腿内侧，形成左膝高右膝低的姿势，臀部向下，基本上是以右腿支撑身体。

A. 交叉式蹲姿　　　　B. 高低式蹲姿　　　　C. 半蹲式蹲姿　　　　D. 半跪式蹲姿

（5）半立半蹲是（   ）的特点。

A. 交叉式蹲姿　　　　B. 高低式蹲姿　　　　C. 半蹲式蹲姿　　　　D. 半跪式蹲姿

2. 多项选择题（每题 10 分，共 50 分）

（1）服务蹲姿的不同形式有（   ）。

A. 交叉式蹲姿　　　　B. 高低式蹲姿　　　　C. 半蹲式蹲姿　　　　D. 半跪式蹲姿

（2）以下是蹲姿禁忌的有（   ）。

A. 行进中突然蹲下　　　　　　　　　　B. 背对他人，正对他人蹲下

C. 女士裙装时下蹲毫无遮饰　　　　　　D. 正常工作中蹲姿休息

（3）蹲姿的基本要求是（   ）。

A. 顺势下蹲　　　　B. 上身挺拔　　　　C. 掌握重心　　　　D. 起身平稳

（4）半蹲式蹲姿动作要点正确的是（   ）。

A. 在下蹲时，上身稍许弯下，与下肢构成直角

B. 臀部向下而不能撅起

C. 双膝略为弯曲,其角度可根据需要自行调节,一般为直角

D. 身体的重心放在一条腿上,两腿之间不要分开过大

（5）城市轨道交通站务人员高低式蹲姿捡拾右侧物品时正确的是（　　）。

A. 下蹲时右脚在前,脚掌着地

B. 左脚稍后,前脚掌着地,后跟抬起

C. 右膝低于左膝

D. 臀部向下,身体重心以右腿支撑

3. 判断题（每题5分,共25分）

（1）高低式蹲姿是蹲下时双膝交叉在一起,双腿交叉重叠,后退脚跟抬起,脚掌着地,上身略向前倾。（　　）

（2）女性站务人员穿短裙最适合的蹲姿是高低式蹲姿和交叉式蹲姿。（　　）

（3）女性站务员采用任何一种蹲姿,都要双腿紧贴、臀部向下,方显优雅。（　　）

（4）在服务中,站务人员的蹲姿必须讲究哪条腿在前哪条腿在后。（　　）

（5）双腿正面或是背面对着乘客下蹲都是没有职业素养的表现,正确的是采取侧向对方的角度。（　　）

学习任务5　站务人员服务手势规范

根据有关研究,在面对面的交流中,35%的信息是通过语言传递的,而65%的信息是通过动作、手势和表情等无声语言传递。在站务人员的仪态中最丰富、最富表现力的动作就是服务手势。正确得体的手势不仅能够体现站务人员优雅的职业形象,同时也有助于与乘客之间的沟通和交流。

根据用途不同服务手势分为两类:基本服务手势和指示服务手势。基本服务手势主要用于站务人员日常工作中,而指示服务手势是站务人员在与乘客沟通中传递信息的特殊的肢体语言,有着特定的引导含义。

5.1　基本服务手势

微课

视频3-5-1
基本服务
手势

5.1.1　自然垂放

自然垂放是指静态服务站姿中手的摆放位置,主要有以下六种:

（1）双臂自然下垂处于身体两侧,手部虎口向前,手指自然弯曲,指尖朝下,中指压裤缝,此种手姿男女性站务人员都适用。

（2）一只手背在后面,贴在腰际;另一只手自然下垂,手指自然弯曲,中指对准裤缝,此种手姿适合于女性站务人员。

（3）双臂肘关节屈,双手虎口相交叠放于中腹部,右手握左手的手指部分,使左手四指不外露,手掌尽量舒展,两手呈自然的弧度,左右手大拇指内收在手心处,此种手姿适合于女性站务人员。

（4）双臂自然下垂，双手虎口相交叠放于小腹的位置，右手握左手的手指部分，使左手四指不外露，手掌尽量舒展，两手呈自然的弧度，左右手大拇指内收在手心处，此种手姿适合于女性站务人员。

（5）双手在腹前交叉，右手大拇指与四指分开搭在左手腕部靠近手掌的位置，使右手掌心与左手手背重叠，左手自然弯曲，此种手姿适合于男性站务人员。

（6）双手在背后腰际交叉，右手大拇指与四指分开搭在左手腕部靠近手掌的位置，使右手掌心与左手手背重叠，左手手心向上收，此种手姿适合于男性站务人员。

5.1.2　手持物品

站务人员用手提拿工作物品或为手持物品的乘客提供帮助时，首先要做到稳妥自然，即根据自己的能力和物品的需要，采用拿、捧、拎等不同的方式，姿势自然，确保物品、乘客及自己的安全，应避免损坏物品、伤害乘客或者自己的情况出现；其次要做到准确、卫生，即要根据物品的需要，准确把握提拿的最佳位置，同时一定要注意手部的卫生，给乘客留下良好的印象（见图 3-27）。

5.1.3　递接物品

站务人员在递接物品时应面带微笑，采用走上前或前倾身体表达出"主动"的意愿，然后用双手递接，表示对乘客的尊重，同时应注意方便乘客接纳（见图 3-28）。

图 3-27　手持物品

图 3-28　递接物品

（1）递送单据。递送单据给乘客时，用双手握住单据前端，字朝对方，齐胸送出；需要对方签字或着重阅读某个部分，应着重指示给对方，同时用语言准确表达。

（2）递送笔或剪刀。递送笔或剪刀给乘客时，将手柄一端朝向对方，方便乘客接拿；若是尖锐锋利之物，要用语言提醒乘客小心使用。

（3）给乘客递送兑换的硬币。给乘客递送兑换的硬币时，要清晰唱票，硬币应垒成柱状交给乘客,不得散放,不得有丢、抛等动作。

(4)接取乘客递来的物品。接取乘客递来的物品时,当对方递过物品再前去接取,切勿急不可耐地直接从对方手中抢取;应当目视对方,而不要只顾注视物品;一定要用双手接至齐胸高度;必要时,应当起身而立,并主动走近对方。

注意:在特殊情况下,无法采用双手时,应该使用右手递接,绝不能单用左手。

5.1.4　演示手势

为了给乘客介绍城市轨道交通运营企业的促销活动,或普及城市轨道交通设施设备的使用和操作方法,或给乘客演示必要的安全逃生常识,站务人员要经常做演示服务,用手势配合语言表达(见图 3-29)。为了与乘客达到好的互动演示效果,应注意以下三点:

(1)语言动作标准。演示时,无论是口头介绍还是动手操作都要符合实际。口头介绍要口齿清晰,语速舒缓;动手操作要熟练利索,演示速度适中,并进行必要的重复以加深乘客的印象。

(2)便于乘客观看。演示时要将被介绍的物品正面面向对方,让乘客有足够的观看时间。当四周乘客较多时,还需要变换不同的角度进行演示或多次演示。

(3)演示手势正确。演示设施设备的操作方法,应在身体一侧进行展示,不能挡住演示者,更不能挡住物品;单手五指合拢,掌心向上与地面呈 45°角,五指指尖指示介绍位置。

图 3-29　演示手势

展示小件物品可灵活采用以下三种方式:① 被人围观时应将物品举至高于双眼展示;② 给较近距离的乘客展示时应上不过眼,下不过胸,左右不过肘;③ 给两边较远距离的乘客展示时应上不过眼,下不过胸,左右伸直过肘。注意:展示时不可挡住本人的头部。

5.2　指示服务手势

站务人员在工作场景中,经常采用一些手势为乘客提供引导和指示服务。这些指示手势简单而优雅,辅助甚至代替了口头语言,不仅使乘客快速明确了城市轨道交通乘坐的方法,而且减轻了站务人员重复的语言沟通工作,可谓一举两得。站务人员常用的指示手势主要有以下四种。

5.2.1　直臂式手势

(1)动作要领:将右臂抬起,与身体呈 90°夹角,掌心面向乘客(见图 3-30)。

(2)适用场景:请乘客等候下一趟列车;指示列车所去方向;指引较远距离的标识;指示乘客"请往前走"。

微课

视频 3-5-2
指示服务
手势

5.2.2 斜臂式手势

（1）动作要领：将手臂抬起，斜向下方，大臂和小臂在一条水平线与身体呈 45°夹角，手掌掌心向上与地面呈 45°夹角（见图 3-31）。

图 3-30 直臂式手势

图 3-31 斜臂式手势

（2）适用场景：引导乘客就座；请乘客按箭头方向排队候车；指引低处物品或标识。

5.2.3 屈臂式手势

（1）动作要领：将手臂抬起，屈肘，让前臂处于水平，上臂与身体呈 15°夹角，手掌掌心向上与地面呈 45°夹角（见图 3-32）。

（2）适用场景：请乘客刷卡进站；请乘客上车；指引水平方向物品或较近距离的标识。

5.2.4 高位式手势

（1）动作要领：将手臂抬起，屈肘，让上臂处于水平，上臂与前臂呈 120°夹角，手掌掌心向上与地面呈 45°夹角（见图 3-33）。

（2）适用场景：请乘客上楼；指引高处物品或标识。

微课
视频 3-5-3
服务手势
禁忌

5.3 服务手势禁忌

（1）站务人员在使用指示手势时不能用单个手指对乘客指指点点，此种手势含有教训人的意味，是非常没有礼貌的举动。

（2）掌心向下的手势意味着不够坦率、缺乏诚意，因此站务人员应该用手掌并且掌心面向乘客来进行服务，体现对服务对象的尊重。

（3）服务时不能紧攥拳头，这样的手势暗示愤怒、进攻和自卫。与乘客沟通时双手应自然张开或弯曲,营造轻松、坦诚的服务气氛。

图 3-32　屈臂式手势

图 3-33　高位式手势

学习活动设计

站务人员服务
手势规范

（4）服务时不能不停地用手挠后脑、抓耳垂或搓手,这样都会显得不够成熟和稳重。

（5）双手插于口袋,则会让乘客产生被轻视、不被尊重的感觉。

运用手势时要注意与眼神、表情、礼节相配合,才能使乘客感觉到真正"感情投入"的热诚服务。

【同步习题】

同步习题
3-5

1. 单项选择题(每题 5 分,共 25 分)

（1）站务人员可以根据自己的能力和物品的需要,采用拿、捧、拎等不同的姿势,一定要让乘客觉得手持物品时非常(　　)。

A. 稳妥　　　　　　　B. 准确　　　　　　　C. 到位　　　　　　　D. 卫生

（2）一般情况下,递接物品,应该采用双手。在特殊情况下,无法采用双手时,应该使用(　　)递接。

A. 右手　　　　　　　B. 左手　　　　　　　C. 设备　　　　　　　D. 工具

（3）请乘客上车一般采用(　　)手势。

A. 斜臂式　　　　　　B. 屈臂式　　　　　　C. 直臂式

（4）引导乘客就座一般采用(　　)手势。

A. 斜臂式　　　　　　B. 屈臂式　　　　　　C. 直臂式

（5）城市轨道交通站务人员服务手势的手掌方位(　　)。

A. 掌心向上,与地面呈 30°　　　　　　　　B. 掌心向上,与地面呈 45°

C. 掌心向下,与地面呈 60°　　　　　　　　D. 掌心向下,与地面呈 90°

2. 多项选择题(每题 10 分,共 50 分)

(1) 常见的指示服务手势有(   )。

A. 斜臂式手势   B. 屈臂式手势   C. 直臂式手势   D. 直摆式手势

(2) 手持物品时,应注意保持(   )。

A. 稳妥   B. 自然   C. 准确   D. 卫生

(3) 城市轨道交通站务人员屈臂式服务手势适用范围(   )。

A. 请乘客上车   B. 指示列车所去方向

C. 请乘客进门   D. 引导乘客就座

(4) 递接物品时,应注意(   )。

A. 双手为宜,一般情况下,递接物品,应该采用双手,在特殊情况下,无法采用双手时,应该使用右手递接

B. 递于手中,给乘客递送物品的时候,一定要直接递于对方的手中。除非乘客要求,站务服务人员也应配以相应的语言。例如,"根据您的要求,……"

C. 如果与乘客距离较远,服务人员应主动上前

D. 站务人员给乘客递送物品时,应注意方便乘客接纳

(5) 以下展示物品手势哪一项是错误的(   )。

A. 给较近距离的乘客展示时物品应举至高于双眼

B. 给较远距离的乘客展示时应上不过眼,下不过胸,左右不过肘

C. 给两边较远距离的乘客展示时上不过眼,下不过胸,左右伸直过肘

D. 展示时不可挡住本人的头部

3. 判断题(每题 5 分,共 25 分)

(1) 在向乘客指示方向时,用单个手指指示方向就可以了。(   )

(2) 展示物品时,应将物品放在胸部以下,如将物品举至高于双眼应挡住头部。(   )

(3) 在使用常用手势时,一定要用手掌并且掌心向上,切不可用手指对服务对象指指点点。(   )

(4) 递送笔或剪刀给乘客时,将手柄一端朝向自己,方便乘客接拿。(   )

(5) 给乘客递送兑换的硬币时,要清晰唱票,硬币应垒成柱状交给乘客,不得散放,不得有丢、抛等动作。(   )

知识拓展

常见手势的不同含义

人们在生活中经常使用一些手势表示特定的含义。但是,在不同的国家和地区,很多常见手势的含义并不相同。

1. 翘大拇指的手势

(1) 在我国,右手或左手握拳,伸出大拇指,表示"好""了不起"等,有赞赏、夸奖

之意。

（2）在意大利，伸出手指数数时，拇指表示数字"1"。

（3）在希腊，竖起拇指表示对对方不满，希望对方尽快离开，有厌恶之意。

（4）在美国、英国和澳大利亚等国，拇指上伸表示"好""行""不错"，拇指左、右伸则大多是向驾驶员示意搭车方向。

2. 举食指的手势

（1）在世界上多数国家表示数字"1"。

（2）在法国则表示"请求提问"。

（3）在新加坡表示"最重要"。

3. "V"形手势

（1）世界上大多数地方伸手示数时表示数字"2"。

（2）手掌向外表示"胜利"（Victory），据说是第二次世界大战时期英国首相丘吉尔发明的，非洲大多数国家也使用这一手势表示胜利。

（3）在英国，如果手掌向内、手背向外，就是贬低人、侮辱人的信号。

（4）在希腊，做这一手势时，即使手心向外，如手臂伸直，也有对人不恭之嫌。

4. "OK"形手势

（1）在我国，伸手示数时该手势表示零或三。

（2）在很多讲英语的国家表示"赞同""了不起"的意思。

（3）在法国，表示"零"或"没有"。

（4）在泰国表示"没问题""请便"。

（5）在日本、韩国、缅甸表示金钱。

（6）在印度表示"正确""不错"。

规范、规程与标准

××地铁公司站务员工仪态规范

1. 站立要直

站姿端正、稳重、自然。做到上身正直，头正目平，挺胸收腹，两手自然下垂或体前单握；不叉腰、抱膀、颤腿、背手或把手插在衣袋内；站立时，脚呈 V 字形，双膝和两脚跟并拢，脚尖略分开，身体不可东倒西歪。

2. 坐姿要正

采取坐姿服务乘客时，目光正视乘客，身体挺直，双腿并拢，不跷二郎腿；不坐在椅子上前俯后仰、摇腿跷脚，不趴着，不打瞌睡，不用手托腮，不看书报，不侧身斜靠桌子；坐时不要把椅子坐满，但不能坐在椅子边上。

3. 走姿稳健

精神饱满，挺胸阔步。不嬉笑打闹、勾肩搭背，不推拉乘客，不与乘客抢道；在工作区域行走，从容不迫、庄重大方；在紧急情况下可轻声快步疾行；靠右行走，为对面行人留出通道。

4. 蹲姿优美

屈膝下蹲,不低头,不弓背,慢慢低下腰部;两腿合力支撑身体,掌握重心,臀部向下;下蹲时,头、胸、膝关节保持在一个角度,保持姿势优美。

5. 手势到位

指引时,将前臂自然前伸,上身稍前倾,面带微笑,五指并拢,手掌向内倾斜,掌心向上;指引方向时,手臂由下而上运动,并根据目的地的远近控制手臂的伸曲度,目的地越远,下臂与上臂间的夹角越大,眼睛看着目标方向并兼顾对方是否意会。

复习思考题与实践训练

1. 站务人员有哪些服务站姿?请描述其特点和适用范围。
2. 站务人员走姿的基本要求是什么?
3. 站务人员的服务坐姿如何分类,其动作标准是什么?
4. 简述站务人员服务蹲姿。
5. 站务人员常用的服务指示手势都有哪些?说明其动作要领和适用场景。
6. 实践训练:练习站姿、走姿、坐姿、蹲姿、服务手势的动作切换,要求不能有细碎、调整的动作,实现切换动作的精准度。

扬工匠精神　讲轨道故事

全国五一劳动奖章获得者——广州地铁严家升

严家升,广州人,1986年8月出生,中共党员,是广州地铁运营三中心广州北中心站副站长。自2009年11月加入广州地铁,严家升从一名普通的站务员成长为副站长,再到获颁2019年"全国五一劳动奖章",他以高水平技能确保地铁的安全运行。

发现问题、解决问题是严家升的工作日常。他始终坚持以思考的状态来工作,并自制培训课件10余份,多次组织编写车站的客流组织方案及"一站一预案"。严家升经常这样提醒同事:"日常操作或应急处置的流程,少一步都不行。你敷衍它,它就习难你。""身处交通行业,不能有半点投机取巧,容不得一丝马虎大意。"

2017年,严家升主动发现问题并改良了在应急情况下用于固定道岔位置的钩锁器,将12 cm的螺母更换至7 cm的螺母,缩短了人工钩锁的时长约10秒,优化了钩锁位置,大大提高了行车安全。

2018年年初,广州北中心站组织人工排列进路学习时,严家升和现场人员发现因道床阻挡导致钩锁器无法对部分道岔位置加锁。他紧急召集有关人员对该问题进行商定解决,从敲砸道床阻挡部分到采购新型钩锁器,通过反复实验,钩锁器终于能准确紧密加锁。

以专业技能保证地铁安全运行,严家升的实力获得了肯定。2018年,被广州地铁评为内部"安全卫士"；2019 年，荣获"全国五一劳动奖章"。荣誉的背后是一串串数字：3500 天的工作时间，参与过应急处置 58 起，安全零事故，服务无投诉。

严家升是"国赛"的佼佼者。他是 2018 年中国技能大赛中的城市轨道交通总决赛"行车值班员职业组"个人一等奖的获得者。行车值班员是负责调配地铁车站"大脑"的人。他们日常在车控室负责监控站内所有设备设施的运转情况，发现异常情况第一时间安排人员到现场确认，安排维修人员进行维修，确保车站内的设施设备正常运行，为广大乘客提供全方位的保障服务。行车值班员的工作关乎千千万万乘客出行的安全。

微课
站务员工仪态礼仪规范场景化展示

从第一次的选拔，层层历练到省赛中的第六名，再到磨砺过后全国总决赛的第一名。他在用实际行动勇于挑战"不可能"。"在前期培训信号故障时，我在这个项目中的成绩并不突出。"严家升不满意当时的状态，重新定位了自己的目标，将故障操作、手指口呼、语音对话等方面日日练习。培训期间，为了抓紧备赛时间，他每天从家至培训地点往返 3 个小时的路程上，脑海不断回忆着比赛的动作，嘴里不停歇地呼唤应答。"早上出门时，三岁的儿子还未起床，晚上回家，儿子早已睡下。只好亲亲儿子的脸蛋，摸摸额头，轻声说道'爸爸回来了'。"严家升说，他并未将参加比赛的事情告诉家人，他不愿意家人和他一起承受压力。但其实家人假装"不知道"，让他没有后顾之忧。

从姿势到呼吸、从动作到心态，严家升希望能够尽最大的努力，将每一个比赛项目都做到极致。比赛中手指口呼几百来字的标准用语一丝不差，迅速且完美地处理完两个故障，现场裁判都为之震撼，"惊艳"了全场。

走在新时代的路上，虽然没有战火烽烟，但理想和信念不会失去原有的颜色，劳模精神和工匠精神会一直同在。

模块4
城市轨道交通服务接待礼仪

知识结构图

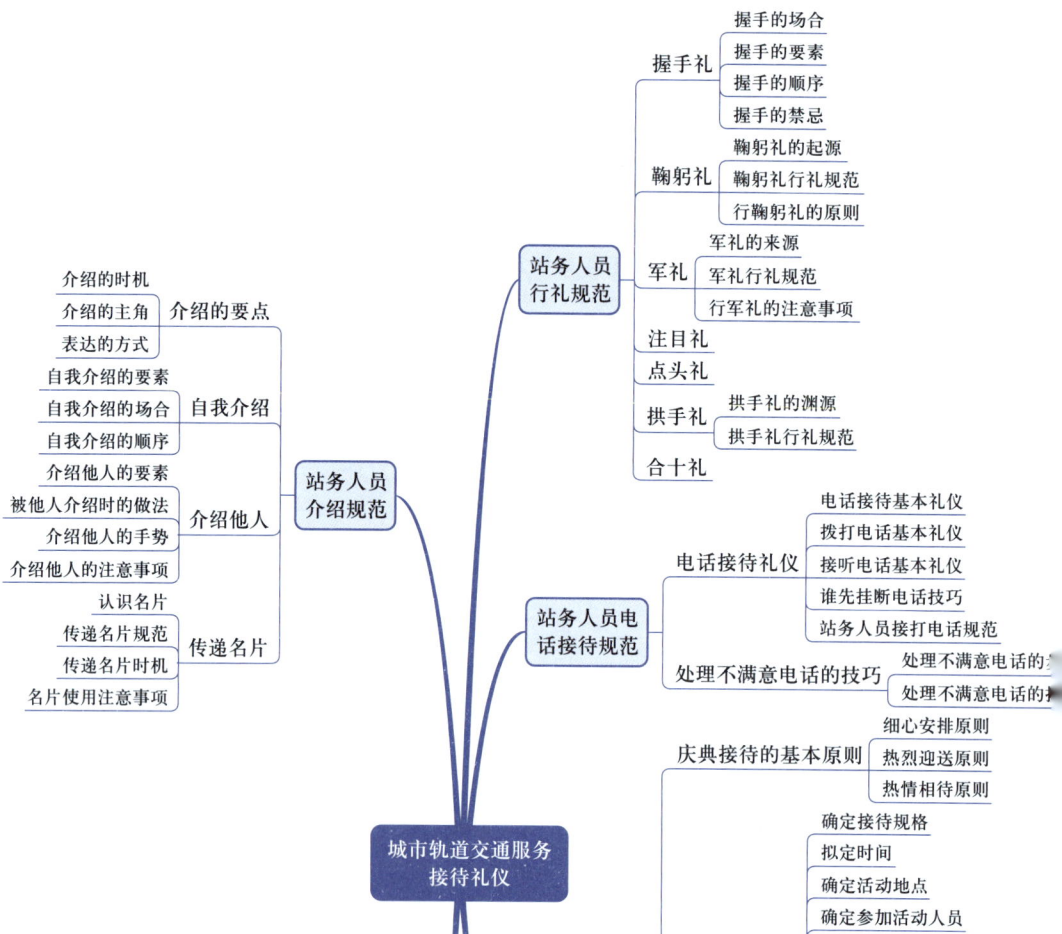

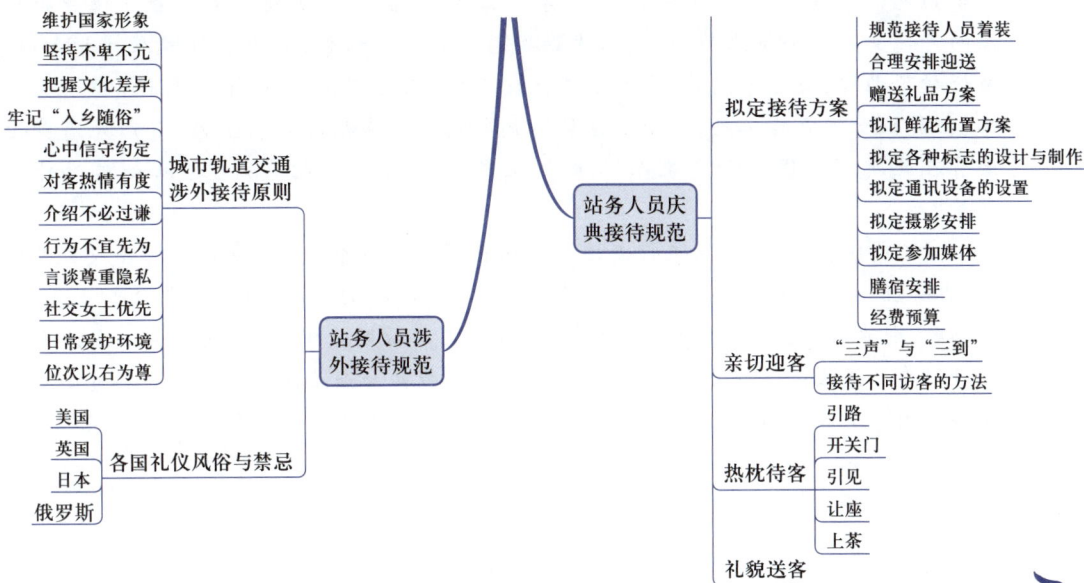

维护国家形象
坚持不卑不亢
把握文化差异
牢记"入乡随俗"
心中信守约定　　城市轨道交通
对客热情有度　　涉外接待原则
介绍不必过谦
行为不宜先为
言谈尊重隐私
社交女士优先
日常爱护环境
位次以右为尊

美国
英国　各国礼仪风俗与禁忌
日本
俄罗斯

站务人员涉外接待规范

站务人员庆典接待规范

拟定接待方案
　规范接待人员着装
　合理安排迎送
　赠送礼品方案
　拟订鲜花布置方案
　拟定各种标志的设计与制作
　拟定通讯设备的设置
　拟定摄影安排
　拟定参加媒体
　膳宿安排
　经费预算

亲切迎客
　"三声"与"三到"
　接待不同访客的方法

热枕待客
　引路
　开关门
　引见
　让座
　上茶

礼貌送客

模块概述

　　本模块由五个学习任务构成,涵盖了站务人员在接待上级、来宾、乘客等来访时应知应会的服务礼仪要求,包括介绍规范、行礼规范、电话接待规范、庆典接待规范和涉外接待规范。从点滴的接待动作到接待服务流程的安排和注意事项,充分强调了礼仪服务的综合性和场景性。具体可以达到以下学习目标:

　　(1)能力目标:能够主动、灵活运用介绍规范、行礼规范、电话接待规范、庆典接待礼仪、涉外接待礼仪,提升站务人员待人接物、统筹安排接待活动的能力。

　　(2)知识目标:了解城市轨道交通服务接待礼仪的内容,掌握介绍规范、行礼规范、电话接待规范,熟悉庆典接待规范、涉外接待规范,明确庆典接待各个环节的步骤和具体操作规范。

　　(3)素质目标:主动培养服务接待意识,能够灵活有序控制接待中的复杂场景,提升服务接待能力。

　　通过本模块的学习,学习者将逐步领会每种接待礼仪适用的服务对象和场景,灵活应对不同接待场合的礼仪要求和规范,进一步强化站务人员综合礼仪素养。

导入案例

委屈的小贺

　　在一个秋高气爽的日子里,某城市地铁四号线举行开通典礼。站务员小贺被运营公司抽调为迎宾员,身着剪裁得体的新制服,第一次独立地走上了迎宾员的岗位。

一辆白色轿车驶来,小贺看到后排坐着两位男士、前排副驾驶座上坐着一位身材较高的外国女宾。小贺上前一步,以优雅姿态和职业性动作,先为后排客人打开车门,做好护顶动作,关好车门后;小贺迅速走向前门,准备以同样的礼仪迎接那位女宾下车,但那位女宾满脸尴尬,使小贺茫然不知所措。通常后排座为上座,一般凡有身份者皆在此就座。优先为重要客人提供服务是接待礼仪的常规,这位女宾为什么尴尬?

案例简析:在西方国家流行着这样一句俗语:"女士优先"。在社交场合或公共场所,男士应经常为女士着想,照顾、帮助女士。例如,人们在上车时,总要让女士先行;下车时,则要为女士先打开车门;进出车门时,主动帮助她们开门、关门等。西方人有一种形象的说法:"除女士的小手提包外,男士可帮助女士做任何事情。"迎宾员小贺未能按照国际上通行的做法先打开女宾的车门,致使那位外国女宾尴尬。

微课
视频 4-1-1
介绍的要点

知识讲解

学习任务 1　站务人员介绍规范

城市轨道交通运营公司是聚焦城市公共交通服务能力的一个窗口,更是一个城市形象的代表。对站务人员的服务接待能力有着很高的职业要求。城市轨道交通运营工作主要的服务对象是人,在人际交往过程中少不了需要介绍的情况。

1.1　介绍的要点

所谓介绍,是指通过一定的方式使交往双方相互结识,并且各自对对方有一定程度的了解。通常,介绍可分为自我介绍、介绍他人、传递名片等三种情况。

从礼仪的角度来讲,介绍时主要有以下要点需要注意:

(1)介绍的时机。介绍的"时机"不同于介绍的"时间",它包括具体时间、具体地点、具体场合。例如,在拜访他人的时候,最好是先递名片再介绍,交换名片时有个时机的问题,一见面就把名片递过去,再重复下自己的名字。

(2)介绍的主角。即由谁出面来介绍,一般都是由地位低的人首先向地位高的人说明情况。

(3)表达的方式。即介绍的时候需要说什么、如何说。

微课
视频 4-1-2
自我介绍

1.2　自我介绍

1.2.1　自我介绍的要素

自我介绍一般是指主动向他人介绍自己,或是应他人的请求而对自己的情况进行一定程度的介绍。自我介绍是推销自我形象和价值的重要方法,是进入社交圈的一把金钥匙。在进行自我介绍时,通常需要重视时机和内容这两个要素。

（1）**介绍的时机**。介绍的时机包括两层含义。一是进行自我介绍时，首先要在具体时间上于己于人彼此方便，这样更为礼貌，并且易于对方倾听；二是进行自我介绍时，一定要把握好所用时间的长度，最好宁短勿长，将一次自我介绍的时间限定在 1 分钟甚至是半分钟以内。

（2）**介绍的内容**。在不同的场合自我介绍在内容上有一定的差别。例如：

① 应酬型自我介绍。其内容仅包括本人姓名这一项内容，多用于应付泛泛之交。

② 公务型自我介绍。其内容包括本人的姓名、工作单位、所在部门、具体职务等内容。因公进行涉外交往时，宜采用这一类型的自我介绍。

以上两种自我介绍方式都属于主动型自我介绍方式。

③ 问答型自我介绍。对方提出问题，介绍人根据问题以回答的形式来介绍自己，适用于面试、应聘等场合，属于被动型的自我介绍方式。

在进行自我介绍时要表情自然、态度端正、姿势优雅、落落大方。在一些非正式的社交场合中，想要认识对方或者有想和对方交朋友的意愿，在自我介绍时可以找双方比较感兴趣的话题去交谈，此时介绍的内容可以包括姓名、爱好、双方共同认识的朋友以及发生在他身上的一些趣事等，作为进一步交谈的基础。

1.2.2　自我介绍的场合

在日常的工作生活中，很多时候都要用到自我介绍，包括应聘工作、有接待工作、开会发言、演讲、参加聚会等。当然这些需要自我介绍的场合也要视情况而定，如果都是熟人或者参加十分熟悉的会议，就不需要自我介绍了。自我介绍的场合一般都是有陌生人或不熟悉的人在场，介绍自己以方便大家认识，又或是大型、比较正式的场合，需要介绍自己以显示对这个活动的重视和对对方的尊重。需要作自我介绍的情况可以总结为：一是想了解对方时；二是想让对方了解时；三是体现对活动的重视和对对方的尊重时。

1.2.3　自我介绍的顺序

一般情况下，自我介绍应遵循一个原则：受尊重的一方有优先了解对方的权力，由地位低的人先做介绍。依据此原则，自我介绍应依照如下顺序：职位低的、资历浅的、年轻的、男士要先将自己介绍给职位高的、资历深的、年长的以及女士。

1.3　介绍他人

微课
视频 4-1-3
介绍他人

1.3.1　介绍他人的要素

人际交往中经常要做介绍，在不便直接自我介绍时，可以找一个既认识自己也认识对方的人做介绍。这种介绍称为介绍他人，通常指的是由某人为素不相识的双方进行介绍、引见。在介绍他人时，通常需要注意介绍者的身份、介绍意愿、介绍顺序、介绍内容四个要素。

（1）介绍者的身份。在正式交往中，介绍者的身份有一定的讲究。在外事访问中，介绍者一般应为东道主一方的礼宾人员；在社交活动中，介绍者通常是女主人；在多方参与的正式活动中，可由各方负责人将己方人员一一介绍给其他各方人士。

（2）介绍意愿。介绍者在有意为他人相互引见时，最好先征求一下被介绍者双方的个人意愿。如果贸然行事，会好心办坏事。

（3）介绍顺序。正规的做法，是先介绍主人，后介绍客人；先介绍职务低者，后介绍职务高者；先介绍男士，后介绍女士；先介绍晚辈，后介绍长辈；先介绍个人，后介绍集体。在接待外国来访者时，若宾主双方都不止一个，则为其双方进行介绍时，要先介绍主人一方，后介绍来宾一方。不过在介绍三方及以上各方人士时，通常应由尊而卑，按照其职务和身份地位的高低，依次而行。在职务和年龄或性别条件矛盾时，工作场合应以职务高低为主要考虑依据。职务相当，介绍多方的顺序可遵循"由近及远，顺时针介绍"的原则。

（4）介绍内容。在介绍双方时，介绍的主要内容应基本对称、大体相似。切勿只介绍一方而忘记另一方；或者在介绍一方时不厌其详，而在介绍另一方时则过分简单，形成鲜明对比。

1.3.2　被他人介绍时的做法

被他人介绍，通常是指由某人为自己和彼此素不相识第三方进行介绍、引见。在被他人介绍时，通常要重视以下方面：

（1）自己被介绍给他人时，应该面对着对方，显示出想结识对方的诚意。等介绍完毕后，可以握一握手并说"你好""幸会""久仰"等客气寒暄话语表示友好。

（2）男士被介绍给女士时，应该主动点头并稍稍欠身，然后等候对方的反应。按一般规矩，男士不用先伸手，如果对方不伸手，男士只微笑欠身即可；如果对方伸出手来，男士便应立即伸手轻轻一握。

（3）女士被介绍给男士时，一般来说，女士的微笑点头也就是合乎礼貌了。如愿意和对方握手，则可以先伸出手来。

1.3.3　介绍他人的手势

为他人做介绍时，介绍哪一方就要手心向上指向哪一方。具体动作是四指并拢，拇指自然张开，手心朝上指向被介绍一方（见图4-1）。介绍时，介绍人应面带微笑面向倾听一方，以示尊重。被介绍双方都应面带微笑，认真倾听，表现出想要结识对方的热情。

一般情况下，被介绍人应该起身，在介绍人介绍

图4-1　介绍他人的手势

完自己情况时欠身行礼。如果在会谈或宴会座席之中,被介绍人可不必起身,只欠身即可。

1.3.4　介绍他人时的注意事项

(1) 在介绍他人时,切忌介绍别人的绰号。

(2) 在介绍之前,介绍人要先向对方打招呼,使双方有所准备。

(3) 为他人做介绍,必须在对被介绍人情况比较了解,或对双方是否有结识的意愿有实在把握的前提下才进行。

(4) 介绍时,目光不移向别处,更不能飘忽不定,语言应清晰、准确,手势应标准文雅。

(5) 由他人介绍时,身份地位高者或是年长者,听介绍人介绍后,应立即与对方握手,表示很高兴认识对方,地位低者不应先伸手。

(6) 当被介绍与乘客认识后,站务人员要主动与乘客进行适当的寒暄。

1.4　传递名片

1.4.1　认识名片

在人际交往中,第一次见面时,一般不宜主动介绍自己的联系方式、通信地址、个人邮箱等信息。如何在给对方留有好印象的基础上,妥当地把自己想要表达的信息更全面更客观地传递给对方? 可以借助一种工具——名片。

名片是在介绍中应用十分广泛的辅助工具,是人际交往中的第二张脸,是一个人身份、地位的象征,也是使用者要求社会认同、获得社会尊重的一种方法方式。对职场人员来说,名片还是所在组织形象的一个缩影。制作精美的名片能使人印象深刻,体现出名片主人独到的风格和品位。

1.4.2　传递名片规范

(1) 递送名片规范。递送名片表示愿意交往,主动将自己的重要信息告诉对方。首先名片要存放得当,随手可取;递送时人要站立对正,上身前倾;双手握名片前端,字朝对方,齐胸送出;清楚报出自己的姓名(见图 4-2)。

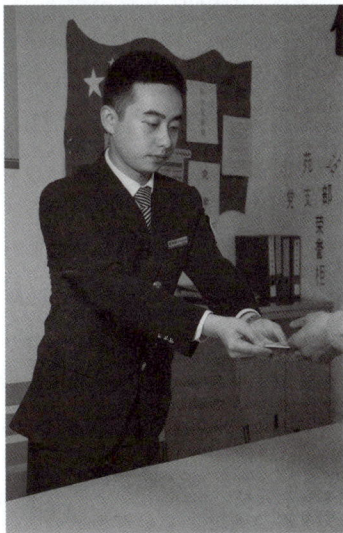

图 4-2　递送名片

(2) 接收名片规范。接收名片时,要感谢对方信任,像尊重其主人一样尊重和爱惜名片。首先立即起立,面向对方,双手接住名片下端,拿在齐胸高度并认真拜读,最后表示感谢,将名片妥善存放,珍惜爱护(见图 4-3)。

微课
视频 4-1-4
传递名片

图 4-3　接收名片

1.4.3　传递名片时机

在人际交往中,要想正确使用名片,除了要注意名片传递时的动作规范外,还要找准时机。

(1) 对方初次来访。在对方初次来访,希望相识之后能够再有进一步接触时,要给对方递送一张名片,无论当时的见面是否成功,至少这张留下的名片如同一扇活动的门,让他随时可以找到你。

(2) 介绍相识。在工作场合,有时会被介绍人介绍给其他人,当然是指相对正式的介绍(如来访的乘客或者合作伙伴),此时要给对方递送一张名片,这是社交场合的一种礼貌。如果没有携带名片,也应简单用语言作一个解释。

(3) 想获得对方名片。有一种情况是自己很重视面前的接待对象或者社交对象,想要获得对方的联系方式,这时可以递送一张名片。这是告诉对方,你很重视他,非常想获得他的电话或联络方法,就用递送名片来表达内心的想法。这个动作的潜台词就是说“我很想结识您”,一般情况下,对方也会交换名片。

(4) 对方索取名片。如果在工作场合或者社交场合,有人递给你一张名片,并且提议与你交换,为了尊重对方,使他不要太尴尬,无论是否情愿,都应该礼节性地递给对方一张名片。

(5) 信息变更。如果工作地点、联络方式等信息有变化时,就要尽快用名片通知自己的合作伙伴、朋友以及乘客。

(6) 留下信息。有一种比较特殊的情况就是当我们去拜访某人,而对方恰巧不在,这时可以留一张名片给他的同事或者家人,让他知晓我们的来访,并及时回复。

1.4.4　名片使用注意事项

(1) 如果是坐着,尽可能起身接受对方递来的名片。

(2) 辈分较低者,率先以右手递出个人的名片。

(3) 别处拜访时,经上司介绍后,再递出名片。

(4) 接受名片时,应以双手去接,并确定其姓名和职务。

（5）接受名片后，不宜随手置于桌上。

（6）不可递出污旧或皱褶的名片。

（7）名片夹或皮夹置于西装内袋，避免由裤子后方的口袋掏出。

（8）尽量避免在对方的名片上书写不相关的东西。

（9）不要无意识地玩弄对方的名片。

（10）上司在时不要先递交名片，要等上司递上名片后才能递上自己的名片。

（11）递送顺序：由尊而卑、由近而远、顺时针。

（12）当他人向你索取名片而你又不想给对方时，可用委婉的方法表达此意，如："对不起，我忘记带名片了"或者"抱歉，我的名片用完了"，不能直言拒绝。

学习活动设计
站务人员介绍
规范

【同步习题】

同步习题
4-1

1. 单项选择题（每题 5 分，共 25 分）。

（1）介绍多人顺序原则错误的有（　　　）。

A. 从职位低者到职位高者　　　　　　B. 由近及远

C. 顺时针介绍

（2）（　　　）一般指的是主动向他人介绍自己，或是应他人的请求而对自己的情况进行一定程度的介绍。

A. 介绍他人　　　　　B. 自我介绍　　　　　C. 交换名片

（3）属于被动型自我介绍的方式的有（　　　）。

A. 应酬型自我介绍　　　　　　　　　B. 公务型自我介绍

C. 问答型自我介绍

（4）介绍他人时，在职务和年龄或性别条件矛盾时，工作场合应以（　　　）为主要考虑依据。

A. 职务　　　　　　B. 年龄　　　　　　C. 性别

（5）递送名片时人要站立对正，上身前倾；双手握名片前端，字朝（　　　），齐（　　　）送出。

A. 自己，眼　　　　　B. 自己，胸　　　　　C. 对方，眼　　　　　D. 对方，胸

2. 多项选择题（每题 10 分，共 50 分）

（1）以下自我介绍属于主动型自我介绍的方式的有（　　　）。

A. 应酬型自我介绍　　　　　　　　　B. 公务型自我介绍

C. 问答型自我介绍

（2）介绍双方的顺序原则正确的有（　　　）。

A. 先将职位低者介绍给职位高者　　　B. 先将长辈介绍给晚辈

C. 先将客户介绍给公司同事　　　　　D. 先将非官方人士介绍给官方人士

E. 先将外籍同事介绍给本国同事　　　F. 先将男士介绍给女士

（3）从礼仪的角度来讲，做介绍时（　　　）需要特别注意。

A. 介绍的表情　　　　B. 介绍的时机　　　　C. 介绍的主角　　　　D. 表达的方式

（4）需要做自我介绍的情况有（　　　）。

A. 想了解对方的时候

B. 想让别人尊重自己的时候

C. 想让对方了解的时候

D. 体现对活动的重视和对对方的尊重时

（5）以下是介绍他人的错误做法的是（　　　）。

A. 在介绍他人时，介绍别人的绰号

B. 在介绍之前，介绍人要先向对方打招呼，使双方有所准备

C. 为他人做介绍，必须在对被介绍人情况比较了解，或对双方是否有结识的愿望有实在把握的前提下才进行

D. 介绍时，目光飘忽不定

E. 由他人介绍时，身份地位高者或是年长者，听介绍人介绍后，应立即与对方握手，表示很高兴认识对方，地位低者不应先伸手

3. 判断题（每题 5 分，共 25 分）

（1）自我介绍是推销自我形象和价值的重要方法，进入社交圈的金钥匙。自我介绍，即将本人介绍给他人，关系到人们留在他人心目中的第一印象的好坏。（　　　）

（2）为他人做介绍要体现受尊重的一方优先了解对方为原则，在介绍过程中，应以手示意被介绍对象，面部向听者，微笑有礼。（　　　）

（3）递送名片时顺手直接送出就好，然后清楚报出自己的姓名即可。（　　　）

（4）为他人做介绍时，介绍哪一方就要手心向上指向哪一方。（　　　）

（5）在介绍各方人士时，通常应由卑而尊，按照其职务和身份地位依次而行。（　　　）

学习任务 2　站务人员行礼规范

微课
视频 4-2-1
握手礼

2.1　握手礼

相传在刀耕火种的年代，人们经常持有石头或棍棒等武器，陌生者相遇，双方为了表示没有敌意，便放下手中的武器，并且伸出手掌，让对方抚摸掌心。久而久之，这种习惯逐渐演变为今日的握手礼节。握手通常是我们与他人的身体第一次亲密接触，现在已经成为世界上最为普遍的一种礼节。无论在日常生活还是服务场合中，握手都是一项很重要、很普遍、很通行并且很有讲究的礼节。

2.1.1　握手的场合

（1）问候。一般来说在遇到熟人、朋友、同事、乘客、宾客的时候，应该用握手来表达关心和问候。

（2）感谢。当需要感谢宾客的到来、乘客的支持、同事的帮助、朋友的鼓励时，可以用握手来表达感情。

（3）祝贺。需要向他人或者他人向自己表示恭喜、祝贺时，会通过握手来表达心情。

（4）慰问。在他人遭遇挫折或不幸时，可以用握手表示慰问、支持，此时对于单纯的语言表达而言，双手相握所给予对方的力量和慰藉更大。

需要注意的是，在服务场合握手礼不能滥用，要视自己的职位、与对方的关系等实际情况来决定。

2.1.2 握手的要素

握手的要素包括握手姿势、握手时间的长短和握手的力度等。

（1）握手的姿势。双方在别人介绍之后，或者相互问候的同时，各自伸出右手，彼此之间保持一步左右的距离，手略向前下方伸出，拇指张开，其余四指自然并拢并微微内曲，以手掌和手指与对方的手扣合（见图 4-4）。

伸手的动作要稳重、大方、迅速，不能有迟疑的感觉，态度要亲切、友善、热情。右手与人相握时，左手应当空着，并贴大腿外侧下垂，以示用心专一。

握手一般应当站着，不能坐着握手，除了老弱残疾者。为了表示尊敬，握手时，上身应略微前倾，头部略低一些，面带笑容，注视对方眼睛，边握手边说"您好""见到您很高兴""欢迎您"。切忌握着一个人的手却看着另一个人，这样极易造成误会。

图 4-4 握手的姿势

相握的手可以上下微摇，以表示热情，但不宜左右晃动或一方僵硬静止，一动不动。对尊敬的长者，可以取双握式，即右手紧握对方右手的同时，再用左手加握对方的手背和前臂。

（2）握手时间的长短。握手时间的长短可因人因地因情而异，握的太长使人感到局促不安，太短则表达不出应有的情感，有敷衍之嫌，一般为 1~3 秒。初次见面时握手以 3 秒钟左右为宜。多人相聚，不宜只与某一人长时间握手，以免冷落其他人并引起误会。切忌握住异性的手久久不松开，与同性握手的时间也不宜过长。

（3）握手的力量。握手的力量也要适中，有力牢固而对方不感疼痛为度，一般控制在 4 kg 以内。"虎钳"式（握手时，用拇指和食指像老虎钳一样，紧紧扣握对方的四指关节处）的抓握显得过分热情近乎虚假，也是粗鲁无礼的；握得过轻，仅轻拢对方指尖时间短暂又显得妄自尊大和敷衍了事，职业外交官的握手力度在 2 kg 左右。男性与女性握手时，只需轻轻握一下女性的四指即可。异性握手一般不用双手。

2.1.3 握手的顺序

握手的顺序，应当根据握手双方的社会地位、年龄、辈分、性别和宾主身份来确定，遵循"尊者决定"的原则，即尊者先伸手才能相握。

上级与下级之间、长辈与晚辈之间，应是前者先伸手，后者先问候，待前者伸手后才能相握;在男士与女士之间,女士伸手后,男士才能相握,如女士无握手之意,男士可点头或鞠躬致意,若男方已是祖辈年龄,则男方先伸手也是适宜的;客人来访抵达,主人应首先伸手表示欢迎;客人告辞时,应由客人先伸手表示辞行,主人才能相握,否则便有逐客之嫌;如果有必要同许多人握手,其礼仪顺序是先尊而卑,依次进行,以职务和辈分为准,先女后男法则仍然执行。

在公共场合,如果对方忽视了握手礼的先后顺序已经伸出手时,都应毫不犹豫地立即响应回握,拒绝他人的握手礼是很不礼貌的举动。有时当你主动伸出手与对方相握时,对方却没有注意到,此时最好的办法是自然微笑地收回自己的手,不必太在意。

2.1.4　握手的禁忌

(1)在服务场合与宾客或乘客握手,无论是表达欢迎、感谢、问候或道别之情,用右手握手比较恰当,忌滥用双握式,忌握时过长,忌用力不当,忌掌心向下,忌"死鱼"式(伸出的手软弱无力,任由对方握着)握手。

(2)握手时双目应注视对方,微笑致意或问好,忌握手时目光游移;多人同时握手时应顺序进行,切忌交叉握手。

(3)握手忌不讲先后顺序、抢先出手,主人、长辈、上司、女士主动伸出手后,客人、晚辈、下属、男士再相迎握手。

(4)握手是要传达给对方一种热烈迎送或者愉快会面等感情,相握双方除老弱残疾者外,须脱帽、起立,不能把另一只手放在口袋中。

(5)忌戴着手套、墨镜握手,为表示尊重对方,不能戴手套与他人握手,女士在社交场合可戴着与服饰搭配的手套握手。

(6)在任何情况拒绝对方主动要求握手的举动都是无礼的,但手上有水或不干净时,应谢绝握手,同时必须解释并致歉。

(7)易出汗手,冰凉湿黏的手,会给握手的对方造成不快。遇有这种情况,要设法温热自己的手,使之保持干爽温暖状态,切忌刚握完手,就拿出手绢擦手。

不敷衍、不造作、不扭捏、不莽撞是实施握手礼很重要的原则。在接待、服务、社交等场合规范使用握手礼,给彼此一个愉快的会面体验,会为后续工作打下良好的基础。

微课
视频 4-2-2
鞠躬礼

2.2　鞠躬礼

2.2.1　鞠躬礼的起源

"鞠躬"起源于中国,商代有一种祭天仪式"鞠祭",祭品为不切块的牛、羊、猪,祭祀时将牛、羊、猪整体弯卷成鞠形,再摆到祭祀处奉祭,以此来表达祭祀者的恭敬与虔诚,这种习俗在一些地方一直保持到现在。后来的生活中,随着社会文明的提高,人们逐步沿用这种形式来表达自己对地位高者或长辈的尊敬,就形成了现在人们常用的一种礼节。

2.2.2　鞠躬礼行礼规范

所谓鞠躬礼,一般是指向他人躬身以示敬重或感谢之意,因此也被称为躬身礼。

（1）**动作要领**。行鞠躬礼时，距对方 2~3 米，身体立正，面对受礼者，目光平视，自然微笑；男性站务人员双手自然下垂，贴放于身体两侧裤线处，女性站务人员则将双手搭腹前，右手搭在左手上（见图 4-5）；以腰为轴，腰、颈、头呈一条直线；身体前倾一定的度数，身体前倾到位后停留一下再恢复原状；视线方位从注视对方眼睛，到低头看对方脚，再抬头注视对方眼睛；鞠躬同时致以问候语；脖子不可伸得太长，不可挺出下颌。

图 4-5　鞠躬礼

（2）**鞠躬礼的深度**。鞠躬礼可根据施礼对象和场合决定鞠躬的度数。按照上身倾斜角度的不同可将鞠躬礼分为欠身礼、15°鞠躬礼、30°鞠躬礼、45°鞠躬礼、90°鞠躬礼，适用场合如下：

① 欠身礼：一般与乘客打招呼时使用。

② 15°鞠躬礼：用于一般场合，如问候、介绍、迎送、让座等，表示礼貌、尊重。

③ 30°鞠躬礼：用于正式场合，要表达问候、接待或致谢时，表示敬意。

④ 45°鞠躬礼：常用于重要场合，重要活动中的礼节问候，表示向对方敬礼。

⑤ 90°鞠躬礼：一般用于隆重的场合，拜别、结婚典礼时均可用，时间 4~5 秒为宜。但是要注意，只有在葬礼上才行三鞠躬的大礼，其他行大礼的场合一般应是一鞠躬，表示向对方深度敬意或道歉。

2.2.3　行鞠躬礼的原则

（1）**内外有别**。在中国，鞠躬礼多用于需要表达敬谢之意或道歉之意的场合；而在国外，主要用于见面或告别之际。

（2）**对象特定**。在国外，鞠躬礼主要通行于与我国相邻的日本、韩国、朝鲜，在欧美各国以及非洲国家并不流行。

（3）**中规中矩**。行鞠躬礼时，先说问候语再鞠躬。受礼者应还以鞠躬礼，但是上级或长者还礼时，可以欠身点头或在欠身点头的同时伸出右手握之，不必以鞠躬还礼。

地位较低的人要先鞠躬,鞠躬礼要相对深一些。

(4)区别对待。行鞠躬礼时,外国人一般只会欠身一次,但对其具体幅度却十分在意。在正规场合,欠身的幅度越大,越表示自己对交往对象礼敬有加,不过欠身的最大幅度不宜超过 90°。

2.2.4 行鞠躬礼的禁忌

(1)行鞠躬礼时切忌眼睛翻起来看对方或看别人。

(2)行鞠躬礼时忌嘴里嚼东西或吸烟。

(3)行鞠躬礼时要自然大方,切忌扭扭捏捏、装模作样。

(4)鞠躬礼应在站立时行礼,如在座位上看到宾客、领导、乘客时应起身行礼。

(5)行鞠躬礼时不可勾背行礼。

微课
视频 4-2-3
军礼

2.3 军礼

2.3.1 军礼的来源

我国古代就有军礼,在《周礼》中有记载。军礼在旧时是指军中的礼仪,是西周时代"五礼"之一,是用于征伐和军事活动方面的礼节仪式。现在的军礼指军队中的礼节,包括举手礼、注目礼、持枪礼。本书所讲的军礼是其中的举手礼。

2.3.2 军礼行礼规范

行军礼时,应立正,上身挺直,右手取捷径由下而上迅速抬起,五指并拢并自然伸直,中指微接帽檐右角约 2 厘米处(特殊情况下无制服帽但需行军礼时,五指与眉同高,微接太阳穴),手心向下,微向外张(约 45°),手腕不得弯曲,右手大臂略平,与两肩略成一线,同时注视受礼者(见图 4-6)。

图 4-6 军礼

2.3.3　行军礼的注意事项

（1）行军礼时只能使用右手,左手行军礼叫制式回礼,是非现役军人检阅部队的标准敬礼姿势。

（2）在右手行军礼时,左手应下垂,中指贴裤缝。

（3）行礼时忌左顾右盼,表示态度端正。

2.4　注目礼

注目礼,泛指以眼睛注视对方的见面礼节。

行礼时面向受礼者成立正姿势,同时注视受礼者,并且目迎目送(见图 4-7);注目礼用于不便行鞠躬礼和点头礼的场合;受礼者在接受鞠躬礼、点头礼和注目礼之后应当还礼。

2.5　点头礼

点头礼又叫颔首礼。其适用范围特别广泛,如站务人员路遇乘客,或者与熟人、朋友在会场、剧院、歌舞厅等不宜随便交谈的公共场合相遇时,可以使用点头礼,或者遇上很多人,而又无法一一问候的时候,也可以点头致意。

行礼时正面对受礼者,面带微笑,面向受礼者,头部微向下轻轻一点,而后抬起,点头礼与问候语同时用于非正式场合。男性站务人员点头时速度可以稍微快一些,力度稍微大一些,体现男性的阳刚洒脱;而女性站务人员的上扬和下点速度稍微慢一些,力度稍微小一些,体现女性的温柔娴雅(见图 4-8)。

图 4-7　注目礼　　　　　　　　图 4-8　点头礼

行点头礼时应注意:行点头礼时不要反复点头不止;行点头礼时应脱帽,以示尊重;行礼时忌看向别处或受礼者以外的人。

微课
视频 4-2-4
注目礼

微课
视频 4-2-5
点头礼

2.6 拱手礼

微课
视频 4-2-6
拱手礼

2.6.1 拱手礼的渊源

拱手礼又称作揖礼或抱拳礼,是我国古时就有的礼节。拱手礼既是表达对对方的感谢和尊敬,也是中华传统的见面礼仪,有着浓浓的中国特色和人情味儿。

在古代,官场、民间等不同场合所行拱手礼有所不同。官场、民间拱手礼是,左手在前,右手在后,左手掌弯曲紧抱右手拳,两拇指并拢向前。习武人士的拱手礼是,左手掌、右手拳,右手拇指紧攥跟其余四指外贴垂直,拳端紧贴左手掌心,左手掌五指同向。

2.6.2 拱手礼行礼规范

在现代,拱手礼是相见或感谢时常用的一种礼节。行礼时,双腿站直,上身直立或微俯,双手互握合于胸前。一般情况男子应右手握拳在内,左手在外,女子则正好相反(见图 4-9)。

图 4-9 拱手礼

拱手礼优美大方,相隔数十步亦可为,而且可以同时施与多人。在过年时举行的团拜活动中、向长辈祝寿时、向友人恭喜时、向亲朋好友表示感谢时多使用拱手礼。在站务服务中,一些高龄乘客还保持行拱手礼的礼节。

微课
视频 4-2-7
合十礼

2.7 合十礼

合十礼又称"合掌礼",属佛教礼节。通行于印度和东南亚信奉佛教的国家与地区,我国傣族聚居区也用合十礼。行礼时,端正站立,两掌合拢于胸前或口部,十指并拢向上,掌尖和鼻尖基本齐平,手掌向外倾斜,头略低,神情安详,以示敬意(见图 4-10)。行合十礼时,可以问候对方或口颂祝词。

图 4-10 合十礼

合十礼可分为跪合十礼、蹲合十礼、站合十礼三类。跪合十礼适用于佛教徒拜佛祖或僧侣的场合，行礼时右腿跪地，双手合掌于两眉中间，头部微俯，以表恭敬虔诚；蹲合十礼是盛行佛教国家的人拜见父母或师长时所用的礼节，行礼时身体下蹲，将合十的掌尖举至两眉间，以示尊敬；站合十礼是信奉佛教的国家平民之间、平级官员之间相见，或公务人员拜见长官时所用的礼节。

因佛教中不兴握手，所以在我国，一般非佛教徒对僧人施礼，也以行站合十礼为宜。

学习活动设计
站务人员行礼规范

【同步习题】

同步习题
4-2

1. 单项选择题（每题 5 分，共 25 分）

（1）握手时，要紧握对方的手，一般停留（　　　）时间为宜。

A. 1～3 秒 　　　　　　　　　B. 3～6 秒

C. 6～9 秒 　　　　　　　　　D. 抓住不放，越长越好

（2）最佳的握手力度一般在（　　　）左右。

A. 1 kg 　　　　B. 2 kg 　　　　C. 3 kg 　　　　D. 4 kg

（3）城市轨道交通站务人员行军礼时，手部动作（　　　）。

A. 手心向下，微向外张（约 60°） 　　B. 手心向下，微向外张（约 45°）

C. 手心向下，微向外张（约 30°） 　　D. 手心向下，微向外张（约 20°）

（4）城市轨道交通男性站务人员行鞠躬礼时，手部动作（　　　）。

A. 双手放在身体两侧 　　　　　　B. 双手合起放在身体后面

C. 双手合起放在身体前面

（5）上级与下级之间、长辈与晚辈之间，应是（　　　）。

A. 前者先伸手，后者先问候 　　　B. 后者先伸手，前者先问候

C. 同时伸手，后者先问候 　　　　D. 同时伸手，同时问候

2. 多项选择题（每题 10 分，共 50 分）

（1）行握手礼时正确描述的有（　　　）。

A. 一定要用右手握手

B. 握手时双目应注视对方，微笑致意或问好

C. 被介绍之后，最好不要立即主动伸手

D. 握手时须脱帽、起立，不能把另一只手放在口袋中

（2）在应用鞠躬礼时，要求中规中矩，这需要做到（　　　）。

A. 行鞠躬礼时，应当首先立正脱帽

B. 双目正视施礼对象，然后面向对方，上身弯腰前倾

C. 通常男士应将双手贴放于身体两侧的裤线之处

D. 女士的双手则应在下垂之后叠放于腹前

（3）在行军礼时，应注意（　　　）。

A. 上身挺直，右手取捷径由下而上迅速抬起，五指并拢并自然伸直

B. 中指微接帽檐右角约 2 厘米处

C. 手心向下,微向外张(约 20°)

D. 手腕不得弯曲,右手大臂略平,与两肩略成一线,同时注视受礼者

(4) 点头礼的基本要求是(　　　)。

A. 面带微笑　　　　　　　　　　B. 面向受礼者

C. 不停地点头　　　　　　　　　D. 头部微向下点,而后抬起

(5) 合十礼可分为(　　　)。

A. 卧合十礼　　　　　　　　　　B. 跪合十礼

C. 蹲合十礼　　　　　　　　　　D. 站合十礼

3. 判断题(每题 5 分,共 25 分)

(1) 男士戴着帽子和手套握手属于不礼貌的握手行为。(　　　)

(2) 鞠躬是表达敬意、尊重、感谢的常用礼节,一般来说鞠躬的度数是 45°。(　　　)

(3) 握手时间太长使人感到局促不安,太短则表达不出应有的情感,有敷衍之嫌。初次见面时握手以 3 秒钟左右为宜。(　　　)

(4) 拱手礼一般情况男子应左手握拳在内,右手在外,女子则正好相反。(　　　)

(5) 鞠躬礼欠身的幅度越大,越表示自己对交往对象礼敬有加,因此欠身的幅度越大越好。(　　　)

微课

视频 4-3-1
电话接待礼仪

学习任务 3　站务人员电话接待规范

电话被现代人公认为便利的通信工具,在站务人员的日常生活和工作中,使用电话礼仪很重要。在日常生活中,人们通过电话能粗略判断对方的人品、性格;在日常工作中,电话接待礼仪直接影响着城市轨道交通运营企业的声誉。因此,掌握正确、礼貌待人的接打电话方法非常必要。

3.1　电话接待礼仪

面对面交流时,交流双方除了通过声音传递的语言获取信息来判断彼此意愿和情感外,还可通过双方的表情、体态、眼神以及声调、语速、语气等来判断。但是,在电话交流中打电话的双方只能通过语言的声调、语速以及语气来判断彼此的意愿及情感。这就要求我们在接打电话时不但要组织好语言,还要讲究声调、语速和语气。

3.1.1　电话接待基本礼仪

(1) 重要的第一声。当接打电话时,接通时就能听到对方亲切、优美的招呼声,心情一定会很愉悦,使双方对话能顺利展开。"您好,这里是 XX 车站",声音清晰、悦耳、吐字清脆,给对方留下好的电话印象,会为城市轨道交通运营企业品牌形象加分。

(2) 保持愉悦的心情。接电话时要保持良好的心情,即使对方看不见你,也能从欢快的语调中被你感染,从而留下极佳的印象。另外,面部表情会影响声音的变化,一定要面带笑容接打电话,笑容会藏在声音里。亲切、温情的声音会使对方产生愉悦

的心情;如果绷着脸,声音会变得冷冰冰。因此,即使在电话中也要抱着"对方在看着"的心态去应对。

(3) 清晰明朗的声音。电话印象 70% 来自声音质量,30% 来自话语表达。接打电话过程中绝对不能吸烟、喝茶、吃零食,即使是懒散的姿势对方也能够"听"得出来。如果弯着腰或躺在椅子上打电话,对方听到的声音就是散漫的,无精打采的;若坐姿端正,所发出的声音会亲切悦耳,充满活力。说话时,声音不宜过大或过小,吐字清晰,保证对方能听明白。

(4) 迅速准确的接听。听到电话铃声,应准确迅速地拿起听筒,最好在三声之内接听。电话铃声响一声大约 3 秒钟,若长时间无人接电话,或让对方久等是很不礼貌的,对方在等待时心里会十分急躁,也会留下不好的印象。

(5) 认真清楚的记录。电话记录既要简洁又要完备,随时牢记 5W1H 技巧。所谓5W1H 是指 When(何时)、Who(何人)、Where(何地)、What(何事)、Why(为什么)、How(如何进行),在工作中这些资料都是十分重要的。

(6) 了解来电话的目的。工作时间打来的每个电话都十分重要,不可敷衍,即使对方要找的人不在,切忌只说"不在"就把电话挂断。接电话时也要尽可能问清事由,了解对方来电的目的,如自己无法处理,也应认真记录下来,委婉地探求对方来电目的,既可以不误事而且能赢得对方的好感。

(7) 挂电话前的礼貌。要结束电话交谈时,一般应由打电话的一方提出,然后彼此客气地道别,说一声"再见",再挂电话,不可只管自己讲完就挂断电话。

3.1.2 拨打电话基本礼仪

(1) 选好时间。打电话时,如非重要事情,要尽量避开受话人休息、用餐的时间,而且最好别在节假日打扰对方。

(2) 掌握通话时间。打电话前要将说的事情整理出来,以便节约通话时间;电话内容应言简意赅,通常一次通话不应长于 3 分钟,即所谓的"3 分钟原则"。

(3) 态度友好。通话时不要大喊大叫,用语要规范。通话之初,电话接通后,先确认对方,报上自己的姓名,不要让对方猜;如需请受话人找人或代转时,应说"劳驾"或"麻烦您"。

3.1.3 接听电话基本礼仪

(1) 及时接听。一般来说,电话铃响 3 遍之前就应接听,6 遍后就应道歉:"对不起,让你久等了。"如果受话人正在做一件要紧的事情不能及时接听,代接听的人应妥为解释。尽快接听电话会给对方留下好印象,让对方觉得自己被看重。

(2) 确认对方。接到对方打来的电话,拿起听筒应首先自我介绍"您好!我是××"。对方一般会自己主动介绍。如果没有介绍或者没有听清楚,就应该主动地问"请问您是哪位""我能为您做些什么""请问您找哪位"。如果对方找的人在旁边,应说"请稍等",然后用手掩住话筒,轻声招呼旁边的人接电话;如果对方找的人不在,应该告诉对方,并且问"需要留言吗? 我一定转告"。

（3）接听技巧。接听电话时,应注意使嘴和话筒保持 3 厘米左右的距离;要把耳朵贴近话筒,仔细倾听对方的讲话;最后,应让对方自己结束电话,然后轻轻把话筒放好。

（4）左手接听。站务人员工作中的电话记录资料十分重要,左手接听是为了便于随时记录有用信息。

3.1.4　谁先挂断电话技巧

（1）地位高者先挂。尊重上级,这是有涵养的体现,而不是阿谀奉承。

（2）乘客先挂。站务人员是为乘客服务的,特别是接热线电话、值班电话、服务电话时要等乘客先挂。

（3）上级机关的人先挂。如果上级主管部门或总公司来电话,不管对方的职位高低,都应该是上级机关的人先挂电话,下级服从上级是工作中的基本要求。

（4）主叫先挂。如果双方是平级,在地位平等的情况下,由主叫先挂。因为对方有事才打电话来,如果还没等对方说完就把电话挂了,会显得非常不礼貌。

3.1.5　站务人员接打电话规范(见图 4-11)

听到铃响,快接电话;
先要问好,再报名称;
姿态正确,微笑说话;
语调稍高,吐字清楚;
接听认真,礼貌应答;
通话简练,等候要短;
礼告结束,后挂轻放。

图 4-11　站务人员接打电话

3.2　处理不满意电话的技巧

3.2.1　处理不满意电话的步骤

微课

视频 4-3-2
处理不满意
电话的技巧

乘客的情绪是相关人员在接待服务过程中需要始终关注的,所有的服务行为最终目的都是让乘客获得良好的服务体验。所以,安抚乘客的不满、消除乘客的误会、抚平乘客心中的服务裂痕,是每个城市轨道交通站务人员都应该掌握的技能。

(1)稳定情绪,耐心聆听。在接到不满意电话时,应首先稳定自己的情绪并耐心地聆听,尽量少插话,用真诚的态度平复对方的不满情绪。在了解了对方投诉的心态和原因后,要针对不同的乘客采用不同的安抚和解决方案。无论怎样,只要乘客感到了不满,作为站务人员就应该道歉,以表示我们注重他们的感受,并尊重他们,满足了他们的自尊心也就为圆满解决投诉、化解不满铺平了道路。道歉并不意味着认同乘客的意见,而是对给乘客带来不满的服务感受而表示的诚恳道歉。

(2)找出共情,表达歉意。听到对方的恶语,一定不能够急躁,要充分理解乘客的心情,并为我们的失误向对方表达最真诚的歉意。站务人员的工作是为了收获,而乘客应享受真诚的服务,明白了这个道理,就应该对乘客有不满情绪时的发泄表示理解,即使对方情绪激动,也应该认真倾听表示理解,而不应竭力辩解,更不能嗤之以鼻。即使乘客某些看法是片面、偏激的,站务人员也不要去教育对方,更不能因急躁而和对方开展激烈的辩论,而是应该用宽容平和的方式尽力使乘客了解实际情况,获得理解。同时尽可能不要去判断谁对谁错,这样既无助于事情的解决,又可能会给乘客带来新的不满感受。

(3)提供方案,解决问题。要主动表示出解决的态度,了解乘客对解决问题的想法,提出解决办法并及时解决问题。在接到不满电话安抚乘客情绪后,不要责怪相关同事,也不要责怪单位的规章制度,更不要在乘客面前踢皮球、转移错误,要以解决问题的心态来解决问题,给出解决方案,最好能提供多个方案供对方选择。给出解决方案后,要及时征求乘客意见,一旦获得对方认同,立即实施,以免因等待而引发乘客不满。对一时不能处理的问题要随时告之进展状况,让对方感受到我们的重视。

3.2.2　处理不满意电话的技巧

(1)热诚。热诚表示愿意协助他解决问题,告知对方自己的名字以示负责,并让对方放心、清楚。例如:"您别急,我们一定会协助您解决问题。我是××部×××,我们现在是否可以再仔细地把您反映的情况分析讨论一下?"

(2)回应。多倾听对方的不满,贴心地回应,表示正在倾听并且体谅乘客的感受。例如:"如果是我,也会有这种感受,说不定比您更生气!"

(3)记录。如实记录乘客的资料和不满。例如:"请教您……我记下来以便帮您处理。"

(4)告知。告知乘客处理方法,并确认对方了解。例如:"您这件事情可能以……方式处理较恰当。"

学习活动设计

站务人员电话
接待规范

（5）请示。自己无法回答的问题，请示主管后再回答，或请负责的部门回答。再次告知乘客自己的姓名及联络电话，并再跟乘客确认其联络电话及姓名，并告知乘客有谁会在何时回复电话。例如："这件事情我可能没有办法马上答复您，但我会尽快向主管请示，在今天下班前回复您。"

同步习题
4-3

【同步习题】

1. 单项选择题（每题 5 分，共 25 分）

（1）打电话接通后应该（　　）。

A. 报上姓名后确认对方　　　　　　　B. 确认对方后报上姓名

C. 等待对方确认自己　　　　　　　　D. 直接说事情

（2）城市轨道交通站务人员接服务电话时响铃次数的标准（　　）。

A. 3 声以上　　　　　B. 3 声之内　　　　　C. 不限制次数

（3）电话内容应言简意赅，通常一次通话不应长于（　　）分钟。

A. 5　　　　　　B. 4　　　　　　C. 3　　　　　　D. 2

（4）接听电话时，应注意使嘴和话筒保持（　　）厘米左右的距离。

A. 4　　　　　　B. 3　　　　　　C. 2　　　　　　D. 1

（5）电话印象（　　）% 来自声音质量，（　　）% 来自话语。

A. 60,40　　　　B. 70,30　　　　C. 80,20　　　　D. 90,10

2. 多项选择题（每题 10 分，共 50 分）

（1）站务人员接打电话规范包括（　　）。

A. 听到铃响，快接电话；先要问好，再报名称

B. 姿态正确，微笑说话；语调稍低，吐字清楚

C. 听话认真，礼貌应答；通话简练，等候要短

D. 礼告结束，后挂轻放

（2）电话记录既要简洁又要完备，随时牢记"5W1H"技巧，以下属于 5W1H 的内容有（　　）。

A. When　　　　B. What　　　　C. Why　　　　D. How

（3）处理不满意电话的技巧有（　　）。

A. 热诚　　　　　B. 回应　　　　　C. 记录　　　　　D. 请示

（4）以下符合服务电话接待规范的有（　　）。

A. 铃响三声必接电话　　　　　　　　B. 话筒离口的距离 3 厘米

C. 通话时间 3 分钟为宜　　　　　　　D. 一定是主叫先挂电话

（5）"挂电话"的先后顺序正确的是（　　）。

A. 地位高者先挂　　　　　　　　　　B. 乘客先挂

C. 上级机关的人先挂　　　　　　　　D. 被叫先挂

3. 判断题（每题 5 分，共 25 分）

（1）在处理不满意电话时，当对方恶语相加时，应立刻打断他，以免激发自己的情

绪将事情越处理越糟糕。(　　　)

(2) 接听电话可以用左手接听,为了便于随时记录有用信息。(　　　)

(3) 如果上级主管部门或总公司来电话,不管对方的职位高低,都应该是上级机关的人先挂电话,下级服从上级是工作中的基本要求。(　　　)

(4) 在接打电话时服务人员只需要组织好语言,不要讲究声调、语速和语气。(　　　)

(5) 如遇电话投诉自己无法回答的问题,就直接告知对方自己无可奉告。(　　　)

学习任务 4　站务人员庆典接待规范

对于城市轨道交通企业员工而言,接待工作是不容忽视的日常工作之一。庆典接待是一种特定场合下的服务接待工作,如年会、团拜会的服务接待。除了要用到介绍礼仪、行礼规范、电话礼仪之外,还要具备其他的礼仪素养。在庆典活动场合,不论是接待远道而来的贵宾还是接待来访的乘客代表,不论是接待团队还是接待个人,不论是接待中国人还是接待外国人,城市轨道交通企业服务接待人员都要做到既有所区分,又一视同仁。不论对方是何种社会身份、社会地位,在任何时刻都要做到重视对方,并以友好、热情的态度完成接待工作。

微课
视频 4-4-1
庆典接待的
基本原则

4.1　庆典接待的基本原则

4.1.1　细心安排原则

与来访者约定拜访之后,主办方就应着手从事必要的准备工作,以便使客人到访时产生宾至如归的感觉。

(1) 打扫环境卫生。在客人到来之前,需要专门进行一次彻底清洁卫生工作,以便创造出良好的待客环境,并借以完善主办方对外的整体形象,同时体现出对来宾的重视。

(2) 准备待客用品。通常,庆典活动之前,需要准备必要的待客用品,以应客人之需。在一般情况下,根据来宾喜好和习惯准备多种饮料、糖果和点心;根据庆典活动的主题以及来宾的构成情况,准备报刊、图书、玩具等娱乐用品。

(3) 合理安排膳食住宿。一般情况下,在庆典活动中接待来宾时,都应该为其准备好膳食,并在会面之初以流程介绍等方式向对方表明。如果有来宾从较远地方来或庆典活动结束不便返程的,还需要为其安排住宿,安排住宿要根据国家政策规定执行,切忌奢靡。如果主办方不具备留宿条件时,应事先以庆典活动须知等方式向对方说明。

(4) 根据情况安排交通工具。接待远道而来的客人时,要事先考虑其交通问题。如果力所能及,则最好主动为其安排或提供交通工具。为来宾安排交通工具,应讲究善始善终,不但来时要接,离开时也要送,切忌有接无送。如果主办方没条件提供交通工具时,要事先向对方说明。

4.1.2　热烈迎送原则

来宾到来之时,接待人员对其欢迎的热烈程度,是直接影响来宾对庆典活动第一印象的主要因素。因此,在客人抵达后,接待人员要做的第一件事,就是向对方表示热烈欢迎。当庆典活动结束,来宾要离开时,接待人员也要热情相送。

(1)安排接送。对于重要的客人和初次来访的客人,接待人员必要时要到机场、火车站或者来宾下榻之处等地迎送。一般情况下,庆典活动的迎送地点范围只在庆典活动会场门口、停车场。

(2)致意问好。与来宾相见之初,不论彼此是否熟悉,接待人员都应面带微笑向其致以亲切的问候。如"您好,欢迎您的到来"或"欢迎、欢迎"等。

(3)引导入座。如约而来的客人到来之后,接待人员应尽快将其让入室内,并安排其就座。若是把客人拦在门口谈个没完,会让来宾觉得自己不受欢迎,来得不是时候。在来宾进入庆典会厅后,接待人员应引导其入座,不能对来宾置之不理,让其自己找位子。

4.1.3　热情相待原则

接待时要体现出接待人员的热情、真诚之意,体现在一心一意、主次分明等方面。

(1)接待工作一心一意。庆典活动中,对来宾的接待工作要真正做到时时、处处、事事以来宾为中心,切勿三心二意,顾此失彼,有意无意地冷落客人。

(2)接待讲究主次分明。在接待来宾时,接待人员应讲究主次分明,即接待人员在接待来宾之时,此时此刻正在接待的客人,应被视为接待的重要客人,对于后到的客人,既要接待,又不能为此而抛弃目前正在接待的客人,这是主次分明的第一层意思;第二层意思,即把来宾的接待工作视为接待人员的工作中心,兼顾的其他工作应从属于来宾接待工作这一中心。

(3)灵活掌握接待次序。通常情况下,谁先到,先招待谁。若是有两位以上宾客一起抵达,应先招待身份职务高的那位;若是两位一起到的客人职务相同,在接待中要体现对等,招待时采用"先温后火"原则,即后接待的,要先让座,先敬茶以平衡两者心理。

微课
视频 4-4-2
拟定接待方案

4.2　拟定接待方案

高度重视是完成接待工作的前提,提前拟定接待方案是做好接待工作的保障。接待方案要切实可行,从简务实。接待方案一般包括以下内容:

4.2.1　确定接待规格

确定接待规格就是确定本次接待工作中主要陪同人员和各项接待活动的安排规格。接待规格主要取决于接待方主要陪同人员的身份,一般分为三个级别:

(1)高规格级别:即主要陪同人员比来宾的职务高或影响力大的接待。

(2)对等规格级别:即主要陪同人员与来宾的职务或影响力相当的接待。

（3）低规格级别：即主要陪同人员比来宾的职务低或影响力小的接待。

4.2.2　拟定时间

时间是接待方案的主线之一。拟定时间要考虑三个问题：拟定活动的起止时间，活动时间的拟定要考虑参与方是否方便；拟定庆典活动中的时间分配，也就是何时进行何种事项；提前多长时间将邀请函或通知发出，一般提前 7 到 10 天发出请柬。

4.2.3　确定活动地点

地点是接待方案的又一主线，选择合适的地点要考虑以下三个问题：

（1）活动的主要目的。例如，庆典活动是以加强双方了解为主要目的，则要考虑是否安排在单位内部进行。

（2）是否具备活动的基本条件。例如，是否有足够的时间、座席，是否具有良好的环境，是否能提供所需的饮水、卫生间以及各种所需设施等。

（3）在安排室外活动时，要考虑天气因素等。在地点选定之后，最好事先对现场进行实地考察。

4.2.4　确定参加活动人员

（1）确定主办方人员时，除了参加的领导、员工外，还要确定参与陪同以及接待人员，并明确分工，将每一项接待工作落实到人。

（2）确定客方人员的基本情况，如人员数量、职务、年龄、性别等，以方便具体工作的安排。

（3）根据活动参与方的多少，排出各方的人员职务序列。同时，还要按照主、客方的情况，排出最高领导之间的职务次序和单位名称序列，为活动中安排每个人的具体位置做好准备。

4.2.5　规范接待人员着装

确定庆典活动接待人员的着装规范，所有接待人员须统一着装。

4.2.6　合理安排迎送

要清楚参加活动的各方是否需要安排接送，接送的地点是什么以及提供什么样的交通工具，以免影响活动的顺利进行。

（1）交通工具与座次安排。庆典接待中常用交通工具一般为轿车，座次的安排以车行进的方向为准，根据轿车类型不同有以下几种方式：

① 双排五人座轿车。当主人驾车时，座位自高至低的排列顺序是：前排右座、后排右座、后排左座、后排中座；当驾驶人是专职驾驶员时，座位自高至低的排列顺序是：后排右座、后排左座、后排中座、前排右座。庆典活动一般情况下都是由专职驾驶员驾驶（见图 4-12）。

② 三排七座轿车。当主人驾驶时，座位自高至低的排列顺序是：前排右座、后排右

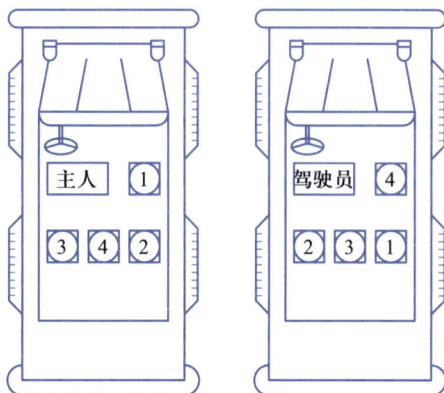

图 4-12　双排五人座轿车座次排列

座、后排左座、后排中座、中排右座、中排左座。当为专职驾驶员驾驶时,座位排列顺序是:后排右座、后排左座、后排中座、中排右座、中排左座、前排右座(见图 4-13)。

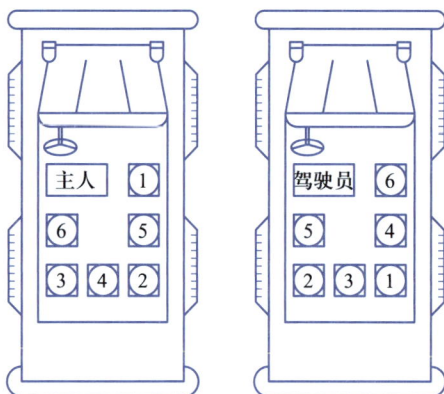

图 4-13　三排七人座轿车座次排列

③ 大巴车。遵循以车辆行驶方向为准,"右侧位置高于左侧位置,临窗座位高于外侧座位"的规则排列。(见图 4-14)。

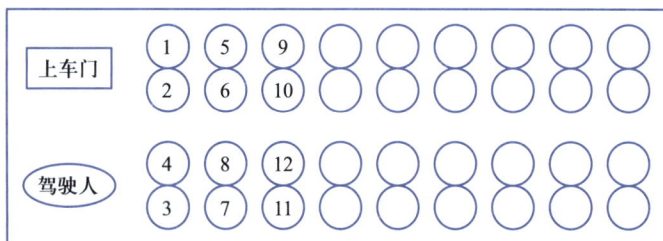

图 4-14　大巴车座次排列

(2)迎宾线与送宾线安排。庆典活动的迎送过程中,在必要时可以安排迎宾线和送宾线。迎宾线与送宾线有两种方式,一种是"南飞雁"式,另一种是"领头羊"式。

①"南飞雁"式。将迎送人员中身份最高者安排于迎宾、送宾线前端的中央位置（见图4-15）。这种迎送宾方式一般会安排在车站、机场或单位等地方,用于表达对来宾及活动的重视程度。

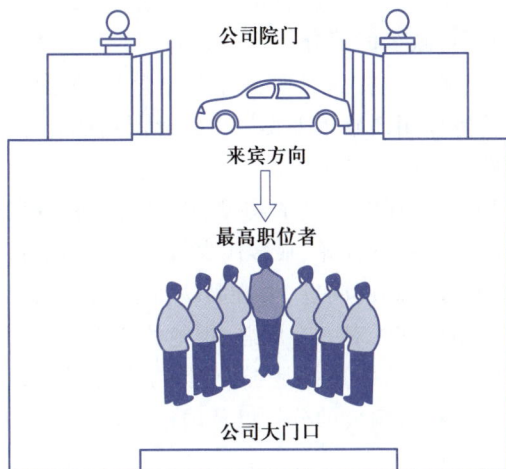

图 4-15　"南飞雁"式迎宾线

在排列迎宾、送宾线时,主办方其他接待人员的位置要依据"以右为尊"的原则,按照职务高低,从中间身份最高者的右侧到左侧的顺序依次安排位次。迎宾时,全体人正面朝向来宾到来方向;送宾时,全体人正面朝向来宾离去方向。

②"领头羊"式。迎送客人时,使用得比较多的是领头羊式迎宾、送宾线。在迎宾、送宾线中,站立于前端的是迎送人员中身份最高的人,其他人员由近及远顺序排列（见图4-16）。这种迎宾、送宾线常用于会见、宴请、庆典等活动中,多数在会见厅、会议厅或宴会厅门前进行。

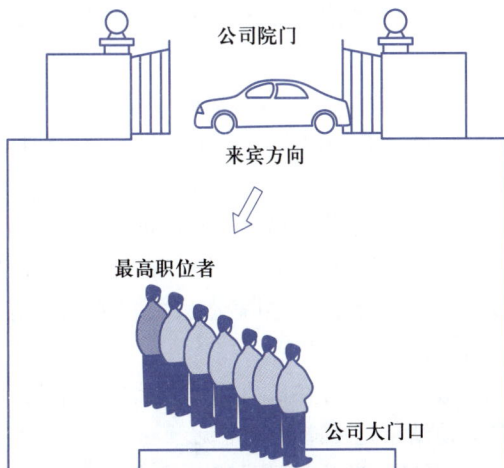

图 4-16　"领头羊"式迎宾线

迎宾时,队列朝向来宾到来方向,即身份最高者在来宾到来方向的最前端;送宾时,队列尾部朝向来宾离去方向,即身份最低者在来宾离去方向的最前端。

4.2.7 赠送礼品方案

礼品是接待方案中不可缺少的部分。

(1) 礼品的定位。庆典中的礼品习惯上称作纪念品,是为了表达友情、对来宾表示感谢、对主办方起宣传等作用而赠予来宾以作纪念所用的礼品。所以礼品的价值以及实用性是第二位,情感的表达才是第一位。

在制定纪念品方案时要考虑纪念品的类型,中国人送礼讲究对方喜欢,但是庆典活动来宾构成比较多元化,有各方领导、乘客代表等,有着不同的身份。所以在制定礼品方案时不能主要考虑对方喜欢的问题,要在量力而行的基础上,合情、合理、合法地考虑这个问题,至少礼物不应该让对方有厌恶、拒绝的感受。

(2) 合理地选择礼品。礼品的选择是否合理,与主方对庆典活动主题的选定、对庆典活动的理解、对所有受礼者构成的分析以及国家政策规定等有关。在选择礼品时通常要考虑以下方面的问题:

① 要考虑礼品的象征性和纪念性意义。象征性和纪念性意义是选择礼品时要重点考虑的一个方面,要选择具有象征性和纪念性意义的礼品,就需要我们准确把握庆典主题、了解受礼者构成以及当地文化习俗等。

② 要考虑礼品的观赏性。具有观赏性的礼品要整体美观、工艺精湛、质地良好、寓意积极等。例如杯子谐音是"辈子",象征和客人友谊长久等。礼品的观赏性也是庆典活动主办方细致服务接待的一个体现。

③ 要考虑礼品的实用性。礼品的实用性尽管不是最重要的,但是,如果礼品能够成为受礼者日常生活与工作的一部分,那么,这种礼品会给受礼者带来两方面的意义:一是能够经常回忆起美好的庆典活动场景,使友谊永存;二是解决了日常生活与工作的需要。一只精美的水杯、一只精致的笔、一个别致的笔筒等,就可以将赠礼与受礼的双方联系在一起。

此外,选择礼品还要考虑宗教禁忌和民族禁忌。

(3) 恰当地赠送礼品。赠送礼品时要注意礼品的包装,选择合适的赠礼时机以及赠礼方式。

① 讲究礼品的包装。精美的包装可以提升礼品的价值以及纪念意义,可以体现赠礼者郑重的态度,还可以突出赠礼者的良好祝愿。在进行礼品包装时要注意以下细节:将礼品的价格标签取下来;选择颜色、图案适宜的包装纸或包装袋;可在礼品及包装袋上印上主办方单位名称以及庆典主题。

② 讲究赠礼的时机。庆典赠礼可在庆典活动开始之前赠礼,也可以在庆典活动结束之后赠礼。一般庆典活动结束之后赠礼最常见。

③ 讲究赠礼的方式。当面赠送礼品是最好的方式。在赠礼时对受礼者要选择由职务或年龄高到低的顺序赠送礼品;在庆典结束后赠礼可以设置礼品赠送处,可设置在活动厅门外,也可以在庆典活动开始前,设于签到处附近,由来宾自行领取礼品。赠

礼时接待人员上身略前倾,态度要热情,双手捧递,面带微笑,还要送上美好的祝愿或者表达感谢之意等。

（4）礼貌地接受礼品。有时来宾参加庆典活动会赠予主办方礼物。为表谢意,接受礼品时应双手接受,以示对对方的重视,同时对赠礼者表示感谢。对于收到的礼品要妥善存放才不致失礼。

4.2.8　拟定鲜花布置方案

鲜花既是礼品也是一种装饰品。它可以表达主人的热情和诚意,也能够很好地美化环境。要根据具体情况选择合适的种类和摆放样式。

4.2.9　拟定各种标志的设计与制作

标志包括横幅、路标、席位卡、宴会座位卡、席位图、胸卡、请柬等。在设计制作标志时要考虑活动主题、文字、图案、大小以及美观等。

4.2.10　拟定通信设备的设置

通信的畅通是活动顺利进行的保障。要考虑是否需要专门的通信设备以及种类、数量等,并明确各种联络方式以及相关号码、地址等信息。

4.2.11　拟定摄影安排

庆典活动少不了安排摄影、摄像工作,在拟定接待方案时要予以考虑。根据庆典活动场地以及规模,拟定摄影、摄像的数量和方位。

4.2.12　拟定参加媒体

一个庆典活动是否需要进行宣传以及宣传力度、范围、重点,是否邀请新闻媒体参加,这些都是重要问题,需要在拟定接待方案时予以考虑。

4.2.13　膳宿安排

在接待方案中,客方的膳宿安排既要严守规定,又要讲究主随客便。要提前了解对方的习惯,尤其在民族禁忌、宗教禁忌等方面予以重点考虑。例如,来宾中有少数民族,或者佛教徒等情况时,需要单独考虑他们的膳食,并在接待中向对方提前说明。

4.2.14　经费预算

经费的使用要本着考虑主办方单位实际情况,严格执行上级规定,力求少花钱、多办事、办好事的原则,将每一笔预算功能最大化。

接待方案完成后,要及时提交领导审批,获批的方案要及时向有关方面通报,必要时,对方案酌情加以调整和补充。

4.3 亲切迎客

4.3.1 "三声"与"三到"

迎客是一件愉快的事情,接待人员应主动迎上,目光相接,微笑问候,热情接待,讲究"三声"与"三到",即:

三声。来有迎声"您好";问有答声"好""行";去有送声"再见""欢迎再来"等。

三到。眼到:目中有人,用目光把客人迎进庆典场所;口到:说话要懂得因人而异;意到:欢迎客人的心意要准确地表达到。

庆典活动中,一般的服务接待人员不与前来参加庆典活动的来宾握手。有重要来宾时,由相应身份的人前来迎接,在问好之后,接待方可与重要来宾行握手礼,之后陪同进入。

4.3.2 接待不同访客的方法

(1)预约访客。对于预约访客,要有所准备,记住其姓名和职务,让来访者感到被重视被期望。

(2)未预约客。接待人员应热情友好,询问来意,依具体情况判断应对方法。

(3)拒绝访客。热情坚定地回绝上级明确不接待或无法接待的访客。

(4)来访团组。接待人员要充分准备,热情迎候,并根据拟订好的接待方案诸项落实。

4.4 热忱待客

热忱待客要求接待人员做好引路、开关门、引见、让座、上茶等工作。

4.4.1 引路

引路按照国际上"以右为尊"的惯例,走在客人左侧前方;如果为左侧通行道路,则方向相反,走在客人右侧前方,保证客人在里侧行走;转身照顾,热情介绍,适当手势,提供服务(见图4-17)。

图 4-17 引路

4.4.2 开关门

第一步,开门时要用正确的手,原则上门把对左手,用右手开门;门把对右手,用左手开门(见图4-18)。

第二步,进出门。如果是外拉门,客人先进入;如果是内推门,接待人员先进入。出门时反之。

第三步,挡门。接待人员侧身用手或身挡门,留出入口让客人进出(见图4-19)。

图 4-18　开关门

图 4-19　挡门

第四步,对客人说"请进",并礼貌地用手势同时示意请进。

最后一步是关门,客人进毕后,我们再慢慢地、轻声关门。

4.4.3　引见

将客人引见给同事或领导时,先由职位高至职位低的顺序介绍主方,把同事或领导介绍完后再逐一按照同样的顺序介绍客方。

4.4.4　让座

在庆典接待中,座次的安排要根据庆典的性质遵守约定俗成的规则,还要兼顾来宾的日常习惯。

(1) 座次的定位标准。在我国,庆典接待中以面门为上、以左为尊的原则;在国际上则是以右为尊。接待中按此原则确定主、客方第一主位,其他人员的位置按主、客方第一主位就座后的位置为标准来区分左和右。

(2) 常用的接待座次安排(以下 A 均为客方,B 均为主方)。

① 相对式位次排列。相对式位次排列指的是主客双方以面对面的形式落座。

主客双方相对而坐,就座后,一方对正门,另一方背对正门时,遵循"面门为尊"。即尊贵程度以面门侧高于背门侧。所以在庆典接待中客方面门而坐,主方背门而坐(见图 4-20)。

涉外时,除了遵循"面门为尊",还应按国际上遵循"以右为尊"的惯例,请客人落座于右侧,主人落座于左侧。若不涉外,则应遵循国内"以左为尊"。

② 并列式位次排列。庆典活动中常会用到并列式位次排列。并列式位次排列有两种方式。

第一种方式:按照我国惯例,主客双方并排面门而坐,按照"以左为尊",客方身份级别高者落座于主方身份级别高者左侧;涉外时,按照国际惯例"以右为尊"进行位次安排。

双方的其他随员分别在主人、主宾的一侧,按照身份由高到低依次落座(见图4-21)。

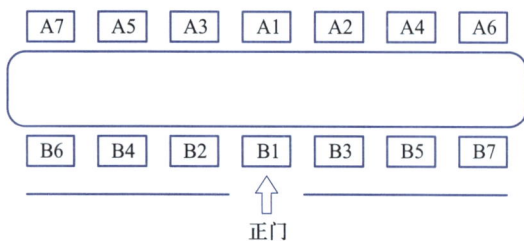

| A7 | A5 | A3 | A1 | A2 | A4 | A6 |

| B6 | B4 | B2 | B1 | B3 | B5 | B7 |

⬆ 正门

图4-20　相对式位次排列(我国)

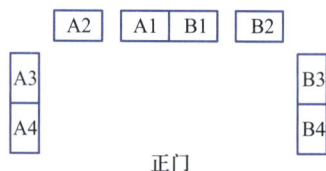

	A2	A1	B1	B2	
A3					B3
A4					B4

正门

图4-21　并列式位次排列(涉外)

第二种方式:主客双方在室内一侧落座,这种方式下,客人落座于距离门比较远的位置。

4.4.5　上茶

如果有多项饮品可供客人选择时,请主动征求客人意愿。上茶时手和茶具要清洁并消毒,尽量用托盘轻手轻脚送茶。若是两位一起到的客人职务相同,在接待中要体现对等,招待时采用"先温后火"原则,即后招待的,要后让座、先敬茶。

4.5　礼貌送客

客人表示告辞后,才可用言语、行动送客。一般送客的言语都是热情的感谢语、告别语。在客人起身后,接待人员要帮助客人取拿衣帽,帮助提重物等,并根据具体情况礼貌相送,用握手、话语、挥手致意等方式热情告别(见图4-22)。送客常规:低层送到大门口,高层送到电梯口,有车送到车离去。

图4-22　礼貌送客

微课
视频4-4-5
礼貌送客

学习活动设计
站务人员庆典
接待规范

同步习题
4-4

【同步习题】

1. 单项选择题(每题5分,共25分)

(1)若是两位一起到的客人职务相同,在接待中要体现对等,招待时采用"先温后火"原则,即(　　)。

A. 先招待的,要先让座,先敬茶　　　　B. 后招待的,要先让座,先敬茶

C. 后招待的,要后让座,先敬茶　　　　D. 后招待的,要先让座,后敬茶

(2)一般提前(　　)天发出请柬。

A. 2~3　　　　　B. 3~5　　　　　C. 5~10　　　　　D. 7~10

(3)当主人驾驶双排五人座轿车时,座位自高至低的排列顺序是(　　)。

A. 前排右座、后排右座、后排左座、后排中座

B. 前排右座、后排左座、后排右座、后排中座

C. 后排右座、前排右座、后排左座、后排中座

D. 后排右座、后排左座、前排右座、后排中座

（4）（　　）迎宾、送宾线常用于会见、宴请、庆典等活动中，多数在会见厅、会议厅或宴会厅门前进行。

A. "南飞雁"式　　　　B. "领头羊"式

（5）给来访人员开门时要用正确的手，原则上门把对左手，用（　　）手开门；门把对右手，用（　　）手开门。

A. 左，右　　　　　　B. 左，左　　　　　　C. 右，右　　　　　　D. 右，左

2. 多项选择题（每题 10 分，共 50 分）

（1）庆典接待的基本原则有（　　）。

A. 细心安排原则　　B. 热烈迎送原则　　C. 热情相待原则　　D. 豪华标准原则

（2）接待"三声"，指的是（　　）。

A. 来有迎声　　　　B. 问有答声　　　　C. 去有送声　　　　D. 去有迎声

（3）接待"三到"，指的是（　　）。

A. 眼到：目中有人，用目光把客人迎进庆典场所

B. 问到：见到任何人都要问候

C. 口到：说话要懂得因人而异

D. 意到：欢迎客人的心意要准确地表达到

（4）在接待预约访客时，应该做到（　　）。

A. 记住姓名　　　　　　　　　　B. 热烈地拥抱乘客

C. 有所准备　　　　　　　　　　D. 让客户感到来访被重视被期望

（5）一般的送客常规是（　　）。

A. 直接送回客人家　　　　　　　B. 低层送到大门口

C. 高层送到电梯口　　　　　　　D. 有车送到车离去

3. 判断题（每题 5 分，共 25 分）

（1）一般情况下，把访客分为四类，即预约访客、未预约客、拒绝访客、来访团组。（　　）

（2）客人来访抵达，主人应等待客人伸手，客人告辞时，应由主人先伸手表示辞行，客人随后相握，否则便有逐客之嫌。（　　）

（3）如果站务人员要与来访人员同时进门时，要明确主客进门顺序，如果是内推门，来访人员先进入；如果是外拉门，站务人员先进入。（　　）

（4）按照国际惯例，引导客人入上座，原则上以面门为上，通常是左为尊或上。（　　）

（5）如果有多项饮品可供客人选择时，应主动征求客人意愿，上茶时手和茶具要清洁并消毒，尽量用托盘轻手轻脚送茶。（　　）

学习任务 5　站务人员涉外接待规范

随着我国经济的飞速发展，前来旅游、留学的外国友人越来越多，选择搭乘地铁等

公共交通工具的外国友人也日益见多。这就需要城市轨道交通运营企业的站务人员提高涉外接待水平，树立良好的文明礼仪形象，促进和保障涉外服务工作顺利展开。

涉外接待规范一般是指中国人在与外国人进行交际应酬时所应遵守的人际交往的行为规范。作为涉外交往的标准、规范的做法，它好比"国际交通规则"，是每一位涉外接待人员均须自觉恪守的原则，体现了城市轨道交通涉外接待的基本要求。

微课
视频 4-5-1
涉外接待原则

5.1　城市轨道交通涉外接待原则

5.1.1　维护国家形象

城市轨道交通涉外接待规范首先涉及站务人员的外在形象、行为举止等，这就要求站务人员具备塑造良好的外在形象能力、修炼优雅仪态举止能力、培养语言修养能力、掌握流利英语口语能力，以维护国家形象。

5.1.2　坚持不卑不亢

站务人员在参与国际交往时，都必须意识到自己在外国人的眼里，是代表着自己的国家，代表着自己的民族，代表着自己的所在单位。因此，其言行应当从容得体，堂堂正正。在外国人面前既不应该表现得畏惧自卑、低三下四，也不应该表现得自大狂傲、放肆嚣张，而要堂堂正正、坦诚乐观、豁达开朗、从容不迫、落落大方、一视同仁。

5.1.3　把握文化差异

东西方文化有一定差别，比如东方文化讲究家族为本、注重人情、谦卑含蓄，而西方文化讲究个人为本、讲究务实、情感外露。这种文化差异对东西方人的思想、观念、行为习惯等产生了较大的影响。因此，要在工作中注意把握不同人群的文化差异。

5.1.4　牢记"入乡随俗"

站务人员必须充分地了解服务对象的风俗习惯，无条件地加以尊重，不可少见多怪、妄加非议。"入乡随俗"是涉外接待的基本原则之一，它的含义主要是：在涉外交往中，要真正做到尊重交往对象，首先就必须尊重对方所独有的风俗习惯。之所以必须认真遵守"入乡随俗"的原则，主要是出于以下两方面的原因：

第一，世界上的各个国家、各个地区、各个民族，在其历史发展的具体进程中，形成各自的宗教、语言、文化、风俗和习惯，并且存在着不同程度的差异。

第二，在涉外交往中注意尊重外国友人所特有的习俗，容易增进双方之间的理解和沟通，有助于更好地、恰如其分地向外国友人表达我方的亲善友好之意。

具体讲，"入乡随俗"包括以下方面：

（1）入境问俗。要注意的两个方面：一是充分了解与交往对象相关的习俗，"入境而问禁，入国而问俗，入门而问讳"；二是对交往对象所特有的习俗予以尊重。"入境问俗"与大多数人的习惯做法保持一致，切勿唯我独尊。

（2）客随主便。这是指处于客位的礼仪当事人必须遵循处于主位的礼仪当事人所在地域的礼仪规范。所谓处于客位或处于主位的礼仪当事人,是根据礼仪行为或礼仪活动所处地域来划分的。

（3）主随客意。这是指在涉外交往中基本上采用本国礼仪的同时,适当地采用一些交往对象所在国现在的礼仪。尤为重要的是,要对交往对象国家及民族的主要礼俗禁忌心中有数,并且在实际操作中加以注意。主随客意是相互尊重,是对客随主便的正确理解和准确把握。既坚持客随主便,又不失主随客意的精神,这就是现代礼仪的体现。

（4）求同存异。这是指在外事交往中,为减少麻烦,避免误会,最为可行的做法是既要对交往对象所在国的礼仪、习俗有所了解,并予以尊重,更要对国际上所通行的礼仪惯例认真遵守。求同就是遵守国际惯例,重视礼仪的"共性",取得共识、便于沟通、避免周折;存异就是注意"个性";了解具体交往对象的礼仪习俗禁忌,并予以尊重。

5.1.5　心中信守约定

所谓"信守约定"的原则,是指在一切正式的国际交往之中,都必须认真而严格地遵守自己的所有承诺。说话务必要算数,许诺一定要兑现,约会必须要如约而至。在一切有关时间方面的正式约定之中,尤其需要恪守不怠。在涉外交往中,要真正做到"信守约定",对一般人而言,尤其需要在以下三个方面身体力行,严格地要求自己。

第一,在人际交往中,许诺必须谨慎。

第二,对于自己已经做出的约定,务必要认真地加以遵守。

第三,由于难以抗拒的因素,致使自己单方面失约,或是有约难行,需要尽早向有关各方进行通报,如实解释,并且还要郑重其事向对方致以歉意,并且主动地负担按照规定和惯例而给对方所造成的物质方面的损失。

5.1.6　对客热情有度

站务人员在涉外交往中要遵守好"热情有度"这一基本原则,关键是要掌握好以下四个方面的具体的"度":关心有度、批评有度、距离有度、举止有度。

其中,在涉外交往中真正做到"举止有度",要注意以下两个方面:一是不要随便采用某些意在显示热情的动作;二是不要采用不文明、不礼貌的动作。

5.1.7　介绍不必过谦

在与外宾的交往活动中涉及自我评价时,虽然不应该自吹自擂、自我标榜、一味抬高自己,但也不要妄自菲薄、自我贬低、过度谦虚客套。

5.1.8　行为不宜先为

在交往活动中,面对自己一时举棋不定,或者不知道到底怎样做才好时,最明智的做法是尽量不要急于采取行动,尤其不要急于抢先,冒昧行事。

5.1.9　言谈尊重隐私

凡涉及客人收入支出、年龄大小、恋爱婚姻、身体健康、家庭地址、个人经历、信仰政见、所忙何事等,皆属个人隐私,要避免与对方交谈时涉及这些"隐私"。

5.1.10   社交女士优先

国际惯例中,在一切社交场合,每一名成年男子都有义务主动自觉地以自己的实际行动去尊重、照顾、体谅、关心、保护妇女,并且还要想方设法、尽心竭力地去为妇女排忧解难。这并不代表女性是弱者,而是像尊重母亲一样尊重女性。

5.1.11   日常爱护环境

"爱护环境"的主要含义是:在日常生活里,每一个人都有义务对人类所赖以生存的环境,自觉地加以爱惜和保护。在国际交往中涉及爱护环境时,需要特别注意以下两点:

(1)只有"爱护环境"的意识还是远远不够的,更为重要的是要有实际行动。

(2)与外国人打交道时,在"爱护环境"的具体问题上要严于律己。具体而言,中国人在涉外交往中特别需要在"爱护环境"方面注意的细节分为以下几个方面:不可毁损自然环境、不可虐待动物、不可损坏公物、不可乱堆乱挂私人物品、不可乱扔乱丢废弃物品、不可随地吐痰、不可到处随意吸烟;不可任意制造噪声、减少一次性用品的使用等。

5.1.12   位次以右为尊

在各种类型的对外交往中,大到政治磋商、商务往来、文化交流,小到私人接触、社交应酬,但凡有必要确定并排列主次尊卑时,"以右为尊"都是普遍适用的。以右为上、以左为下,以右为尊、以左为卑,就不会失敬于人。

5.2   各国礼仪风俗与禁忌

微课
视频 4-5-2
各国礼仪风俗

孔子曰"有朋自远方来,不亦乐乎"。在涉外接待中站务人员不仅要传承和发扬我国礼待宾客的优良传统、遵守涉外接待的原则,同时要了解各国礼仪风俗与禁忌,以便在接待服务工作中有针对性地应用。由于篇幅有限,以下按照国名英文首字母的先后顺序选取美国、英国、日本、俄罗斯四个国家的礼仪习俗为例进行介绍。

5.2.1   美国

(1)待人接物。美国人在待人接物方面通常具有四个主要特点:

第一,随和友善,容易接近。美国人为人诚挚,乐观大方,天性浪漫,好交朋友;在交际场合喜欢主动与他人打招呼,并乐于主动与人攀谈。

第二,热情开朗,不拘小节。日常生活中,美国人主张凡事讲究实效,不搞形式主义;他们不是不讲究礼仪,而是反对过分拘泥于礼仪、过分地矫揉造作。

第三,性格直爽,喜欢幽默。普通的美国人一般都比较朴实、率真;在待人接物中,他们喜欢在符合礼仪的前提下直来直去;在与美国人打交道时,表现得过于委婉、含蓄,或是有话不明讲,而代之以旁敲侧击、暗示,其效果未必尽如人意。

第四,自尊心强,好胜心重。美国人一般都有较强的自尊心和好胜心,在交往中大都显得雄心勃勃,做事往往一往无前,乘车、用餐一般都会各付其账。

（2）服饰礼仪。美国人认为一个人的着装必须因其所处的具体场合或是扮演的具体角色而定。与美国人打交道时,应注意对方在穿着打扮上的关注点,以免让对方产生不良印象:

第一,美国人注重服装的整洁。在一般情况下,他们的衬衣、内衣、袜子、领带要每天一换,介意穿肮脏、褶皱、带有异味衣服的人。

第二,拜访美国人时,进了门一定要脱下帽子和外套,美国人认为这是一种礼貌。

第三,美国人十分重视着装细节。在美国人看来,穿深色西装套装但穿着白色袜子、袜口露出裤口、裙摆之外等都是缺乏基本着装常识的表现。

第四,穿睡衣、拖鞋会客或是外出,都会被美国人视为失礼。

第五,美国人认为,出入公共场合时化浓妆,或是在大庭广众之前当众化妆、补妆,会被人视为缺乏教养,举止不合时宜。

第六,在室内依旧戴着墨镜不摘的人,往往会被美国人视作"见不得阳光的人"。

（3）餐饮礼仪。美国人的饮食习惯一般因地区而异、因民族而异。就总体而言,其共同特征是喜食"生""冷""淡"的食物,不刻意讲究形势与排场,强调营养搭配。用餐的时候,美国人一般以刀叉取用,先是左手执叉、右手执刀,自左至右将食物切割完毕,然后放下餐刀,将餐叉换至右手,右手执叉而食。其用餐的禁忌主要有:忌进餐时发出声响、忌替他人取菜、忌吸烟、忌向别人劝酒、忌当众脱衣解带、忌议论令人反感之事、忌入口之物再吐出来。

（4）习俗禁忌(见表4-1)。

表 4-1　美国人的习俗禁忌

习俗类别	偏好与禁忌
花	偏爱山楂花、玫瑰花
动物	喜欢白头雕、狗
色彩	喜欢白色、蓝色和黄色
数字	忌讳 666、13
日期	忌讳星期五
体态语	忌讳盯视、冲别人伸舌头、用食指指点、食指横在喉头之前、大拇指指向身后、竖中指
仪态	忌讳公共场合蹲在地上、双腿叉开坐
社交距离	保持 50 厘米~150 厘米比较合适
隐私	忌讳打探隐私

5.2.2　英国

（1）待人接物。英国人在待人接物方面与语言、宗教、文化相仿的美国人相比有

许多显著的不同之处,通常具有四个主要特点:

第一,保守内向,谨慎低调。英国人通常保持一定的生活方式和习惯做法,逻辑性非常强;感情不大外露,不太喜欢在公共场合引人注目,在交际应酬中轻易不会一见如故。

第二,讲究含蓄,注重距离。总体上讲,英国人性格内向、不善表达、不爱张扬,但却显得非常自信;与别人打交道时主动保持适当的距离,认为这样对双方都有益无害。

第三,崇尚宽容,善于理解。英国人一般都非常善解人意,懂得体谅人、关心人、尊重人;认为既然要讲究个人自由,就应宽以待人,善于理解和容忍别人的所作所为。

第四,注重礼节,强调风度。英国人平时十分重视个人的教养,认为教养体现于细节,同时认为礼节的运用可以展现出个人的修养;在社交场合,英国人极其强调"绅士风度",不仅表现在对女性的尊重和照顾上,而且体现在仪容整洁、仪表得体、举止有方等方面。

(2)服饰礼仪。在穿戴方面,英国人有以下注意的地方:

第一,英国人的服饰非常注意体现其"绅士""淑女"之风。过去,英国绅士参加社交应酬时,要求身穿燕尾服、头戴高筒礼帽、手持"文明棍"或雨伞;直至今日,英国人在正式场合的穿着仍然十分庄重而保守,男士通常穿三件套的深色西装,女士则要穿深色的套裙或者素雅的连衣裙。

第二,在英国传统民族服装中,苏格兰男子所穿的"基尔特"最为著名。它实际上是一条由腰至膝的花格子短裙,配上很宽的腰带,在裙子前系上一小块椭圆形的垂巾;每逢喜庆聚会时,男人们都要穿上"基尔特"。

第三,英国人在正式场合的着装禁忌有:忌打条纹式领带、忌不系长袖衬衫袖口的扣子或挽袖管、忌在正式场合穿凉鞋、忌以浅色皮鞋配西装外套。

(3)餐饮礼仪。英国人的饮食具有"轻食重饮"的特点。"轻食"是指英国人日常的伙食没有太多的变化,面包、火腿、牛肉、土豆、炸鱼和煮菜是英国人餐桌上的主要菜肴;"重饮"是指英国人在日常生活中非常讲究饮料,其中红茶和威士忌是名气最大的两种饮料。在英国,喝"下午茶"既是午餐与晚餐之间的一顿小吃,也是"以茶会友"的一种社交方式;比较正式的"下午茶"所提供的小吃通常装在上、中、下三层食碟中,正确吃法是自下而上、依次而行。英国所生产的威士忌,曾与法国的干邑白兰地、中国的茅台酒并列为世界三大名酒;英国人除了以威士忌佐餐外,还喜欢将其净饮;酒吧是英国人的重要社交场所,去酒吧饮酒是英国人的饮酒习惯之一。

在使用刀叉时,英国人必须左叉右刀,自左至右开始,切好一块,即以叉送入口中。其饮食的主要禁忌有:忌吃狗肉、海参、鱼翅,忌过咸、过辣或带有黏汁的菜肴,忌用味精调味。

(4)习俗禁忌(见表4-2)。

表4-2　英国人的习俗禁忌

习俗类别	偏好与禁忌
花	偏爱玫瑰、月季、蔷薇
动物	喜欢知更鸟、狗、猫

续表

习俗类别	偏好与禁忌
色彩	喜欢蓝色、红色和白色
数字	忌讳 666、13
日期	忌讳星期五
体态语	食指微扒下眼皮表示被人识破,手敲鼻子表示秘密,耸肩表示疑问或不感兴趣
仪态	忌讳动手拍打别人、跷"二郎腿"、"V"形手势手背向外
民俗	忌讳当众打喷嚏、用同一根火柴连续点三支香烟、把鞋子放在桌子上、屋子里撑伞、从梯子下面走过
礼物	喜欢鲜花、威士忌、巧克力、工艺品以及音乐会入场券,不欢迎贵重的、涉及私生活的以及带有公司标志与广告的礼物
隐私	忌讳打探隐私

5.2.3　日本

(1) 待人接物。日本人在待人接物方面奉行"礼多人不怪"的基本理念,通常具有四个主要特点:

第一,注重行礼,尊重有加。日本人在人际交往中注重行鞠躬礼,一般情况下鞠躬礼的行礼度数、时间长短以及鞠躬次数与对方受尊重程度有关。

第二,礼貌谦和,名片为先。日本人讲究礼节,在初次见面时态度谦和,通常以互换名片结识,表示愿意与对方交往。

第三,表达委婉,重视表情。日本人注重"面子",在公共场合交谈时往往采用委婉、间接的风格,认为在人际交往中保持微笑是做人的一种基本礼貌。

第四,重视整洁,尊称交往。日本人在人际交往中十分重视仪容仪表的整洁。其姓名以四字最为常见,组合为姓在前、名在后;妇女婚前姓父姓,婚后改姓夫姓。称呼对方有三种方式:一是"先生""小姐""夫人",二是姓氏之后加上一个"君"字,尊称为"＊＊君";三是称呼其全名,但仅限于非常正式的场合。

(2) 服饰礼仪。在穿戴方面,日本人有以下注意的地方:

第一,在商务交往、政务活动以及对外交际的场合,日本人通常穿西式服装;在民间交往中,有时会穿自己的国服,即和服。和服是大和民族的一种传统服装,领口大、袖子宽短、腰身宽阔,穿着时脚穿木屐或草屐,配以布袜;妇女穿和服时腰系彩带,腰后加上一个小软托,手中打伞。在过去等级森严的日本,和服的色彩、图案、款式、面料乃至穿着方法,与穿着者的地位、身份息息相关。

第二,日本人认为衣着不整齐意味着没有教养或不尊重交往对象。

第三,到日本人家里做客时,进门要换上拖鞋,经主人许可后方可脱去外衣。

第四,日本人在参加庆典或仪式时,无论天气多么炎热,都要穿套装或套裙。单穿衬衫、短袖衫或是将长袖衬衫袖管卷起来都是失礼的表现。

(3) 餐饮礼仪。在饮食方面,日本菜自成一体,一般称之为和食或日本料理。和食的主要特色可归纳为"五味""五色""五法"。"五味"通常是指不同季节中的口味,讲究春苦、夏酸、秋滋、冬甜,此外还好食涩味;"五色"通常是指不同季节的食物色彩搭配,讲究绿春、朱夏、白秋、玄冬,再就是黄色的广泛运用;"五法"则是指和食的烹饪方法,主要有蒸、烧、煮、炸、生等五种。具体而言,和食以大米为主,多用海鲜、蔬菜,讲究清淡与味鲜,忌讳油腻。日本人爱喝酒,斟酒讲究满杯,最喜饮的酒是日本独有的清酒;日本人普遍爱好饮茶,讲究"和、敬、清、寂"四规茶道。

在用餐时,男性盘腿而坐,女性跪坐而食。其饮食的主要禁忌有:忌肥猪肉和猪的内脏,也有一些人忌皮蛋、羊肉、兔肉和鸭肉。日本人有"忌八筷"之说,即忌舔筷、忌迷筷(筷子在饭菜上晃来晃去)、忌移筷(用筷子连续夹菜)、忌扭筷(把筷子含在口中)、忌插筷、忌掏筷(用筷子在饭菜中扒来扒去)、忌跨筷(把筷子跨在碗盘上)、忌别筷(把筷子当牙签用)。

(4) 习俗禁忌(见表4-3)。

表 4-3   日本人的习俗禁忌

习俗类别	偏好与禁忌
花	偏爱樱花
动物	喜欢猕猴、绿雉、鹤、乌龟
色彩	喜欢白色、黄色
数字	忌讳4,9
体态语	用右手的拇指与食指合成一个圆圈表示"钱",与他人相对时通常看对方的双肩或脖子,忌讳注视对方双眼
民俗	忌讳相互敬烟
礼物	不欢迎数字、圆珠笔、T恤衫、火柴、广告帽等礼物

5.2.4   俄罗斯

(1) 待人接物。俄罗斯人在待人接物方面通常具有四个主要特点:

第一,热情好客,性格豪放。俄罗斯人素来以热情、豪放、勇敢、耿直而著称于世。在交际场合,习惯与初次会面的人行握手礼;对熟悉的人或与对方久别重逢时通常行拥抱礼,有时还会互吻双颊。

第二,言行礼貌,尊重妇女。俄罗斯人与他人相见时通常会主动问候对方"早安""午安""晚安"等;在与女士、长辈、师长、上司或贵宾交流时,会使用俄语"您"表示尊重与客气。讲究"女士优先",在公共场合俄罗斯男士们往往自觉地充当"护花使者";如若不尊重妇女,则会被认为没有教养。

第三,注重地位,以右为尊。俄罗斯人非常看重社会地位,对有职务、学衔、军衔的人最好以其职务、学衔、军衔相称。平时主张"左主凶,右主吉",不允许以左手接触别人或递送物品。

第四,关系不同,称呼有别。俄罗斯人在正式场合普遍采用"先生""小姐""夫人"之类的称呼。其姓名组合为本人名字在前,父亲名字居中,姓氏在后;妇女婚前用父姓,婚后一般改用夫姓,但不改本人名字和父名。按彼此关系,称呼对方有三种方式:一是初次见面或在极为正规的场合,将姓名的三个部分连在一起称呼;二是为表示特别尊重与敬意,可将本人名字与其父名连在一起称呼,如有必要对长者表示特殊的尊敬时则最好直接称呼其父名;三是对较为熟悉者,可只称其姓或直呼其名,特别是对于家人或亲朋好友可以仿用其爱称相称。

(2)服饰礼仪。俄罗斯人传统服装为:男性上穿粗麻布长袖斜襟衬衣,腰系软腰带,下穿瘦腿裤,常搭呢子外套,并且头戴毡帽,脚穿皮靴;女性穿粗麻质地的带有刺绣和垫肩的长袖衬衫,并配以方格裙子;已婚妇女佩戴以白色为主的头巾,未婚女性不戴头巾但常戴帽子。在现代社交场合中,俄罗斯人在穿戴方面有以下几个特点:

第一,俄罗斯人在社交场合多穿西装或套裙,女性也会穿连衣裙,但由于气候的原因,服装大都稍显厚重。

第二,俄罗斯人注重讲究仪表,注重服饰,女性会认真化妆。他们一丝不苟地扣好每一粒纽扣,认为敞开衣服、不扣纽扣,或者将衣服拎在手上、搭在肩上、围在腰上都是不礼貌的行为。

第三,拜访俄罗斯人时,进门应自觉脱下外套、手套和帽子,并且摘下墨镜。在公共场所,自觉将外套、帽子、围巾等衣物存放在专用的衣帽间里。

(3)餐饮礼仪。俄罗斯人的饮食习惯讲究量大实惠、油大味厚,喜欢酸、辣、咸味,偏爱炸、煎、烤、炒的食物;以面食为主,爱吃用黑麦烤制的黑面包;其特色食品还有鱼子酱、红菜汤、酸黄瓜和酸牛奶等。一般情况下,俄罗斯人都爱喝该国特色的烈酒伏特加以及一种叫"格瓦斯"的饮料。

用餐的时候,俄罗斯人通常只用盘子以刀叉取用食物,忌用餐时发出声响、忌用匙饮茶或使其直立于杯中;宜对菜肴加以称道,尽量多吃一些;若将手放在喉部表示已经吃饱。其饮食的主要禁忌有:忌海参、海蜇、墨鱼、黄花、木耳等。

(4)习俗禁忌(见表4-4)。

表4-4　俄罗斯人的习俗禁忌

习俗类别	偏好与禁忌
花	偏爱葵花
动物	喜欢马
色彩	喜欢红色
数字	忌讳666、13
日期	忌讳星期五

续表

学习活动设计

站务人员涉外
接待规范

同步习题
4-5

习俗类别	偏好与禁忌
仪态	忌讳公共场合蹲在地上、卷起裤腿、撩起裙子
风俗	认为盐具有驱邪避灾的力量,在迎接贵宾时,通常献上"面包和盐",是一种极高的礼遇

【同步习题】

1. 单项选择题(每题 5 分,共 25 分)

(1) 以下哪项不符合城市轨道交通涉外接待礼仪原则(　　)。

A. 牢记"入乡随俗"　B. 言谈尊重隐私　　C. 位次以左为尊　　D. 社交女士优先

(2)"入乡随俗"意味着我们应(　　)。

A. 主随客便　　　　　　　　　　　B. 入境问俗

C. 客随主意　　　　　　　　　　　D. 忘却自己生活地域的习俗

(3) 美国人认为最不吉利的数字和日期是(　　)。

A. 18 和星期一　　　B. 19 和星期二　　　C. 13 和星期五　　　D. 16 和星期六

(4) 在社交场合,(　　)极其强调"绅士风度"。

A. 美国人　　　　　B. 英国人　　　　　C. 日本人　　　　　D. 俄罗斯人

(5) 日本人在人际交往中注重行(　　)。

A. 点头礼　　　　　B. 合十礼　　　　　C. 拥抱礼　　　　　D. 鞠躬礼

2. 多项选择题(每题 10 分,共 50 分)

(1) 城市轨道交通涉外接待原则要求把握文化差异,指的是东西方文化之间的(　　)。

A. 家族为本与个人为本差异　　　　B. 注重人情与讲究务实差异

C. 重视身份与追求平等差异　　　　D. 谦卑含蓄与情感外露差异

(2)"入乡随俗"意味着我们应(　　)。

A. 入境问俗　　　B. 客随主便　　　C. 主随客意　　　D. 求同存异

(3) 对客热情有度,主要是指(　　)。

A. 要做到"关心有度"　　　　　　　B. 要做到"批评有度"

C. 要做到"距离有度"　　　　　　　D. 要做到"举止有度"

(4) 以下国家的餐饮礼仪中,通常以刀叉取用食物的有(　　)。

A. 美国　　　　　B. 英国　　　　　C. 日本　　　　　D. 俄罗斯

(5) 以下属于日本人正确称呼对方的方式有(　　)。

A. 为表示特别尊重与敬意,可将本人名字与其父名连在一起称呼

B. 姓氏之后加上一个"君"字,尊称为"＊＊君"

C. "先生""小姐""夫人"

D. 称呼其全名,但仅限于非常正式的场合

3. 判断题(每题 5 分,共 25 分)

(1) 在涉外接待中,一般奉行位次以左为尊。(　　　)

(2) 在涉外接待中,介绍不必过谦,行为不宜先为,言谈应尊重隐私。(　　　)

(3) 在涉外接待中,应维护国家形象,坚持不卑不亢,把握文化差异。(　　　)

(4) 女士穿黑色皮裙,能显示女性独特的性感魅力,因此,不论哪个国家,女士穿黑色皮裙都是一种时尚的标志。(　　　)

(5) 在英国,比较正式的"下午茶"所提供的小吃通常装在上、中、下三层食碟中,正确吃法是自上而下、依次而行。(　　　)

知识拓展

空 间 语 言

空间语言是行为语言的一个重要组成部分,它借助双方的空间距离及其变化,来表达交往的情感、意图和关系程度。在一个活动空间里,交往的双方总要占据一定的空间,相互保持一定的距离,这个距离虽然没有声音,却能像语言一样传达某种含义。

事实上,人们都有一种控制自己私人空间的距离感,这是一种生来就有的本能感觉和需要。当对方进入我们自认为属于自己的空间后,就会刺激我们的心理,判断其"进入"的含义:是表示友好还是挑衅,是无意识的"越界"还是有意识的信号等。只不过人们很少自觉地从理论角度来认识这一现象,往往表现为下意识、习惯地应用这一空间语言。

美国人类学家爱德华·霍尔博士在《无声的语言》一书中将个体空间划分为四种类型:亲密距离、个人距离、社交距离和公共距离。

1. 亲密距离(intimate distance)

亲密距离是交谈双方关系最密切的身体距离,间隔在 0~45 厘米,例如夫妻或情侣之间、父母与子女之间,或者是非常要好的朋友之间。这种空间距离代表热烈、亲密,只有最亲近的人才可以进入这个空间。如果不熟悉的人进入这一空间,往往会引起个人内心强烈的反感。

2. 个人距离(personal distance)

个人距离是比亲密距离稍微远一点的距离,其间隔在 45~120 厘米。在这一空间距离内,伸手可以握到对方的手,但不容易接触到对方身体,可以显示出双方的亲切友好关系。个人距离通常是朋友、熟人或亲戚之间进行非正式的个人交谈时最常保持的距离;在社交场合,有些人为了向对方表示亲近感也采用此距离。

3. 社交距离(social distance)

社交距离的范围比较灵活,间隔在 120~360 厘米,与没有过多交往的人打招呼可采用此距离。社交距离对双方没有过多的约束力,一般用于处理非个人事务的场合中。如果双方有吸引力,也可拉近距离,灵活掌握。

微课
站务员工接
待礼仪规范
场景化展示

4. 公共距离(public distance)

公共距离间隔超过 360 厘米,是约束感最弱的距离。一般适用于演讲者与听众、彼此较为生硬的交谈及非正式的场合。

从这四种类型可以看出,应该学会正确运用空间语言,根据不同的关系保持合适的距离才能在交往中获得对方的好感与尊敬,同时也是体现个人礼仪修养的一个重要途径。

规范、规程与标准

××地铁公司站务员工接待礼仪规范

1. 车控室(办公室)有非本车站(办公室)人员进入时,车控室值班人员必须起立并礼貌询问来人进入事由。

2. 有上级领导到岗位检查工作时,当班员工必须起立迎接领导(正在对乘客服务时除外),主动、礼貌向领导打招呼(如不清楚领导姓名、职务,则要点头微笑),若正在工作中有领导来时,要以点头微笑代以问候,不能假装没看见或避开。

3. 遇领导(宾客)来访,接待要周到,车站站长负责领导接待过程的陪同与协调(如站长不在则由当班值班站长负责);对领导交代的工作要认真听、记;领导了解情况,要如实回答;如领导是来慰问,要表示诚挚的谢意。

4. 公司领导在与员工讲话时,员工须起立回答。

5. 对领导的指示做好记录,尽快布置落实完毕,并向上一级负责人汇报领导的检查情况和指示内容。

6. 与领导(宾客)并排行走时,陪同人员要居于领导(宾客)左侧;如需在前方引导时,要居于领导(宾客)左前方约一米左右的位置。

7. 与领导(宾客)同行时,行走的速度要考虑到和对方相协调,不可走太快或太慢;每当经过拐角、楼梯或道路坎坷、照明欠佳的地方,都要提醒对方留意。

8. 与领导(宾客)同行至门前时,必须主动开门让他们先行,并说"请"字,不能自己抢先而行。

9. 与领导(宾客)上下电梯时要主动开门,自己要先上后下,并按控制键,告知前往楼层。

10. 上楼时领导(宾客)在前,下楼时领导(宾客)在后。

11. 领导(宾客)离开时,必须起立道别,车站站长与当班值班站长将领导(宾客)送到电梯口或出入口,重要的客人必须送到出入口或汽车旁,并握手告别。

复习思考题与实践训练

1. 简述介绍他人的顺序。

2. 行握手礼时应掌握哪些要素?

3. 鞠躬礼的行礼深度和适用场合分别有哪些?

4. 简述站务员处理不满意电话的技巧。

5. 庆典接待中交通工具与座次如何安排?

6. 城市轨道交通涉外接待礼仪要遵循的原则有哪些?

7. 实践训练

(1) 情景模拟背景

情景一:R 运营分公司办公室科员 A 上班后接到任务是接待 Y 运营公司的调研团队,带队的是 Y 公司客运部干部 B,A 选定时间给 B 打电话,B 不在,电话由 B 的同事 C 接听,A 询问 C 后得知 B 外出了,需要留言给 B,留言内容涉及:

① 跟 B 确认明天(第二天)上午 10 点在龙海酒店第一会议厅见面,就 R、Y 公司调研行程进行商谈确认;

② 请 B 确认好时间给 A 回个电话。

情景二:第二天上午 10 点,A 在龙海酒店第一会议厅接待了 B。

主要人物介绍:A 是 R 公司办公室科员,35 岁,男士

B 是 Y 公司客运部干部,50 岁,男士

C 是 Y 公司客运部科员,30 岁,女士

(2) 情景模拟要求

① 分组进行情景模拟,每组 3 人,分别饰演 A、B、C;

② 各小组根据情景背景准备台词,要按照电话礼仪、介绍礼仪以及行礼规范进行体态语、情态语以及语言等的表演;

③ 小组演出结束后,可选派一名组员进行解说。

扬工匠精神　讲轨道故事

全国青年文明号——成都地铁天府广场中心站

自 2010 年成都地铁 1 号线开通至今,天府广场站在客运组织、文明乘客、对外展示、客运服务等方面开创先河,这个"爱吃螃蟹"的站点也成为成都地铁线网中一个标杆。

第一座成都地铁"五心"车站。天府广场地铁站从建成迎客的第一天起,就被当作成都地铁各站中的一个标杆。全方位打造高水平地铁站点一直是该站的定位,也正因为如此,成都地铁首座"五心"车站试点被设在这里,而要实现"五心":细心、热心、关心、爱心、责任心,则需要脚踏实地的行动。勇于制度创新,首创"首问责任制",打破各个服务岗壁垒,第一个被乘客找到的站务员必须回应乘客需求,不得推脱首问责任;不了解的可以咨询值班站长、站长,但乘客询问必须第一时间予以回应;积极拓宽思路,首开"文明乘车日"系列活动,加强乘客与车站的互动交流,如今已成为成都地铁一大传统活动。细化客运服务,天府广场站首创成都地铁高考日"绿色通道"等一系列个性化便民服务;创新性地开展站点建设,更为成都地铁完善提升服务水平探索新路子、试

点新方式、开创新方法。

第一间客运组织创新工作室。作为成都地铁首座换乘站点，天府广场站还运用其丰富的客运组织经验，推动了成都地铁运营客运组织规范化、科学化的发展。就在天府广场站站厅内一个不起眼的角落，卷帘门背后是一间宽敞的办公室，这里就是成都地铁唯一一间客运组织创新工作室。厚厚的透明塑料板材搭出三层车站框架，由泡沫黏合而成的模型——"小扶梯""小闸机""小票亭"在其上摆放得错落有致。新线新站设计建造时，设计图会先送到这里，运营筹备人员聚到这里，按图拼装出未来车站模型，再推演各种客流组织方式，发现设计问题，提出整改意见，为以后车站运营打下基础。工作室自 2015 年起开设至今，其拼装模型、预演客流、制定方案的工作方式，已在地铁 3、4 号线建设中得到应用，效果良好。

第一本换乘车站运作流程规范。天府广场站丰富的换乘客流组织经验被充分利用，天府广场站总结经验，形成理论，牵头制定了成都地铁首本"换乘车站运作流程规范"。这部规范中凝结了天府广场站和骡马市两座换乘站点的实践精华，从站点建设、筹备准备到运营实际、应急处理等方面分板块编写，全本 40 余页，内容事无巨细：大到换乘站站厅分区、车站改造，小到每个新增岗位的人员配置、换乘区域的铁马安放，都有详细的教程和操作流程。例如现在一些换乘步梯口，高峰时会放两个铁马形成漏斗状的入口，以控制客流，这是天府广场站的首创方法。

第一个名声在外的人才摇篮。天府广场站独特的工作环境，工作强度和难度都高于普通车站，目前天府广场站的站务员工中有一半都是新员工，他们工作经验一般都不足一年。但在这里他们能见到、遇到各种各样的情况，有些现象可以说只有天府广场站能够发生。站长王璟随手举了个例子："就拿夏天早高峰乘客突发晕倒来说，普通地铁站点一天一般一起，最多两起，但在天府广场站由于客流量巨大，夏天时我们一个早高峰就能晕个四五起，这就是天府广场地铁站的日常，我们的日常！"

模块5
城市轨道交通服务沟通礼仪

知识结构图

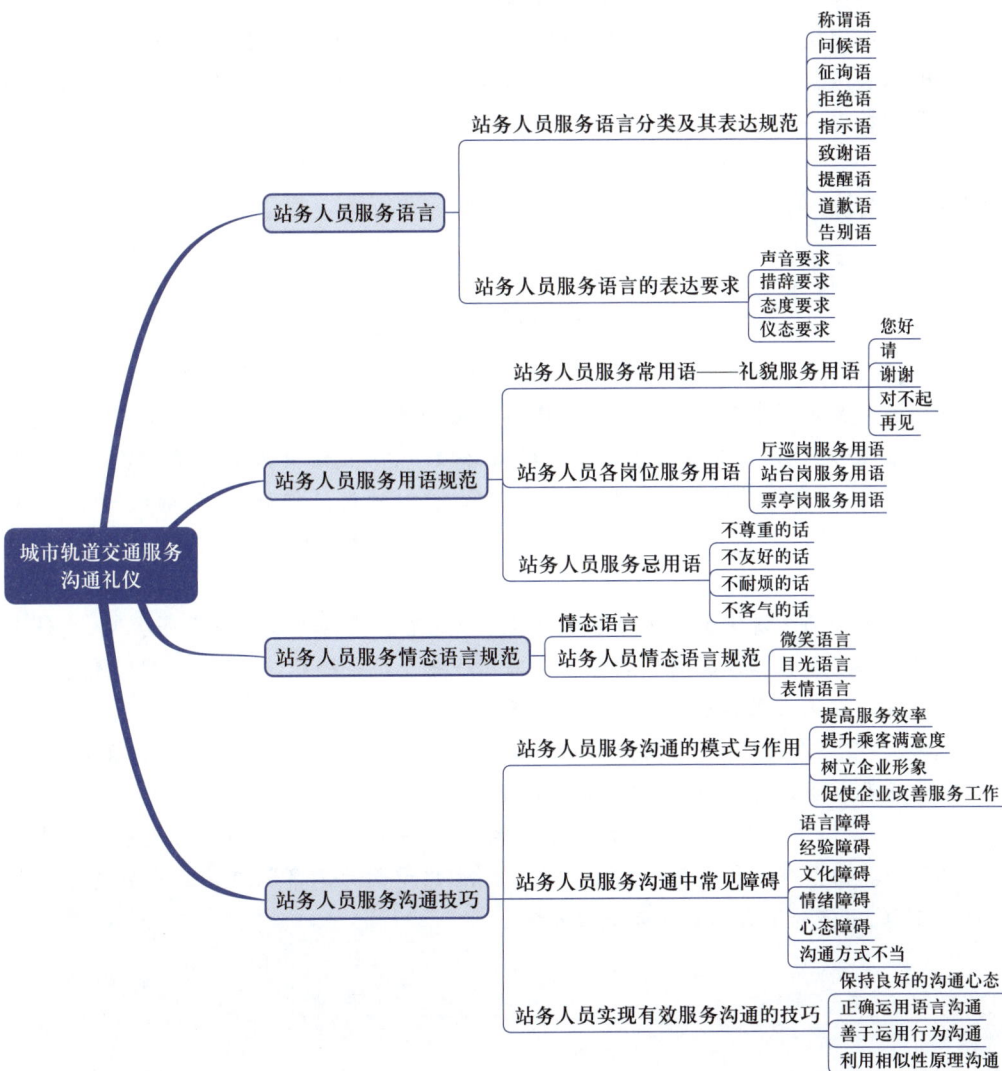

模块概述

本模块由四个学习任务构成。在介绍站务人员与乘客沟通的基本服务语言规范的基础上,将其应用到站务人员各岗位的专业服务用语表达上;要求在服务中正确使用沟通中的情态语言充分掌握沟通原理,注重运用沟通技巧提高服务工作质量和乘客满意度。具体可以达到以下学习目标:

(1)能力目标:能够在城市轨道交通日常服务工作中遵守语言礼仪,规范表达服务用语,善于运用有效的服务沟通技巧解决乘客的问题。

(2)知识目标:了解服务语言的表达规范和表达要求,熟悉站务服务沟通的模式与作用、站务人员服务的常用语和忌用语,掌握站务各岗位服务基本用语。

(3)素质目标:养成礼貌表达的语言习惯,正确运用举止、目光、表情等体态语言向乘客表达友好尊敬的信息,体验文明优雅的职业素养。

通过本模块的学习,学习者将学会如何主动将文明服务用语应用在工作中,领会沟通的深层次含义,配合恰当的情态语言,充分展示城市轨道交通服务人员语言沟通的技巧和魅力。

导入案例

沟通赢得信任

18:50,某城市地铁的某站正值客流高峰期,A端票务人员正在票亭处理业务,这时有位女乘客走到票亭前对他说:"我刚刚拿硬币去买票时发现你少找了10元,我给你是一张20元。"因当时在票亭前排队的乘客较多,而且该乘客兑换硬币后已离开票亭一段时间,票务人员对是否少找钱没有印象,便对她说:"您好,请您确认一下,我真少找您10元吗?"女乘客听后,非常生气地说:"你怎么可以这样呢!我要投诉你"!票务人员说:"对不起,给您带来不便请您多原谅!现在人很多,等今晚我结账后,如果多了再还给您好吗?请您留下您的电话号码。"女乘客与她的朋友商量了一会儿,走过来说:"那你得留个证据给我啊!"票务人员写了一张小纸条给她(纸条上说明了刚才所发生的事情),这名女乘客也留下了联系电话。

晚上,票务人员结账时,确实长款10元。第二天一大早,票务人员联系女乘客,向其道歉后表示要亲自送还,女乘客欣然接受。

案例简析:票务人员没有严格执行唱票程序,导致少找乘客10元,是事件发生的主要原因。但票务人员运用了礼貌用语,才会"化干戈为玉帛",在沟通中赢得了乘客的信任,成功弥补了自己在服务中的失误。

知识讲解

沟通是人类最基本、最重要的活动方式和交往过程,城市轨道交通站务人员的沟通服务是优质服务具体化的表现形式之一。服务语言需要从表达规范和要求两方面实现"内容美"和"形式美"的语言礼仪。站务人员在对乘客服务中不但要做到服务规范,更重要的是从语言、眼神、行动等方面体现职业素养和个人素质,设身处地地换位思考,为乘客的心理感受着想,以主人翁的态度真正地为乘客创造和谐的乘车环境。

学习任务 1　站务人员服务语言

语言是人类用以表达思想、交流情感、沟通信息的特有工具。服务语言礼仪是指人们运用服务语言时应该遵守的规范和要求。具体而言,服务语言礼仪体现于两个方面:一方面,它对"说什么"有所规范,即所谓"内容美";另一方面,它对"怎样说"也有所要求,即所谓"形式美"。

微课
视频 5-1-1
站务人员服务语言分类及其表达规范(上)

1.1　站务人员服务语言分类及其表达规范

1.1.1　称谓语

从事城市轨道交通服务工作,首先要学会得体的称谓语,常用的有:女士、先生、夫人、太太、大姐、阿姨、师傅、老师等。其使用规范如下:

(1)可使用通用称谓语。在一般服务场合比较通用的称呼是"先生""女士"。这样的称呼听上去既有礼貌又能够被大多数人所接受。

(2)称谓语应有亲切感。使用称谓语应符合对方的心理需求,让对方听来感觉亲切。比如对于有些老年人,称呼他们"老人家"可能就比"先生"亲切,"先生"对于很多老年人来说感觉比较有距离感。

微课
视频 5-1-1
站务人员服务语言分类及其表达规范(下)

(3)称谓语应有针对性。每个人都喜欢有专属感的服务,一个简单的称谓语同样能达到这样的效果。如果已经确知了对方的姓氏、职称和职务,并以此相称呼,更让对方感觉有针对性。

1.1.2　问候语

一声热情亲切的问候往往是一次优质服务的开始。常见的问候语包括:您好、早上好、中午好、晚上好、节日快乐、新年好、欢迎光临等。其使用规范如下:

(1)问候语应有时空感。问候语不能都是"您好!"一句话,应该让乘客有一个时空感,不然乘客听起来就会感到单调、乏味。例如,春节时如果向乘客说一声"春节好",就强化了节日的气氛。

(2)问候语应把握时机。问候语应该把握时机,一般在乘客离你 1.5 米的时候进行问候最为合适。对于距离远的乘客,只宜微笑点头示意,不宜打招呼。

（3）问候语应配合肢体语言。对乘客进行问候时要根据实际情形选择点头致意或是鞠躬致意两种方式进行问候，要有热情的目光和亲切的微笑，呈现一致性的问候（见图 5-1）。比如：如果站务人员在行礼的同时，面带微笑地对乘客说："欢迎您乘坐地铁！"就会让乘客有好的服务体验。

1.1.3　征询语

征询语就是征求意见的询问语。征询是为了体现对乘客的尊重，尊重乘客的想法，不能省略。例如，在服务过程中需要询问乘客的意见"请问我能帮助您做点什么吗？""您看这样可不可以？"等。其使用规范如下：

（1）学会阅读乘客的形体语言。关注乘客的表现，才能找到服务的机会。例如，当乘客东张西望的时候，或向站务人员招手的时候，都是在用自己的形体语言表示他有想法或者要求了。这时站务人员应该立即走过去说："请问我能帮助您做点什么吗？""您有什么吩咐吗？"

图 5-1　问候乘客

（2）用协商的口吻。经常将"这样可不可以？""您还满意吗？"之类的征询语加在句末，显得更加谦恭，服务工作也更容易得到乘客的支持。

（3）让征询语成为服务的一个基本步骤。站务人员应该把征询当作服务的一个程序，先征询意见，得到乘客同意后再行动。不能依据常规思维忽略征询语，自作主张地为乘客直接服务，带来很多不必要的麻烦和误会。

1.1.4　拒绝语

拒绝对于站务人员而言是比较困难的一件事情，但在服务工作中有时也需要拒绝乘客不合理的要求，因此，拒绝也是一门艺术。拒绝时必须语言得体，态度友好，才能得到乘客的理解和支持。其使用规范如下：

（1）语言尽量规范而不随意。如果站务人员语言随意，一上来就粗暴否定，用"不知道""做不到""不归我管""问别人去"等措词，乘客有可能认为是自己提出的合理要求无故被拒绝。从而使其造成"服务态度差"的不良印象，会再次用更强烈的语言提出来，容易造成冲突。

（2）先理解再否定。站务人员在拒绝乘客的诉求时，应该首先道歉，其次表示对乘客想法的理解，再根据规定作出必要解释，然后再表达拒绝和否定。例如："对不起，给您带来的不便我们非常抱歉！您提出的要求我可以理解，但是公司有规定……，因此不能满足您的要求，希望您能理解和支持！"

（3）拒绝的同时尽量体现关怀。要照顾乘客的情绪和颜面，注意用委婉的语言准确地表达拒绝的意思，同时多一些关怀与弹性，也可以提出一些合理的替代建议。例如:"虽然不能满足您的要求,但是据我所知,你还可以通过……途径解决您的问题。"

1.1.5　指示语

在服务过程中,指示语在对乘客提供帮助时使用较多,例如:"请一直往前走""请您稍等"等。其使用规范如下:

(1)使用礼貌用语。在指示语的前面加上礼貌用语,例如"往前走"与"请向前走"给乘客的心理感受会完全不同,尽管他们都是提醒乘客向前走,但在乘客听来一个是命令,一个是提供服务。

(2)语言要亲切。语言最能体现一个人的态度,乘客可以从语言的速度、音量、语调中感觉到站务人员的服务素养,因此在使用指示用语时要让乘客感觉到亲切的态度。

(3)手势要配合。有些站务人员在为乘客做方向指引时,仅用简单的语言指示,甚至挥挥手、努努嘴,这是很不礼貌的。正确的做法是,运用准确规范的指示语,辅以指示手势为乘客明确指引方向;在可能的情况下,应主动地陪同引导乘客。

1.1.6　致谢语

致谢语一般为"谢谢""感谢您的帮助"等。致谢至少有六种情况:一是获得他人帮助时;二是得到他人支持时;三是赢得他人理解时;四是感到他人善意时;五是婉言谢绝他人时;六是受到他人赞美时。致谢语在服务场合的使用规范如下:

(1)受到乘客表扬时。当乘客表扬某个站务人员热情友好时,站务人员不能一笑了之,更不能无动于衷,而应该落落大方地表示感谢;当乘客赞扬企业时,站务人员也不要直接"哪里哪里,我们做得还不够",过分地谦虚会让对方感到很虚伪。正确的致谢语应该是:"谢谢您的认可,我们还需要更加努力,也请您以后可以多多关注我们,多为我们提些建议,谢谢您!"

(2)受到乘客感谢时。当乘客表示感谢时,反过来,站务人员要首先感谢对方给予了服务的机会。正确的致谢语是:"谢谢您给我们服务的机会,这是我们应该做的,谢谢您的夸奖。"

(3)受到乘客批评时。当有些乘客提出批评时,不要只顾解释,而是应该先感谢:"谢谢您的建议,谢谢您的提醒,我们会及时向上级反映。"需要强调的是,如果乘客误会了,也要在感谢之后再作出必要的解释,措词应主要针对对方关注我们的这种态度,而不是针对具体意见本身。

1.1.7　提醒语

提醒语体现着对乘客的关切之情,其使用规范是:使用及时恰当,让乘客感受到温暖与体贴。例如,乘客在地铁车站站台等车时,站务人员会提醒乘客说"为了您的安全,请站在安全区域排队候车,请勿倚靠屏蔽门,谢谢合作。"这样的服务可以让乘客很快了解安全候车的注意事项。

1.1.8 道歉语

当在服务过程中出现纰漏或需要引起乘客注意时,道歉语是必不可少的,及时道歉也是很容易获得乘客谅解的。常用的道歉用语主要有:"抱歉""对不起""请原谅"等。道歉语的使用规范如下:

(1)态度诚恳,语气委婉。道歉语是服务语言的重要组成部分,掌握好态度和语气,几句道歉和解释就会将乘客的不满和误会消除,不仅会使乘客感觉受到了尊重,还可以促进与乘客的关系,自然会留下良好的印象。

例如,当听不清楚乘客的吩咐或要求时,往往会说:"对不起,刚才我没听清楚,请您再说一遍。"表面看来,这句话礼貌周到,没有什么不对,但总有麻烦对方之嫌。理应随时恭候和听清乘客的吩咐,由于语言的差异或环境嘈杂而听不清楚,也不宜直接要求乘客再说一遍,而应是委婉地表达。

(2)注重措词技巧。引起乘客注意为目的时使用道歉语,应掌握好措词技巧。比较两种说法:"对不起,地铁站内不许吸烟,谢谢合作!"和"对不起,为了您和他人的健康,请勿在地铁站内吸烟,谢谢您的合作!"。第一种说法虽然礼貌地与乘客沟通,但命令的语气对一些不太好说话的乘客,可能起不到太好的效果;第二种说法会让乘客感觉到站务人员站在公众角度,设身处地考虑问题,是正当的要求,自然会配合站务人员的工作。

1.1.9 告别语

好的服务感受并不特指某一时段、某一时刻,而是自始至终有稳定的服务品质,就如乘客刚刚到来时站务人员要热情问候,乘客离开时也要以同样的热情道别。例如:"再见,希望有机会再次为您服务""请慢走,小心台阶,一路平安""欢迎您再次乘坐地铁,请您走好"。其使用规范是:

(1)语言真诚。不能将与乘客道别的语言和仪式,搞成缺乏情感的公式一遍遍重复,毫无情感可言,乘客也就不会回应。向不同的乘客道别时用针对性的、充满关怀感的真诚语言才会打动乘客,留下美好的回忆。

(2)配合得体的姿态和表情。告别语配合点头致意或鞠躬致意更让乘客感觉自己受到重视。

1.2 站务人员服务语言的表达要求

微课
视频 5-1-2
站务人员服务语言的表达要求

运用语言时,站务人员不能忽略其"内容美"。因为与乘客在不同情境下的交流内容要有规范,才可以凸显整个运营企业的管理水平;但与此同时,对语言的"形式美"也应高度关注,因为形式表现内容,完全忽略了形式,语言的"内容美"便无从谈起。因此,站务人员在语言表达时的声音、措词、态度、仪态显得非常重要(见图5-2)。

1.2.1 声音要求

(1)音量适中。城市轨道交通车站是公共场所,站务人员在说话时,应注意音量适中,以乘客听清楚为准。切忌大声喊叫,影响其他乘客;也要避免音量过小,使听者感到沉闷不堪,或者听来费力。

(2)速度平缓。语速是指讲话时语音的快慢。站务人员与乘客交谈时,语速要适中,并且在谈话中作必要的停顿。适中的语速能创造一种和谐的气氛和语言环境,不恰当的语速会破坏乘客的情绪。例如,连珠炮式地说话会使人感到紧张厌烦;而慢条斯理、语速过缓又会令人感到焦虑。

(3)语调柔和。语调是一个人说话时的具体腔调,体现在语音的高低、轻重上。语调应婉转动听、抑扬顿挫、富有情感,因为明快亲切的语调能使乘客感到站务人员大方的气质和友好的感情;而声音尖锐刺耳会使人急躁、不耐烦;语调有气无力会给人一种造作、怠慢的感觉。

图5-2　正确使用服务语言

(4)语音标准。接待乘客时,语音要标准,嗓音要动听,避免念错字,闹出笑话,影响城市轨道交通服务形象。在我国,普通话是法定的汉语标准语,站务人员应学会正确使用普通话,这也是提供优质服务的基础。

1.2.2　措词要求

(1)文明礼貌。站务人员与乘客交谈时要注意使用礼貌用语,如"请""谢谢""对不起""打扰了"等;勤用尊称敬语,语言要亲切文明,使乘客感到愉快。要注意分寸,应有意识回避粗俗不雅的用语。具体来讲,应注意做好以下方面:

① 不讲粗话。不讲骂人的、带有恶意的话语。在任何情况下,即使乘客无礼在先,都不可与对方对骂,用粗话回击对方更是不妥的行为。

② 不讲脏话。站务人员的谈吐应高雅得体,切忌讲一些庸俗、低级、下流的话语,以免有损形象,引起乘客不快,甚至产生误会。

③ 不讲怪话。站务人员在工作中应尊重乘客,讲究职业道德,不能将个人的委屈、不满,向乘客发泄,讲话满腹牢骚,乱讲怪话,或者指桑骂槐,这些都是违背对乘客服务宗旨的行为。

(2)用词恰当。汉语言词汇十分丰富,在表达同一意思时,可以有不同的说法,产生不同的效果。例如用"几位"代替"几个人",用"洗手间"代替"厕所",用"贵姓"代替"你叫什么"等,都属于礼貌的选择。显然前者听起来文雅,展现出说话者良好的修养;后者听起来粗俗,容易引起听者的误会。站务人员在工作中与乘客交谈时,服务用词用语要力求谦虚、敬人、高雅、脱俗,尽量采用文雅规范的词语。例如:

初次见面说"久仰",看望别人用"拜访";

请人勿送用"留步",请人指导说"请教";

请人指点用"赐教",赞人见解用"高见";

归还原物说"奉还",欢迎购买称"光顾";

老人年龄称"高寿",乘客到来用"光临";

中途先走用"失陪",等候乘客用"恭候";

求人原谅说"包涵",麻烦别人说"打扰";

好久不见说"久违",托人办事用"拜托";

赠送礼品用"笑纳",表示感谢用"多谢"。

（3）简明通俗。与乘客交谈时用词要简明扼要,不罗嗦,尽量避免"可能""差不多"等含糊不清、模棱两可的词汇;尽量少用专业性术语,避免公式化语言或书面语言,说出来的话通俗易懂,不要让乘客觉得"不知所云"。

1.2.3　态度要求

（1）态度诚恳。站务人员运用服务语言时,应当做到态度温和、诚恳,不要态度傲慢、一副高高在上的样子。站务人员在工作中,一方面要满足乘客出行上的需求;另一方面,要通过言行、态度,与乘客进行感情上的交流沟通,做到"言以传情,情以动人"。

（2）语气温和。语气是指说话时的口气,往往会真实地流露出说话者的态度。站务人员的语气应表现出热情、和蔼、耐心、亲切,避免语气急躁、生硬、轻慢和不耐烦。例如,"快点,我还要做别的""别乱动,小心打烂""怎么能让小孩子乱跑呢""那上面不是写着吗"等,都属不正确的语言和语气。

1.2.4　仪态要求

（1）举止端庄。站务人员与乘客沟通时,行为举止应恰当、端庄。应保持站立姿势,面带亲切的微笑,用友好的目光关注对方,表现出自己思想集中和表情专注。谈话过程中,可以通过点头和简短的提问及应和语,表示对乘客谈话的注重和兴趣,但注意不要随意打断对方的话,也不要任意插话辩解,向乘客表达一种友好尊敬的信息。

（2）目光坦诚。与乘客交谈时,视线接触对方脸部的时间应占全部谈话时间的 $30\% \sim 60\%$。目光坦诚、亲切、和蔼、有神;不将目光长时间集中在对方的脸上或身体的某一个部位上,目光注视对方脸部以双眼连线为上限,以唇心为底点所形成的倒三角区域。

（3）表情亲切。站务人员的表情是很重要的。"伸手不打笑脸人",从站务人员的表情中,乘客可以得到是否友好的信息。因此,站务人员与乘客交谈时要面带微笑,和颜悦色,给乘客以亲切感;要聚精会神,注意倾听,给乘客以受尊重感;要坦诚自信,不卑不亢,给乘客以真诚感;要沉着稳重,给乘客以安全感。

综上所述,在城市轨道交通服务中,站务人员要圆满地完成服务任务,就应该在语言表达上礼让乘客,用巧妙得体的语言解决乘客的问题,体现对乘客的尊重之情。

学习活动设计

站务人员服务语言

同步习题

5-1

【同　步　习　题】

1. 单项选择题(每题 5 分,共 25 分)

（1）问候语应该把握时机,一般在乘客离你(　　　)米的时候进行问候最为合适。

A. 0.5　　　　　　　　B. 1　　　　　　　　C. 1.5　　　　　　　　D. 2

（2）"请问我能帮助您做点什么吗?"是（　　）。

A. 称谓语　　　　　　B. 征询语　　　　　　C. 问候语　　　　　　D. 拒绝语

（3）请人指点用"（　　）"。

A. 高见　　　　　　　B. 请教　　　　　　　C. 打扰　　　　　　　D. 赐教

（4）站务人员在与乘客说话时,需要注意（　　）。

A. 语调激昂　　　　　B. 音量要小　　　　　C. 音量适中　　　　　D. 大喊大叫

（5）当有些乘客提出批评时,应该先（　　）。

A. 感谢　　　　　　　B. 解释　　　　　　　C. 找上级　　　　　　D. 置之不理

2. 多项选择题(每题 10 分,共 50 分)

（1）致谢语适用的服务场合有（　　）。

A. 得到乘客支持时　　　　　　　　B. 赢得乘客理解时

C. 感到乘客善意时　　　　　　　　D. 婉言谢绝乘客时

（2）以下属于站务人员服务语言表达的声音要求有（　　）。

A. 速度要快　　　　　B. 音量适中　　　　　C. 语调柔和　　　　　D. 语音标准

（3）以下属于站务人员服务语言表达的措词要求有（　　）。

A. 不讲粗话　　　　　　　　　　　B. 不讲脏话

C. 不讲怪话　　　　　　　　　　　D. 多使用专业术语

（4）以下说法错误的是（　　）。

A. 老人年龄称"几岁"　　　　　　　B. 乘客到来用"恭请"

C. 中途先走用"失陪"　　　　　　　D. 等候乘客用"恭候"

（5）以下属于站务人员服务语言表达的仪态要求的有（　　）。

A. 举止端庄　　　　　B. 行动随意　　　　　C. 目光坦诚　　　　　D. 表情亲切

3. 判断题(每题 5 分,共 25 分)

（1）站务人员与乘客交谈时要面带微笑,和颜悦色,给乘客以亲切感。（　　）

（2）"为了您的安全,请站在安全区域排队候车,请勿倚靠屏蔽门,谢谢合作!"属于致谢语语。（　　）

（3）"对不起,为了您和他人的健康,请勿在地铁站内吸烟,谢谢您的合作!"属于道歉语。（　　）

（4）只要让乘客明白意图,与乘客的语言沟通完全可以忽略措词上的形式美。（　　）

（5）问候语就是"您好"。（　　）

学习任务 2　站务人员服务用语规范

微课

视频 5-2-1
站务人员服
务的常用语

2.1　站务人员服务常用语——礼貌服务用语

礼貌服务用语伴随着站务人员主动、热情、耐心、周到的服务,会使乘客感到礼遇和受尊敬,同时也能显示站务人员良好的素质,反映出城市轨道交通优质的服务水平。

在日常的服务工作中,应大力提倡站务人员多使用"十字"礼貌用语,即"您好""请""谢谢""对不起""再见"。

2.1.1　您好

"您好"是向乘客表示敬意的问候语和招呼语。在城市轨道交通服务中,下列情况都应该跟乘客主动地说一声"您好":

① 当乘客 光临时。

② 为乘客 提供服务时。

③ 面对面遇到乘客 打招呼时。

④ 接听服务电话时。

站务人员在说"您好"的同时应伴以微笑和点头,使乘客感到自然亲切;注意不要颠倒说的顺序,即说"您好"后再说其他服务用语,例如:"您好,先生,请问有什么需要帮助的吗?";根据不同的时间说"早上好""下午好"或"晚上好",同样可以表达"您好"之意。

2.1.2　请

"请"是一种礼貌,更是一种姿态。当站务人员对乘客说"请"时,就意味着将"尊重"给了乘客,将谦恭的姿态表现了出来,被"请"的乘客将会非常乐意为"请"字后面的行为努力,因为他体会到了"尊重"。在城市轨道交通服务中,经常使用"请"这个美好的词语来表达对乘客行为的希望和要求。

(1) 希望乘客按规范乘车(见图 5-3),例如:"各位乘客,为了您和他人的安全,请站在黄色安全线内排队候车!"

(2) 表示对乘客关切,例如:"路面较滑,请小心!"

(3) 安抚乘客,例如:"请您放心,我们一定及时通知您!"

(4) 希望得到乘客谅解,例如:"请原谅!"

"请"可以单独使用,也可与其他词搭配使用,并伴以恰当的手势。如请乘客进站,可边做手势边说"请刷卡进站",也可以在对方明白自己的手势含义时,只说一个"请"字。

图 5-3　请乘客按规范乘车

2.1.3　谢谢

"谢谢"是礼貌地对乘客表示感激的用语。该用语有三个功能:一是表达站务人员自己的情感;二是强化乘客的好感;三是调节双方距离。致谢应发自内心,决不可流露出丝毫的敷衍,也不要介意乘客对我们说过"谢谢"后毫无反应,实际上,乘客内心已感受到服务员致谢的诚意。必要时,要解释致谢的原因,不然会令对方感到茫然和不解。

在城市轨道交通服务中,下列情况都应该跟乘客自然地说一声"谢谢":

① 乘客配合服务工作时:谢谢您的配合!

② 乘客提出意见后:感谢您的宝贵意见!

③ 乘客对服务工作表示赞扬和满意时:谢谢您的称赞!

注意重音应在第一个字上,吐字清晰,轻快动听。

2.1.4　对不起

"对不起"是道歉时的礼貌用语。通常用在站务人员有过失行为时;在坚持规章制度又需礼貌待客时;需引起他人注意时;未能满足乘客需求时。

许多站务人员,在对乘客说"对不起"时心存顾虑,怕一声"对不起"为自己招来不必要的麻烦。"对不起"不是责任的划分,只是站务人员对乘客歉意的表达。"对不起"不仅仅是一句客套,更是"乘客总是对的"的服务理念的体现。及时、到位的一声"对不起",可以浇灭乘客因不满意而产生的怒火,能够化干戈为玉帛,调节双方的关系。

在城市轨道交通服务中,下列情况都应该跟乘客说一声"对不起":

① 由于站务人员的服务失误(如:指引方向不明确,没有及时提供老弱病残孕的服务),给乘客带来不便。

② 由于其他乘客的疏忽导致乘客的利益受到损失。

③ 由于列车延误(不管是什么原因引起的延误),致使乘客不能够按时到达目的地。

④ 由于车站或列车上设备设施设置的人性化不够、设备设施的损害导致乘客意外伤害的情况等。

2.1.5　再见

"再见"是站务人员在乘客离开时说的告别语。说"再见"时应面带微笑,目视乘客,并借助动作进一步表达依依不舍,希望重逢的意愿,如握手、鞠躬、摆手等。

站务人员说"再见"时可根据实际需要再说上几句其他的话,如"再见,希望您再次乘坐";也可以对多次见面或经常见面的乘客说"下午见""明天见"等。

2.2　站务人员各岗位服务用语(中英文对照)

2.2.1　厅巡岗服务用语

(1)要求乘客排队购票时:"各位乘客,请按秩序排队购票,谢谢合作!"

Dear passengers, please line up in order to buy tickets, thank you for your cooperation!

(2)需要更换票筒钱箱或故障维修时:"对不起,这台设备暂停使用,请您稍等,或请使用其他设备,谢谢!"

Sorry, this device is temporarily suspended. Please wait, or use other devices, thank you!

(3)指引乘客购票时:"请持有×元、××元纸币的乘客直接到 TVM 上购票,需兑换

微课

视频 5-2-2
站务人员各
岗位服务用
语

硬币的乘客请直接到售票中心。"

Passengers holding × yuan or ×× yuan banknotes can buy tickets on the Ticket Vending Machine. Those passengers who need to exchange coins please go to the Ticket Center.

（4）请乘客到站厅人少的一端购票时："各位乘客,本站另一端站厅乘客较少,为了节省您的时间,请到另一端站厅购票。"

Dear passengers, there are fewer passengers and less crowded at the other end of the station hall now. In order to save your time, please purchase tickets to the other end of the station hall.

（5）列车服务终止时："尊敬的乘客,今天的列车服务已经终止,请停止购票进站,谢谢合作。"

Dear passengers, today's train service is now closed, please stop buying tickets or enter the station, thank you for your cooperation.

（6）有乘客走近时："您好,请问有什么需要帮助吗?"或"您好,请问我能为您做点什么?"

Excuse me, what can I do for you?

（7）对于不方便乘坐扶梯的乘客："您好,为了您的安全,请乘坐直梯到站台/出入口。"

Excuse me, for your safety, please take the elevator to the platform/entrance.

（8）当有乘客在站内吸烟时："您好,为了您和他人的健康,请不要在地铁站内吸烟。"

Excuse me, for your health and the health of others, please do not smoke in the subway station.

（9）当发现乘客携带"三品"进站时："对不起,根据规定,您不能携带此物品乘坐地铁,谢谢您的合作。"

I'm sorry, according to the regulation, you cannot carry dangerous objects in subway, thank you for your cooperation.

2.2.2　站台岗服务用语

（1）列车进站前："各位乘客,为了您和他人的安全,请站在黄色安全线内排队候车,多谢合作!"

Dear passengers, for your safety and also the safety of others, please line up inside the yellow line, thank you!

"各位乘客,为了您的安全,请勿手扶屏蔽门,多谢合作!"

Dear passengers, for your safety, please do not hand on the platform screen doors, thank you!

"各位乘客,由于现在站台乘客较多,请到站台南边/北边候车,多谢合作!"

Dear passengers, since there are many passengers on the platform now, Please go to the north/south waiting, thank you!

（2）当站台乘客上下车时："各位乘客请注意,请小心列车与站台的空隙,先下后上,多谢合作!"

Dear passengers,please pay attention to the gap between the train and platform, get off first, then get on , thank you!

(3) 列车将要关车门时:"各位乘客,车门即将关闭,没有上车的乘客请您耐心等候下一趟车,多谢合作!"

Dear passengers, the door is about to be shut down. Please wait patiently for the next train, do not go beyond the yellow line. Thank you for your cooperation!

(4) 乘客越出黄色安全线时:"各位乘客,为了您和他人的安全,请站在黄色安全线内排队候车!"

Dear passengers, for your safety and that of others, please line up inside the yellow line, thank you!

(5) 乘客带气球进站乘车时:"您好,为了您和他人的安全,请不要携带气球乘车,多谢合作!"

Dear passengers, for your safety and that of others, please do not bring balloons on to subway , thank you for your cooperation!

(6) 小孩在站台上追逐奔跑,打闹时:"您好,由于地面很滑,容易摔倒,请您带好孩子,不要在站台追逐、奔跑、打闹,多谢合作!"

Because the ground is slippery and easy to fall, please take good care of your children, do not let them chase, run, slapstick on the platform. Thank you for your cooperation.

(7) 有乘客走近时:"您好,请问有什么需要我帮助吗?"或"您好,请问我能为您做点什么?"

Excuse me, what can I do for you?

(8) 对于准备乘坐扶梯的小孩和老人:"您好,为了您的安全请乘坐直梯到站台/出入口。"

Excuse me, for your safety, please take the elevator to the platform/entrance.

(9) 列车服务终止时:"各位乘客,今天的列车服务已经终止,请您尽快出站。"

Dear passengers, the train service has already ended, please leave the station as soon as possible.

(10) 乘客有物品掉下轨道时:"您好,请勿私自跳下轨道,我们的工作人员将会尽快为您捡回物品,多谢合作!"

Excuse me, please do not jump off the track, our assistants will help you bring back the goods for you as soon as possible, thank you!

2.2.3　票亭岗服务用语

(1) 乘客需要兑换硬币时:"收您××元""找您××元。"
Receive ×× yuan. The change is ×× yuan.

(2) 当找不开零钱时:"请问您有零钱吗?"
Excuse me, do you have any change?

"对不起,我这里的零钱刚好不够,请您稍等,好吗?"

I'm sorry, the change is not enough, could you please wait a moment?

(3)收到残币或假币时:"对不起,请您换一张钞票,好吗?"

I'm sorry, could you please change another bill?

(4)出售储值票时:"请您确认面值。"

Please make sure the face value.

乘客确认无误后,"找回您×元及一张××元的车票。"

The change is ×× yuan and here is the ×× yuan ticket.

(5)乘客想购买双程票时:"对不起,地铁车站没有双程票出售,仅出售单程票,单程票只能在购票的车站当日使用。"

Sorry, there is only single ticket on sale. It can only be used in the ticket station on the day.

(6)乘客询问储值票能否多人同时使用时:"对不起,储值票只能 1 个人使用,不能多人同时使用。"

Sorry, the stored-value tickets can only be for personal use, not many people used at the same time.

(7)乘客超程/超时出站时:"您好,您的车票已超程,请您按规定补交超程/超时车费×元。"

Excuse me, your ticket is over the fare. According to the Ticket Policy, you should make up the balance × yuan.

"你好,您的车票已超时,根据票务政策,请您按规定付全程的车费作为超时附加费。"

Excuse me, your ticket has exceeded the system time. According to the Ticket Policy, you should pay the full fare as the additional fare.

(8)当票务中心付费区、非付费区均有人时:对非付费区乘客解释:"对不起,请您稍等。"

I'm sorry, can you please wait for a moment?

(9)当乘客询问小孩是否有半票时:"您好,按照地铁规定,一位成年人可以免费携带一名身高不超过 1.3 米的小孩乘坐地铁;身高超过 1.3 米的小孩需按规定购票。"

Excuse me, according to the policy, an adult can only be free to carry one child who is under 1.3 meters in height in the subway. Children more than 1.3 meters need to buy tickets according to policy.

(10)乘客问在哪儿购票时:"如果您需要买单程票,请准备零钱或在此兑换零钱,然后到自动售票机处购买。"

If you need to buy a singer ticket, please prepare the change or exchange the coins here, and then buy ticket at the Ticket Vending Machine.

(11)乘客询问地铁××站的票价时:"您好,您从本站到××站的票价为×元。"

Excuse me, the fare is × yuan from the station to ×× station.

（12）收到乘客一张过期单程票时。"您好，单程票只能当天并在购票站乘坐地铁使用。您的车票已经过期，按规定这张车票需回收。如果您需要搭乘地铁，请您重新购买一张车票。"

A single ticket can only be used in the ticket station on the day. Your ticket has expired, this ticket is to be recovered in accordance with the regulations. If you need to take the subway, please repurchase a ticket.

微课
视频 5-2-3
站务人员服
务忌用语

2.3　站务人员服务忌用语

2.3.1　不尊重的话

每个人都喜欢被他人尊重，尊重他人是一种有教养的表现。因此站务人员在服务时要格外注意，不尊重对方的话不能说。

例如"你不懂""你真笨"，它从根本上否定了乘客，否定了乘客的智慧、知识和面子。乘客享受的服务很大部分就是尊重，对乘客尊重就是给乘客最好的服务。

另外对身体有缺陷或是外表欠佳、衣着寒酸的乘客，不能随意评价他们，同时还要尽力避免与之有关的评价，要用平等的目光看待他们，或者说对他们存在的不尽如人意的地方不做特别的关注，不过分关注就是在表达友善。

2.3.2　不友好的话

有些话明知会使对方感到不快，就不要图一时痛快说出来。为逞一时的口舌之勇，最后失掉乘客的信任甚至引起投诉都是得不偿失的事情。

例如"不知道""这不是我们的责任……"之类的话语，既反映了站务人员的不友好，更反映出站务人员不敬业。站务人员应该对所从事的工作了如指掌，哪怕不是具体分管的工作范围，只要与乘客的利益相关，至少应该知道哪个部门，谁可以解决乘客的问题，而不能够用不友好甚至是推脱责任的话语搪塞乘客。

2.3.3　不耐烦的话

城市轨道交通服务过程原本就是琐碎、细微的，特别是有些服务过程是站务人员难以控制和掌握的。在服务过程中即便乘客很啰嗦、很絮叨，也应该是巧妙地打断话题，而不是直接将不耐烦挂在脸上表现出来或是生硬打断。

例如"没看见我正忙着吗""捣什么乱""烦透了"等话语会引起乘客的愤怒，甚至导致服务危机。

有人愿意向你倾诉，说明他对你的信赖，尽量不要在他人说得兴致勃勃的时候粗暴地打断或制止，可以采用含蓄的方法表达想要结束谈话的意愿。因为从事服务工作，保持耐心是起码的礼貌。

2.3.4　不客气的话

站务人员说话不能太直接、太生硬，不客气的话语是很伤人的，在讲话时一定要注

学习活动设计

站务人员服务
用语规范

同步习题
5-2

意方式方法。例如,话语中随意带有"不"的直接生硬的表达方式,不仅仅是对乘客的不礼貌,更是站务人员不合作的表现。简单、明确的"不",拒绝了乘客的要求,也是拒绝了企业或个人的发展;"不"会让乘客心情不好,心情不好的乘客会用他们独有的权利让站务人员在工作中有不好的体验。

【同步习题】

1. 单项选择题(每题 5 分,共 25 分)

(1) 希望站务人员对乘客多用"请"字,是为了表达(   )。

A. 对乘客的尊重　　　　　　　　　　B. 对乘客的卑躬屈膝

C. 对乘客的委曲求全　　　　　　　　D. 对乘客行为的希望和要求

(2) 以下哪项不是"谢谢"的功能(   )。

A. 表达自我情感　　　　　　　　　　B. 强化对方的好感

C. 调节双方距离　　　　　　　　　　D. 尊重和恭维对方

(3) 在对乘客服务中,假如出现向乘客道歉的场合,错误的认识是(   )。

A. 说"对不起"会为自己招来不必要的麻烦,绝对不能说

B. "对不起"不是责任的划分,只是服务人员对乘客歉意的表达

C. "对不起"不仅仅是一句客套

D. "对不起"是"乘客总是对的"的服务理念的体现

(4) "各位乘客,请按秩序排队购票,谢谢合作!"常被厅巡岗的站务人员运用于(   )。

A. 要求乘客排队购票(高峰期)时　　　B. 需要更换票筒钱箱或故障维修时

C. 指引乘客购票时　　　　　　　　　D. 乘客踩踏黄线时

(5) 小孩在站台上追逐奔跑,打闹时,应提醒乘客(   )。

A. 不关我事,当作没看见

B. 摔倒更好,谁让他们不守规矩

C. 监护人干什么吃的,自己的小孩也不管

D. "您好! 由于地面很滑,容易摔倒,请您带好您的孩子,不要在站台追逐、奔跑、打闹,多谢合作!"

2. 多项选择题(每题 10 分,共 50 分)

(1) 以下哪项服务用语是不正确的(   )。

A. 乘客询问储值票能否多人同时使用:"对不起,储值票只能 1 个人使用,不能多人同时使用。"

B. 乘客出站时发现出不了站:"是不是你逃票了,以为可以蒙混过关吗?"

C. 当乘客询问小孩是否有半票:"您好,所有人都必须买票!"

D. 当乘客拿来一张过期票:"你怎么这么笨,以为这是一卡通吗,还能明天用?"

(2) 以下属于站务人员服务禁用语的是(   )。

A. "不""不知道"　　　　　　　　　　B. "这不是我们的责任"

C."你不懂"或"你真笨"　　　　D."你没见我正忙吗?"

(3) 在城市轨道交通服务中,应该跟乘客自然地说一声"谢谢"的情况有(　　)。

A.乘客配合服务工作时　　　　B.乘客提出意见后

C.乘客对服务工作表示赞扬和满意时　　D.表示对乘客关切时

(4) 应该跟乘客主动地说一声"您好"的情况有(　　)。

A.当乘客离开时　　　　B.为乘客提供服务时

C.面对面遇到乘客打招呼时　　D.接听服务电话时

(5) 应该跟乘客说一声"对不起"的情况有(　　)。

A.由于站务人员的服务失误给乘客带来不便

B.由于其他乘客的疏忽导致乘客的利益受到损失

C.由于列车延误致使乘客不能够按时到达目的地

D.由于车站或列车上设备设施设置的人性化不够、设备设施的损害导致乘客意外伤害的情况等

3. 判断题(每题 5 分,共 25 分)

(1) 列车由于突发事件造成了延误,致使乘客不能够按时到达目的地,可以不用向乘客表示歉意。(　　)

(2) 当收到乘客给的残币或假币时,可以进行没收和罚款。(　　)

(3) 在对客服务中,常对乘客说"不""不知道""我们规定……""我认为……"不仅不利于开展工作,更不利于服务质量的提升。(　　)

(4) 说"再见"时应面带微笑,目视乘客,并借助动作进一步表达依依不舍,希望重逢的意愿,如握手、鞠躬、摆手等。(　　)

(5) 在服务过程中遇到很啰嗦、很絮叨的乘客,可以直接将不耐烦挂在脸上表现出来。(　　)

学习任务 3　站务人员服务情态语言规范

3.1　情态语言

所谓情态语言,是指人脸上各部位动作构成的表情语言,就是通过面部表情所表达出来的信息,这是人类区别于其他动物的特征之一。情态语言可以表达人的心理状态,通过情态语言也可以改变他人的心理状态,站务人员服务于乘客时使用的情态语言可包括微笑语言、目光语言、表情语言等。

3.2　站务人员情态语言规范

3.2.1　微笑语言

微笑是人际交往中最具吸引力的一种表情,它可以形成温馨、亲切的交往氛围,能够快速、有效地缩短人和人之间的心理距离。能够用微笑接纳对方,不仅是处理好人

际关系的重要手段,而且是自身修养的体现。在城市轨道交通服务场合中,微笑服务是站务人员的基本素质之一。站务人员的微笑、有声语言和行动一起相互配合,会给乘客带来美好的服务体验。

（1）站务人员微笑服务的必要性

① 微笑服务能给乘客带来积极的"首因效应"。人的首因效应具有"先入为主"的特点,在城市轨道交通服务中,首因效应是乘客通过对站务人员的仪表、言谈、举止等方面的观察瞬时形成的心理印象。首因效应是乘客自然的心理现象,它影响着站务人员与乘客的交往,甚至影响服务工作能否顺利进行。因此,创造良好的首因效应在城市轨道交通服务中就显得非常重要。而微笑则是人的表情中最能赋予人好感,增加友善和沟通,愉悦心情的表现方式。一个微笑的站务人员,能够体现出工作热情、良好的修养和人格的魅力,给乘客带来积极的"首因效应",从而得到乘客的信任和尊重。

② 微笑服务能激发站务人员的工作热情。在城市轨道交通服务中,站务人员在微笑的表情下,自然会使用温和的语调和礼貌的语气。这不仅能引发乘客发自内心的好感,在一定程度上能够使乘客主动理解站务人员工作上的难处和不足,稳定乘客焦躁的情绪,有利于服务工作的顺利进行。另一方面,在服务交往中,微笑也容易给站务人员自身带来热情、主动、自信等良好的情绪氛围,工作效率会随之提高,从而带来工作成就感,有利于站务人员的身心健康。

③ 微笑服务是保证服务质量的捷径之一。由于站务人员每天需要服务的乘客较多,加之乘客的需求各有不同,乘客在车站内遇到问题或碰见困难的时候,并不能全部被站务人员及时发现和迅速解决。如果站务人员的表情是冷漠的或是拒人于千里之外的,就会增加乘客的负面情绪,造成不必要的误会;如果站务人员面对每位乘客都能够始终保持微笑,从情感上拉近与乘客之间的距离,乘客在遇到问题后就会自然、及时地提出,便于站务人员有针对性地开展服务工作。从这一角度上来说,微笑服务可以说是保证服务质量的一个捷径。

④ 微笑服务能带来良好的经济效益。站务人员在岗位上时代表了城市轨道运营企业的形象,如果每位站务人员都能做到微笑服务,乘客会将这一具体的服务感受升华到对企业品牌形象的认可;反之,如果个别站务人员表情冷漠,不够主动、热情,乘客会对站务人员的服务态度不认可、不接纳,同样会影响到企业形象。随着社会的发展,人们思想观念有了很大的变化,乘客享受服务的意识越来越强,城市轨道交通运营企业要想在竞争中求生存、求发展,就必须争取以微笑服务和特色服务赢得更多乘客的青睐。

（2）站务人员微笑服务的原则

① 主动微笑。作为一名训练有素的站务人员,在与乘客目光接触的同时,应该首先向对方微笑,然后再开口说话表示欢迎或开始服务沟通。这样会主动创造一个友好、热情并对自己服务有利的气氛,给乘客以热情有礼、积极工作的印象,为开展下一步服务工作奠定良好的基础。如果在与乘客目光接触时,乘客的微笑在先,站务人员则必须马上致以礼貌性的微笑。

② 自然微笑。站务人员微笑时要神态自然,热情适度。微笑的时候,先要放松面

部肌肉,使嘴角微微向上翘起,让嘴唇呈弧形;目光要柔和发亮,双眼略为睁大;眉头自然舒展,眉心微微向上扬起。这样才显得亲切、真诚、温暖、大方,切忌表演色彩过浓、故作姿态和生硬应付。

③ 真诚微笑。站务人员对乘客的微笑,应该是发自内心的、诚恳的微笑。诚恳的态度源于对自己工作的认可、喜欢和对乘客的友好,因此,"诚恳"无法通过面部肌肉的训练来获得,只能通过对自己心里情绪的调节来达到。

④ 健康微笑。当站务人员的微笑呈现在乘客面前时,应该是一种健康的表情。自身心情状况不佳时,即使露出笑脸,也会给乘客一种不自然的感觉;满脸病容、倦容或牙齿不洁甚至口腔有异味时,则更难给对方留下美好的印象。

⑤ 平等微笑。城市轨道交通是目前城市中比较受欢迎的公共交通出行方式,乘客较多。站务人员对待不同国籍、地区、性别、性格、年龄、职业等特性的乘客必须一视同仁,不能凭外表的差别、凭主观臆断区别对待,而是一律待之以微笑服务。

⑥ 习惯微笑。对站务人员来讲,微笑应是自然、习惯的表情。为此站务人员要学会调节自己的情绪,让自己每天保持愉悦的心情,养成每天微笑的好习惯。做到一进工作岗位,就能抛除一切个人的烦恼和不安,振奋精神、热情地为乘客服务。有了良好的微笑习惯,才能让微笑服务进入一个更高的境界。

(3) 站务人员微笑服务的标准。根据以上所述,可以看出微笑服务是一项综合性的服务技能。在实际站务工作中,微笑服务作为主流服务技能,它不仅仅体现在站务人员的面部表情的标准上,还体现在与眼神、声音语态等标准的配合上,方显微笑服务的魅力(见图5-4)。

① 面部表情标准。在接待乘客时,站务人员的表情应自然、温和,眉头自然舒展;站务人员的微笑须发自内心、轻松友善,要求自然、真诚,切忌虚假、做作地笑;保持嘴角微微上扬,伴随微笑自然地露出上排8颗牙齿;微笑的幅度不宜过大,但要求在与乘客面对面3米左右能够看到站务人员的微笑表情。

② 眼睛眼神标准。面对乘客,眼睛蔼蔼有神,目光友善,自然流露真诚;眼睛礼貌地注视顾客,眼神柔和,亲切坦然,不左顾右盼、心不在焉。眼神要实现以下"三个度":

● 眼神的集中度。站务人员不能将目光长时间集中在乘客的脸上或身体的某一个部位上。

● 眼神的光泽度。站务人员应精神饱满,对工作抱有足够的热情,在服务中保持神采奕奕的眼神。

图 5-4　微笑服务

● 眼神的交流度。站务人员应该迎着乘客的眼神进行目光交流,传递对乘客的尊重;同时要学会从乘客的眼神中读出需求,主动帮助乘客解决问题。

③ 声音语态标准。站务人员的声音要清晰柔和、细腻圆滑,语速适中,富有甜美悦

耳的感染力;服务沟通时应做到语调平和,语音厚重温和;应控制音量适中,让乘客听得清楚,但声音不能过大;与乘客沟通时态度诚恳,语句流畅,语气不卑不亢。

④ 微笑的启动。站务人员在目光与乘客接触的瞬间,就要目视对方展开微笑,要坦然自信、目光平视,不要有羞涩之感;微笑的启动和收拢动作要自然,切忌突然用力启动和突然收拢,否则会使乘客产生假笑或其他不礼貌的感觉。

⑤ 微笑的时间标准。一般情况下,微笑的时间长度以不超过 7 秒钟为宜,时间过长会给对方以傻笑的感觉,尽失微笑的美韵;过短则会让对方有敷衍了事的感觉。

(4) 常用站务人员微笑训练方法。微笑是一个简单的动作,只需嘴唇微微牵动即可完成。但微笑又是一个复杂的动作,它需要面部肌肉的协调运动,需要从眼神中透出和善与友好,需要美好真挚的心灵配合。只有发自内心的微笑才是最真诚的笑容,而站务人员要想在任何情况下都能展现这样的笑容,就必须要进行刻意的微笑训练。

① 手指训练法。这是一种通过两只手对面部肌肉动作的控制,帮助训练者寻找最佳微笑模式并进行定型的基础训练方法。

● 拇指训练法。方法一是双手四指轻握,以食指关节轻贴颧骨附近,两根拇指伸出,指肚朝上,呈倒八字形放于嘴角两端 1 厘米处,轻轻向斜上方拉动嘴唇两角。反复多次,观察微笑时面部肌肉变化,寻求自然的微笑感觉状态并记忆下来。方法二是双手四指轻握,两拳手背向外放于唇下方;两拇指伸出,两拇指肚放在唇角处,轻轻向斜上方拉动嘴唇两角。反复观察直至寻找到满意位置。

● 食指训练法。方法一是轻握双拳,两根食指伸出呈倒八字形,放于嘴唇两角处,向斜上方轻轻拉动嘴角,并寻找最佳位置。方法二是双手轻握,伸出食指;两拳相靠放于下巴下方,两食指放在嘴角两端,向斜上方轻轻推动。反复多次,观察微笑时面部肌肉变化,寻求自然的微笑感觉状态并记忆下来。

● 中指训练法。两手中指伸出,其余四指自然收拢、半握;将中指肚放在嘴角两端,轻轻向斜上方拉动。反复多次,寻找你美丽自然的微笑感觉。

● 小指训练法。两小指伸出,其余四指自然收拢,半握;将小指肚放在嘴角两端,轻轻拉动嘴角;反复动作,直到找到满意的微笑状态为止。

● 双指训练法。方法一是双手拇指、食指伸出,其余三指轻轻握拢;用两手拇指顶在下巴下面,将两手食指内侧面放在嘴角处,向斜上方轻轻推动。反复多次,观察微笑时面部肌肉变化,寻求自然的微笑感觉状态并记忆下来。方法二是双手拇指、食指伸出,其余三指握拢;将两手食指按放在两眉外侧一端,两手拇指放在嘴角处,向斜上方轻缓拉动。反复多次,直到满意后,定格欣赏,再留存于记忆中。

② 含箸训练法。这是一种日式微笑的训练方法,它是一种利用筷子作为辅助工具进行的微笑训练。该方法参照性较强,操作简单,被广泛使用(见图 5-5)。具体步骤如下:

第一步,用上下两颗门牙轻轻咬住筷子的中部,通过对镜比照,看看自己的嘴角是否已经高于筷子了。

第二步,咬着筷子,嘴角最大限度地上扬,也可以用双手拇指抵住下巴,用两根食指向上推动嘴角,上扬到最大限度。

第三步,保持面部表情,拿下筷子,此时能够看到上排 8 颗牙齿。

第四步,再次轻轻咬住筷子,发出"一"的声音,同时嘴角向上向下反复运动,持续30 秒。

第五步,再次轻轻拿掉筷子,察看自己微笑时基本表情,同时双手托住两颊从下向上推,并要发出"一"的声音,并且反复数次。

第六步,放下双手,发出声音数"1、2、3、4",重复 30 秒。

图 5-5　含箸训练法

只要坚持不懈地反复练习,嘴唇就会在不知不觉中呈现一个自然向上的弧度,形成职业而美丽的微笑。

③ 对镜微笑训练法。这是一种利用镜子作为辅助工具进行微笑训练的常见方法(见图 5-6)。具有训练效果好、形象趣味性强的特点;同时能够使训练者快速、形象地了解自身面部肌肉状况,激发其调节面部表情的愿望,对保持良好的工作状态有很好的帮助。具体步骤是:

第一步,端坐镜前,调整呼吸让其轻松、平静、自然、顺畅。

第二步,静心 3 秒钟,开始展开微笑,双唇轻闭,将嘴角微微翘起,面部肌肉随之舒展开来。

第三步,眼神配合,使之达到眉目舒展的微笑表情。

图 5-6　对镜微笑训练法

自我对镜微笑训练时间长度随意,可反复多次。为了达到最佳的训练效果,应该在练习时衣装整洁,女性可略化淡妆,衣着与整体形象常常会影响镜中人的心情,另外可以放一些轻快的背景音乐来配合训练。

④ 模拟微笑训练法。这是一种利用手指移动模拟微笑动作的训练方法。训练时不受场地、时间和环境的约束;同时能调节心情,对改善微笑形象起到很好的帮助作用。具体步骤是:

第一步,先轻合双唇,双手食指伸出,其余四指自然并拢半握空心拳。

第二步,指尖对接,放在嘴前 15~20 厘米处。

第三步,让双手食指尖以缓慢匀速分别向左右移动,使之拉开 5~10 厘米的距离。同时嘴唇随食指移动速度而同步加大唇角的展开度,并在意念中形成美丽的微笑。

第四步,让微笑停留 5 秒钟,再将两根食指以缓慢匀速向中间靠拢,直至两根食指相接;同时,微笑的唇角开始以两食指移动的速度,同步缓缓收回。

第五步,如此反复开合训练 20~30 次。

注意:收回训练时应将微笑缓缓收住,切忌让微笑突然停止。

以上常用的微笑训练方法可以单独练习,也可以相互配合使用。需要提示的是,对城市轨道交通服务来说,微笑不是目的,只是手段;良好的服务仅有微笑是不够的,而更重要的是要使服务发自内心,真诚地为乘客服务。

3.2.2 目光语言

眼睛是心灵的窗户。一般情况下,与人交谈时,视线接触对方脸部的时间应占全部谈话时间的 30%~60%。超过这一时间的平均值,可认为对谈话者本人比谈话内容更感兴趣;低于这个时间的平均值,表示对对方不感兴趣。

眨眼一般每分钟 5~8 次,每次眨眼时间应不超过 1 秒,否则有表示对对方厌烦、不满、藐视和蔑视之嫌。站务人员在服务中一定要合理使用目光语言,否则会给乘客带来心理上的不适。

与乘客交谈时,目光必须注视着对方,但不能将目光长时间集中在对方的脸上或身体的某一个部位上。目光注视对方脸部以双眼连线为上限,以唇心为底点所形成的倒三角区域(见图 5-7),目光坦诚、亲切、和蔼、有神,不眯视、回避乘客的目光。使乘客对我们的服务感兴趣,愿意接受我们,并鼓励重复购买我们的服务产品。

服务时的无精打采,满面愁容,会给乘客造成沉闷、压抑之感;如果服务时横眉冷对,瞪眼撇嘴,则会使乘客产生对立情绪;如若扬眉翘首,目中无人,高傲自大,更会使乘客与我们的关系疏远。以上种种现象,都会严重地影响服务质量,不利于建立城市轨道交通良好的服务形象。

图 5-7　与乘客交谈时的目光范围

3.2.3 表情语言

站务人员在面对乘客时应表情自然、温和,眉头自然舒展。具体要求是:

① 要面带微笑,和颜悦色,给乘客以亲切感;不能面孔冷漠,表情呆板,给乘客不受欢迎感。

② 当乘客向你的岗位走过来时,无论你在干什么,都应暂时停下来,主动和乘客打招呼;当乘客与你说话时,要聚精会神,注意倾听,给人以受尊重感;不要没精打采或漫不经心,给乘客以不受重视感。

③ 要坦诚待客,不卑不亢,给人以真诚感;不要诚惶诚恐,唯唯诺诺,给人以虚伪感。

④ 要沉着稳重,给人以镇定感;不要慌手慌脚,给人以毛躁感。

⑤ 要神色坦然,轻松,自信,给人以宽慰感;不要双眉紧锁,满面愁云,给乘客以负重感。

⑥ 不要带有厌烦、僵硬、愤怒的表情,也不要扭捏作态、做鬼脸、吐舌、眨眼,给乘客以不受敬重感。

学习活动设计

站务人员服务情态语言规范

【同步习题】

同步习题 5-3

1. 单项选择题(每题 5 分,共 25 分)

(1) 服务乘客的第一秘诀就是(   )。

A. 展现我们的亲切笑容   B. 表露我们的真诚

C. 深切的凝视乘客   D. 服务时满面愁容

(2) 与人交谈时,视线接触对方脸部的时间应占全部谈话时间的(   )。超过这一时间的平均值,可认为对谈话者本人比谈话内容更感兴趣;低于这个时间的平均值,表示对对方不感兴趣。

A. 1%~10%   B. 10%~20%   C. 30%~60%   D. 60%~90%

(3) 眨眼一般每分钟控制在(   )。

A. 5~8 次   B. 8~12 次   C. 12~19 次   D. 19~25 次

(4) 眨眼时间如果超过(   ),则表示对对方的厌烦、不满,有藐视和蔑视的意思。在服务中我们一定要避免使用这种眼光,否则会给乘客带来心理上的刺激。

A. 0.5 秒   B. 1 秒   C. 2 秒   D. 3 秒

(5) 微笑的幅度不宜过大,但要求在与乘客面对面(   )米左右能够看到站务人员的微笑表情。

A. 4   B. 3   C. 2   D. 1

2. 多项选择题(每题 10 分,共 50 分)

(1) 以下是站务人员需要微笑服务的原因的是(   )。

A. 微笑服务能给乘客带来积极的"首因效应"

B. 微笑服务能激发站务人员的工作热情

C. 微笑服务是保证服务质量的捷径之一

D. 微笑服务能带来良好的经济效益

（2）以下描述正确的是（   ）。

A. 在接待乘客时，站务人员的表情应自然、温和，眉头自然舒展

B. 站务人员的微笑须发自内心、轻松友善，要求自然、真诚，切忌虚假、做作地笑

C. 保持嘴角微微上扬，伴随微笑自然地露出上下两排4颗牙齿

D. 微笑的幅度不宜过大，但要求在与乘客面对面2米左右能够看到站务人员的微笑表情

（3）以下属于微笑的原则的是（   ）。

A. 主动微笑   B. 自然微笑   C. 真诚微笑   D. 健康微笑

（4）关于微笑的正确表述是（   ）。

A. 微笑是一种世界语言，是服务乘客的第一秘诀

B. 只有发自内心的微笑才是最真诚的笑容

C. 站务人员要想在任何情况下都能展现最真诚的笑容，就必须要对其进行刻意的训练

D. 真诚的笑容与人俱来，是不能通过训练达到的

（5）以下哪些现象，会严重地影响城市轨道交通企业形象（   ）。

A. 服务时的无精打采，满面愁容

B. 在接待乘客时，表情自然、温和，眉头自然舒展

C. 服务时横眉冷对，瞪眼撇嘴

D. 服务时扬眉翘首，目中无人，高傲自大

3. 判断题（每题5分，共25分）

（1）表情是心灵之窗，表情能够准确地表达人们的喜怒哀乐等一切感情，服务人员应该学会用假的表情，让乘客觉得像真的。（   ）

（2）在实际站务工作中，微笑服务作为主流服务技能，它不仅仅体现在站务人员的面部表情的标准上，还体现在与眼神、声音语态等标准的配合上。（   ）

（3）与乘客交流时，目光注视乘客脸部以双眼连线为上限，以唇心为底点所形成的倒三角区域，目光坦诚、亲切、和蔼、有神，不回避乘客的目光。（   ）

（4）在接待乘客时，表情应自然、温和，眉头自然舒展。（   ）

（5）手指训练法是一种日式微笑的训练方法，它是一种利用筷子作为辅助工具进行的微笑训练。（   ）

微课

视频 5-4-1
站务人员服
务沟通的模
式与作用

学习任务4   站务人员服务沟通技巧

4.1   站务人员服务沟通的模式与作用

站务人员服务沟通是指站务人员通过一定渠道，以语言、文字、符号等表现形式为载体，与乘客进行信息传递和交换的过程（见图5-8）。

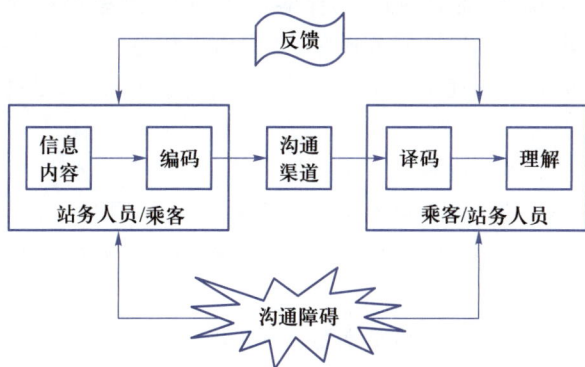

图 5-8　站务人员服务沟通模式

在沟通过程中,站务人员和乘客都有可能是信息发送者或信息接收者,其中信息的载体称为沟通渠道,编码和解码分别是沟通双方对信息进行的表达和还原。具体服务沟通环节见表 5-1。

表 5-1　站务人员服务沟通环节

环节	具体描述	说明
信息内容	发送者需要向接收者传送信息或者需要接收者提供信息	信息包括条例、规定、想法、观点、资料、事件经过等
编码	发送者将这些信息编制成接收者能够理解的一系列符号	符号必须能够符合适当的媒体。例如,媒体是指示标识,符号的形式应选择文字或图片
沟通渠道	经过编码的信息通过沟通渠道传递给接收方,接收者收到这些编码信息	由于编码方式不同,需要选择不同传播渠道。例如,TVM 的使用信息,可以通过演示传递;广播服务信息,可以通过口头语言传递
译码	接收者将这些编码信息还原为原来信息	由于发送者编码可能出现表达偏差、受环境因素的干扰或者接收者译码可能出现的曲解,信息的内容常常会被扭曲,从而造成沟通障碍
理解	接收者理解信息的内容,并做出相应反应	接收者通过语言、行为将所理解的信息内容反馈给发送者
反馈	发送者通过反馈来了解对方的反应	构成了信息的双向沟通

从以上环节可以得出,站务人员与乘客整个沟通过程主要由六个方面要素组成:站务人员、信息、沟通渠道、乘客、反馈和沟通障碍。通过站务人员有效服务沟通,可以实现以下的作用:

(1)提高服务效率。在最短的时间内,让乘客了解列车信息;在最需要的时刻,给乘客最体贴的服务；用最简捷的方式，为乘客解决问题，这些都有赖于有效的服务沟通。服务中的信息沟通可以提高服务质量、减少由于信息不畅而导致的服务失误，更可以减少乘客的误会。在沟通基础上理解，在沟通基础上合作，尽量在服务的各环节都让乘客满意。

（2）提升乘客满意度。乘客只有配合服务工作，站务人员才能有效地引导乘客。因此，畅达的服务沟通，使站务人员能及时了解乘客所需，同时也能让乘客更好地了解到站务人员的贴心服务，使乘客产生"自己人"印象，对站务人员产生好感，提升乘客的满意度。

（3）树立企业形象。站务人员给乘客传达正确、及时、积极的信息，以实现有效的沟通，乘客会更加深入地了解城市轨道交通企业的文化和特色，使企业在社会中形成较高的知名度和良好的美誉度，树立良好的形象。

（4）促使企业改善服务工作。在服务的过程中，站务人员与乘客沟通的基础是建立在满足乘客需求之上的。因此，站务人员需要耐心地接受和思考乘客的反馈，采纳好的意见和建议，通过与各种乘客的沟通提高企业的服务质量。

微课
视频 5-4-2
站务人员服
务沟通中常
见障碍

4.2 站务人员服务沟通中常见障碍

（1）语言障碍。站务人员词不达意、口齿不清、表达模糊，会使乘客难以了解其服务意图；另外语言不通或语言表达的歧义，也会使站务人员与乘客的沟通出现巨大的困难。所以，作为城市轨道交通服务的提供者，多了解不同地区的方言，加上对手语、外语的学习是做好服务工作的前提。

（2）经验障碍。过去的经验在某些时候可以帮助站务人员解决服务沟通中遇到的难题，例如"师徒带教"的方式在城市轨道交通服务企业中依然是很重要的培养站务人员的手段。但是，面对变化的市场、变化的乘客群体，过去的经验容易让站务人员固执己见，而形成服务偏见，这时候的经验就成为服务沟通的障碍。

（3）文化障碍。在城市轨道交通服务中，文化障碍是最大的沟通障碍之一。文化障碍有两方面的理解：一是乘客的文化层次和站务人员的文化教育程度的差异；二是乘客、站务人员不同的文化成长背景带来的对同一事物、现象的不同理解。现阶段的城市轨道交通服务冲突，大部分是这一障碍造成的。

（4）情绪障碍。人是有情绪的动物，而情绪又会影响人的正常思维和行为。当站务人员或乘客处于郁闷、悲伤、愤怒或兴奋中时，沟通障碍就容易产生了。

（5）心态障碍。站务人员常见的不良服务心态有自私、自我、自大。"自私"体现在对乘客的关心有亲疏之分，首先是家人、朋友，然后是贵宾和上司，最后才是普通乘客；"自我"体现在不在职责范围内的事情"与我无关"和服务态度上"以我为尊"，以自己的心情、自己的利益为处理问题的出发点，真正较少地考虑乘客的心情、感受和利益；"自大"体现在自己的想法就是答案，很少去真正了解乘客，分析乘客的所思、所想、所需，在提供服务产品或进行服务补救时，自己的想法就是答案。目前，由于不良心态造成的与乘客沟通的障碍不在少数。

（6）沟通方式不当。不同的沟通对象，适合使用不同的沟通方式。如果站务人员选择了不当的沟通方式,双方的沟通将不太愉快,甚至将难以正常进行。例如,对于听力不太好的乘客,除了正常的口头沟通之外,可根据实际情况选择书面沟通或手语沟通,才能达到良好的沟通效果。

微课
视频 5-4-3
站务人员实
现有效服务
沟通的技巧

4.3　站务人员实现有效服务沟通的技巧

对沟通技巧的运用,要求城市轨道交通站务人员除了要使用适当语言进行沟通之外,还要用心观察、揣摩和分析乘客的诉求和意见。这些沟通技巧表达不仅能体现出城市轨道交通的服务水准,还能决定乘客对公司的印象。

（1）保持良好的沟通心态。沟通心态将决定站务人员的沟通效果。唯有心态解决了,站务人员才会感觉到自己的存在,才会感觉到工作的快乐,才会感觉到自己所做的一切都是理所当然。

① 主动沟通。主动就是"没有人告诉你而你正在做着恰当的事情"。站务人员应该思乘客之所思,想乘客之所想,站在他们的角度感知、体会、思考服务中的问题和不足;采取平等、商量的口气和乘客主动沟通。主动沟通可以避免乘客误会,可以满足乘客的知情权,可以化解矛盾,还可以将服务危机消灭在萌芽状态。

② 包容沟通。站务人员会接触到各种各样的乘客,每一个乘客的爱好和需求千差万别。这就要求站务人员学会并怀有理解之心,接纳差异并包容差异。包容乘客的不同喜好及乘客的挑剔,做到喜怒不形于色,既不冲动也不消极;要虚心、耐心、诚心地对待每一位乘客,不计较乘客的语气和表情。

③ 控制情绪。站务人员要控制情绪,不单要求站务人员理解所在岗位责任的重要性,并且要求自己具有一定的心理承受能力,自觉调整自己的情绪,保持稳定和平静的心境。遇到实在委屈的情况时,站务人员可以在内心默默告诫自己"息怒"以达到平静,或者设法转移注意力以有效推迟情绪升温,或者设想后果的严重性以提醒自己调整心情。

（2）正确运用语言沟通。语言是服务的工具,是沟通的最基本的手段。语言沟通表达迅速、准确,能有效地帮助乘客形成对公司的信任,不当的语言沟通可能导致分歧、误解和破坏信任等不利影响。因此,站务人员在工作中使用的语言要真实、准确、委婉,富有情感和针对性强,正确恰当地使用语言,可以使乘客心情愉快,感到亲切、温暖,而且能融洽彼此之间的关系。

语言本身是传递站务员和乘客关系信息的一种形式。所以应该怎样得体地进行语言表达,也需要从服务关系的视角来考虑。一句话合不合适,是由信息的接收者和传递者双方共同决定的。因此,最好的表达是超出乘客期待,但又满足乘客内心需要的话,例如:"您别担心,我帮您解决,您看咱们先……"。站务员的语言表达对乘客来讲既可以是一句暖心的话,也可以是一句漠不关心的敷衍,最后乘客的情绪反应也会不同。因此,站务人员切忌使用伤害性语言,不讲有损乘客自尊心的话,也不能讲讽刺挖苦乘客的话,话语要处处体现出对乘客的尊重;语意要明确,表达的意思要准确,使用文明用语,禁止使用"不知道""不清楚""这不是站务人员负责的"等忌语;与乘客交谈时,一定要在语言上表现出热情、亲切、和蔼和耐心,要尽力克服急躁、生硬等不良情绪。

在日常训练中,站务人员除了礼貌用语和规范服务用语训练外,要特别注重感同身受的训练。第一,站务人员的语言一定要表达服务乘客的真情实感,在说之前,先想想乘客对站务人员的需要和期待是什么,这样更有利于针对性地解决乘客的问题;第二,面对乘客的问题,积极表达是更好的服务方式,不表达则是敷衍和忽略,破坏了城市轨道交通运营企业与乘客之间的服务关系;第三,尽量用乘客说过的话,或需要解决的问题作为表达的材料,比如:你反映的问题对我们很重要,这是我们需要改进和加强的地方……。

不过,语言也不是唯一的表达方式。和乘客的沟通,有一小部分来源于你说什么话,还有另外一大部分是语气语调传达出来的。站务人员在训练语气语调时,可以采用录音的方式,即把手机录音功能打开,不需要特别正式地对着手机发言,正常跟家人、同事、朋友说话,就是像纪录片一样录下你们日常的沟通。接下来,可以戴上耳机听听自己说话是不是足够友好和亲切。进行这样的训练时,站务人员很有可能会发现,为什么明明是关心,这话听起来怎么特别像是在指责?所谓"己所不欲勿施于人",没有乘客喜欢听到指责和特别直接的语言。因此,站务人员需要格外注意语气和语调,这时可以采用的最简单的方法就是在与乘客交流的时候,速度放慢,尾音下沉。例如"我理解",如果慢慢地说,尾音下沉,让对方感觉就有特别的共情和同理心。

(3) 善于运用行为沟通

① 体态语言。体态语言是通过表情、举止、神态、姿势等象征性体态来表达意义的一种沟通手段。在服务过程中,站务人员要注意微笑、目光交流、手势姿势等细节。因为温和的表情、适当的目光交流、得体的举止和姿态会增加乘客的信任感和亲切感,而微笑和认真倾听的神态则会让乘客感到受重视和关怀。

体态语言是站务人员与乘客的一种交流方式,可以表现多种情绪。不同体态语言的配合,比如目光的关注锁定配合点头,代表的是最高层级的关切。语言架构出关系,而关系的纽带就来源于无声的体态语言,别忘了身体语言的力量。

② 倾听。倾听就是细心地听取,不仅用耳朵听,还要调动全身的感觉器官,用耳朵、眼睛、心灵一起去"倾听"。倾听是赢得信任和尊重最行之有效的方法。因为专注地倾听乘客讲话,表示站务人员对乘客的看法很重视,能使乘客产生信赖和好感,从而形成愉悦、宽容的心理。

在倾听的过程中,站务人员一定要神情专注、认真,避免分心的举动和手势;不要打断乘客说话或突然插话;赞同和附和讲话的内容时,要恰当地轻声说声"是""嗯",或点头表示同意;通过重复和提问的方法及时了解乘客的意图。

通过倾听,可以迅速拉近与乘客的心理距离,获得对方的信任。耐心倾听乘客叙述,然后迅速分析出事情的前因后果,使说者和听者的角色顺利转换,有针对性地提出好的建议和解决方法是每一名城市轨道交通服务企业站务人员必须掌握的行为沟通方式。

(4) 利用相似性原理沟通。乘客是有差异的,每一个乘客的需求差异和性格差异需要不同的沟通行为去满足。通常可以将乘客按照一定的规律做一个大致的分类,目的是能够根据不同类别的乘客进行不同的沟通,让站务人员的沟通更加有效。根据乘客的感情表现形式和决策的果决性两个指标来对乘客进行分类,可以将乘客大致分为支配型乘客、分析型乘客、和蔼型乘客和表达型乘客四种风格(见图 5-9)。

①　支配型乘客。支配型乘客有强烈的支配欲望,这种乘客做事果断,喜欢有权威感,在外特别好面子。与这样的乘客沟通时尽量不要挑战他的权威性,尽力维护他的权威和面子,避免他的急躁。与支配型乘客沟通时应注意:给此类乘客的回答一定要非常准确;可以问一些封闭式的问题,乘客会觉得效率非常高;不用太注重感情维系,乘客更注重结果;支配型乘客需要别人的尊重,沟通时要有强烈的目光接触;为了表示尊重,站务人员的身体要略微前倾。

图 5-9　乘客风格分类

②　分析型乘客。分析型乘客主要的特征是在决策的过程中果断性非常弱,感情流露也非常少,说话啰嗦,问了许多细节仍然不作决定。与分析型乘客沟通时应注意:注重细节;遵守时间;尽快进入主题;要一边听一边拿纸和笔记录,像乘客一样认真,一丝不苟;不要与乘客有太多眼神交流,更要避免有太多身体接触;站务人员的身体不要太前倾,这时候应该略微地后仰,因为分析型的乘客强调安全,希望别人尊重他的个人空间。

③　和蔼型乘客。和蔼型乘客特别注重个人形象,他们有微笑、得体的装束,善于倾听,感情流露很多,然而果断性较差;他们很在意外界的评价,经常以外部环境的好恶和要求来制定自己的人生规划。与和蔼型乘客沟通时应注意:此类乘客看重的是双方良好的关系,不看重结果;肯定性的赞美和欣赏的语言是最好的沟通润滑剂;站务人员倾听的过程中,要时刻充满微笑;问问题不要给乘客压力,要鼓励乘客并征求其意见;要注意同乘客进行频繁的目光接触。

④　表达型乘客。感情外露,做事非常地果断、直接、热情,有幽默感、活跃,表情夸张,在说话的过程中,往往会借助一些肢体语言来表达他的意思。与表达型乘客沟通时应注意:声音一定要洪亮,和他一样充满热情,活泼有力;听的时候站务人员要配合着有一些动作和手势,当乘客出现动作的过程中,站务人员的眼神一定要看着他的动作,否则,他会感到非常失望;表达型乘客不注重细节,所以在倾听的过程中我们要经常地提醒他,问一些封闭性的问题来控制谈话的主题和方向。

懂得沟通才能懂得如何更好地进行服务。站务人员服务沟通是一门学问,只有在反复实践的过程中,才能不断掌握新的服务技巧,形成新的沟通形式,从而较好地运用沟通技巧打开与乘客和谐关系之门。

学习活动设计

站务人员服务
沟通技巧

【同 步 习 题】

1. 单项选择题(每题 5 分,共 25 分)

(1) 以下哪项不属于沟通过程的要素(   )。

A. 站务人员;乘客;沟通渠道   B. 乘客;信息;沟通障碍

C. 反馈;沟通障碍   D. 沟通;强化激励

(2) 主动沟通中的主动指的是(   )。

A."被迫去做事情"

B."让别人推动你做恰当的事情"

C."有人告诉你做恰当的事情"

D."没有人告诉你而你正做着恰当的事情"

(3) 过去的经验在某些时候可以帮我们解决服务沟通中遇到的难题,但是,面对变化的市场、变化的乘客群体,过去的经验容易让我们固执己见,而形成服务偏见,这说明(   )。

A. 实践可能成为服务沟通的障碍   B. 背景可能成为服务沟通的障碍

C. 知识可能成为服务沟通的障碍   D. 经验可能成为服务沟通的障碍

(4) 有效沟通的基本特征是(   )。

A. 单向沟通   B. 双向沟通

C. 多向沟通   D. 不沟通

(5) 用人的感情表现形式和决策的果决性两个指标来对乘客进行分类,可将乘客大致分为支配型乘客、分析型乘客、和蔼型乘客和表达型乘客四种风格,之所以把乘客的风格分类,主要目的是(   )。

A. 利用差异性原理与乘客沟通   B. 利用相似性原理与乘客沟通

C. 将简单的事情复杂化   D. 看上去专业性更强

2. 多项选择题(每题 10 分,共 50 分)

(1) 站务人员服务沟通是站务人员通过一定渠道,以(   )等表现形式为载体,与乘客进行信息传递和交换的过程。

A. 语言   B. 密码   C. 符号   D. 文字

(2) 站务人员服务沟通的作用是(   )。

A. 提高服务效率   B. 提升乘客满意度

C. 树立企业形象   D. 促使企业改善服务工作

(3) 以下是站务人员服务沟通中常见障碍的有(   )。

A. 语言障碍   B. 经验障碍

C. 文化障碍   D. 心态障碍

(4) 站务人员实现有效服务沟通的技巧有(   )。

A. 保持良好的沟通心态   B. 正确运用语言沟通

C. 善于运用行为沟通   D. 利用重复性原理沟通

（5）以下关于倾听的说法正确的是（　　　）。

A. 倾听是赢得信任和尊重最行之有效的方法

B. 在倾听的过程中，站务人员可以有分心的举动和手势

C. 通过打断式的重复和提问的方法及时了解乘客的意图

D. 耐心倾听乘客叙述，然后迅速分析出事情的前因后果，使说者和听者的角色顺
利转换

3. 判断题（每题 5 分，共 25 分）

（1）在服务沟通中，着重单向沟通，更有利于信息传递。（　　　）

（2）主动沟通的好处在于可以避免乘客误会，满足乘客的知情权，化解矛盾，将危
机消灭在萌芽状态。（　　　）

（3）人是有情绪的动物，而情绪又会影响人的正常思维和行为。当人处于郁闷、
悲伤、愤怒或兴奋中时，情绪障碍就出现了。（　　　）

（4）根据不同类别的人进行不同的沟通，我们的沟通才能更加有效。即利用相似
性原理与乘客沟通。（　　　）

（5）与支配型乘客沟通，应不要表现过多的热情，要准确守时，语言表达上尽可能
用比较准确的数字。（　　　）

知识拓展

处理乘客投诉的沟通技巧

1. 乘客投诉的心态和原因

（1）求发泄的心理。即希望被了解并获得发泄的心理。乘客感到不满意或在服
务中被伤害，特别希望有人了解他的委屈和遭遇，并希望能将心中的怒火发泄出去。
主要表现有：爆粗口、摔打物品；不搭理站务人员；找客服或上级主管诉说不满。

（2）求安全的心理。即不想再遇到麻烦和问题的心理。乘客对某一方面感到不
满，从而产生隐忧，对接下来将要发生的服务产生怀疑，并不再信任，因此选择投诉，是
怕未来再遇到不愉快的事情。或者乘客因为再不想看到类似的问题重复发生，因此提
出投诉，希望这一问题得到彻底的解决。主要表现有：要求上级主管出面；训斥当事
人；情绪起伏（语调变化、肢体动作变化）等。

（3）求补偿的心理。有些时候，乘客投诉是为了获得补偿。特别是在乘客人身或
精神受到伤害时，没有得到适当补偿，无论怎样的口头道歉都不会罢休。主要表现有：
提出高价补偿；提出补救方案；缠着不放；提出时间或精神补偿等。

（4）求尊重的心理。乘客采取投诉行动，是认为他渴望得到尊重是对的、有道理
的。乘客的购买行为是进行价值的交换的过程，因此他认为自己的付出就应该收获愉
快的服务感受，如果不能，就会觉得作为乘客他没有得到应有的尊重。主要表现有：提
出额外利益；提建议；说教、挑剔；组织权益索偿团队；接受媒体采访。

2. 处理乘客投诉的沟通技巧

在了解了乘客投诉的心态和原因后，要针对不同的乘客采用不同的沟通和解决方案，遵循以下步骤：

（1）以诚恳的态度表达歉意。无论怎样，只要乘客感到了不愉快，我们就应该道歉。我们有责任让乘客感到愉快，切忌置之不理或与之争吵。向乘客表示歉意，表示站务人员注重他们的感受，并尊重他们，满足了乘客的自尊心，也就为圆满解决投诉铺平了道路。道歉并不意味着认同乘客的意见，而是对给乘客带来不愉快的服务感受而表示的诚恳歉意。

我们的工作是为了收获，而乘客是在花钱享受服务，明白了这个道理，我们就不应该对乘客的误会竭力辩解或嗤之以鼻。即使乘客的某些看法是片面、偏激的，我们也不要去教育乘客，而是用宽容平和的方式尽力使他了解实际情况，获得理解。同时尽可能不去判断谁对谁错，因为这样无助于事情的解决，我们的目标是解决问题，而不是做一个执行官去判定谁对谁错。

（2）单独与乘客沟通。如果乘客情绪比较激动，为避免事态扩大影响，应请乘客借一步讲话。一般来说，乘客在公众面前和嘈杂的环境下情绪更容易波动，同时受环境和其他人的影响，糟糕的情绪更容易升级。所以，应该在条件允许的情况下，请乘客去休息区或会议室单独与之沟通，相对安静的环境，对于沟通想法是比较有利的。

（3）安抚乘客情绪。无论是否认为乘客的投诉是有道理的，都要对乘客的心情表示理解，鼓励乘客倾诉，认真倾诉，并通过表情、语言和肢体动作进行安抚。

（4）认真倾听乘客意见。在倾听时要注重技巧，边听边记录，用精炼和准确的语言重复和总结，这样做的目的是给乘客一个"关注"的印象，让乘客知道你是在诚恳地与之交流，愿意了解得更多。

（5）搜集足够的信息。通过与乘客交流，与当事人员交流，与其他乘客交流了解真实情况，尽量多地掌握与投诉有关的所有信息，为接下来的顺利解决投诉奠定基础。对于较复杂的问题不要急于表达处理意见，应当有理有礼。通常，站务人员应在充分倾听，明白投诉者的真实想法，向更多的人了解情况，并将所得信息有逻辑地在大脑中加以分析和组织之后，再做回答，一定要在完全了解真相后再表达看法。

（6）给出解决方案。在给出解决方案时不要责怪出现错误的同事，更不要责怪企业的规章制度。不要在乘客面前踢皮球、转移错误，要以解决问题的心态来解决问题，尽快提出解决方案。

（7）征求乘客意见。给出解决方案后，要及时征求乘客意见，可以采用开放式或封闭式来征求乘客的意见。一旦获得乘客认同，立即实施，以免因为等待再次引发乘客不满。对一时不能处理的问题要随时告之进展状况。有些问题处理起来可能很缓慢，要及时告诉乘客事情的进展，这样乘客会觉得我们很重视他，避免乘客误解已把他搁置到一旁而使事态扩大。

（8）持续跟踪服务。解决投诉的工作人员有责任持续跟踪乘客并为其服务，避免让乘客有前热后冷的感觉，要使乘客始终感受到企业负责任的态度。

规范、规程与标准

××地铁公司站务人员服务语言规范

1. 站务人员必须统一讲普通话,避免使用方言,并使用十字文明用语"您好""请""谢谢""对不起""再见"。

2. 语音标准:接待乘客时,语音要标准,避免念错字。

3. 语调柔和:站务人员在说话时,注意音量适中,以乘客听清楚为准;切忌大喊大叫或音量过小。

4. 语速适中:站务人员与乘客交谈时,语速要适中,并且在谈话中做必要的停顿。

5. 语气正确。站务人员的语气要表现出热情、和蔼、耐心、亲切,避免语气急躁、生硬、轻慢和不耐烦。

6. 用词文雅,合乎规范。选择文雅礼貌的词语。站务人员在工作中与乘客交谈时,服务用词、用语要力求谦虚、敬人、文明,尽量采用文雅规范的词语,不讲粗话、脏话、怪话。

7. 服务用语的表达要使对方理解、明白。一是要注意简单明了,突出中心;二是要做到准确表达,尽量不使用模糊的语言;站务人员在对乘客服务中,要根据乘客的水平和需要,选择通俗易懂的措词,使对方容易明白和接受。

8. 与乘客交谈或使用人工广播时,应根据乘客的不同身份使用恰当的用语称呼,如先生、女士、小朋友、老人家、阿姨、同志等,不得使用"喂""嘿""哎""那位"等不礼貌用语称呼乘客。

9. 处理违章事宜要态度谦逊、得理让人,不得讲斗气、噎人、训斥、顶撞、过头及不在理的话。

10. 严格遵守各岗位特殊语言要求,如:票亭岗兑零时应按规定使用文明用语唱票。

复习思考题与实践训练

1. 站务人员服务语言是怎样分类的,如何规范表达?

2. 微笑服务的标准是什么?

3. 简述站务人员服务沟通的模式与作用。

4. 站务人员实现有效服务沟通的技巧有哪些?

5. 站务人员如何利用相似性原理与乘客沟通?

6. 实践训练:请利用所学知识对以下案例进行分析,该名票亭岗站务人员在整个服务过程中出现了哪些问题?

08:35:24　票亭岗站务人员:你好!

08:35:26　乘客:问一下,这个卡(公交一卡通)可不可以在这里充值?

微课
站务员工沟
通礼仪规范
场景化展示

08:35:29 票亭岗站务人员:可以!

08:35:31 乘客掏出一张 10 元纸币、一张 20 元纸币,对票亭岗站务人员说:"充30!"

08:35:45 票亭岗站务人员发现其中一张 20 元的纸币缺角严重,对乘客说"换一张"。

08:35:47 乘客:没有了!

08:35:50 票亭岗站务人员:那就先给你充 10 块钱吧!

08:36:02 乘客掏出一张 5 元纸币,给票亭岗站务人员要求充值。

08:36:04 票亭岗站务人员解释说:"只能充 10 的整倍数!"

08:36:06 乘客:那我就剩这一张了。

08:36:10 票亭岗站务人员:钱有问题你给别人,别人也不要呀!

08:36:13 乘客:你太搞笑了,你这是不负责,你们地铁拿去银行换么,人家银行都给换呢!

08:36:20 票亭岗站务人员:那人家银行也得给我们换呀?你为难我干嘛?

08:36:22 乘客:你们自己去银行换吧!

08:36:24 票亭岗站务人员:那你找银行换呀!为什么非得来我这把这个钱花出去呢,给你找这个钱你要吗?

08:36:31 乘客:你的工号是多少?

08:36:35 票亭岗站务人员:那边(指着车控室方向),你直接去,你就说这边票亭。

08:36:38 乘客离开票亭。

扬工匠精神　讲轨道故事

全国巾帼文明岗——北京地铁 13 号线霍营站区

在北京,地铁日均客流量超过 1000 万人次已成为常态。每天安全运营的背后,是地铁人默默的付出。北京地铁 13 号线霍营站区有这样一群"女汉子",常年奋战在一线工作岗位上,她们舍小家顾大家,在工作岗位上默默地坚守着。时间记录着她们的足迹,奖章诠释着她们的奉献,一路走来,她们获得过很多奖项,曾经被授予"十九大运营保障工作先进集体",2019 年 3 月 1 日,她们获得了"全国巾帼文明岗"称号。

霍营站区共有立水桥、霍营、回龙观、龙泽四座车站,都是常态限流站,其中两座换乘站。站区每天客流量在 30 万人次左右,客运组织非常繁重。每天面临超大客流,站区职工不断增强服务意识,完善车站预案体系,确保地铁运营安全有序。在霍营站区中有一支充满活力、凝聚力的团队穿梭,他们共有 185 人,其中,97 名女职工,各个都是战斗力超强的巾帼英雄。徐颖,是地铁 13 号线霍营站区的站区长、党支部书记,至今已经在地铁工作 22 个年头。由于 13 号线开通时间较早,车站容量小、客流量大的矛盾也日渐凸显。尤其是从 2017 年 10 月起,北京地铁各车站严格执行"人物同检"措施。回龙观站受车站结构的限制,安检机只有一台,面对早高峰 2 小时 2.3 万人次的进站客流,车站量力矛盾极为突出。按照要求,车站必须新增设一台安检机,并对现有安检点位置进行改移,要求在一个晚上必须完成,并要保证次日早高峰客运组织平稳。时间紧,任务重,接到任务后,徐颖马上会同站区分管领导策划出一整套行之有效的安检设备改移方案及客运组织变更措施。当天晚上运营结束,徐颖带领车站留守的小伙子们和施工单位的师傅们一起开工,确定电源线的位置,挪机器,加设备,放置导流设施……连夜完成了安检点的增设、改移任务。第二天凌晨 4 点半,值班站长打开车站大门迎接一批批乘客安全有序进站、上车,徐颖深深地松了一口气。这只是徐颖工作中的一个缩影。常年来,她每天早上 7 点前到岗值守到晚上 9 点半,晚高峰从 18 点值守到 20 点,就这样日复一日地为乘客安全出行尽心尽责。

每一位女职工在家里都是半边天,都有家务事需要打理。但在地铁运营工作如此繁忙的情况下,她们毫不犹豫地将更多精力专注于工作中,让地铁车辆更加安全、稳定地运行,为市民乘客的出行带来便利。13 号线是北京地铁第一条地面运营线路,风霜雨雪雾等特殊天气下,更要保障乘客的出行畅通。每年 6 月入汛到第二年 3 月降雪散去,这段时间就成了站区职工的工作满档期。下雨天要清理站前广场积水,铺设防汛渡板,为乘客开辟进、出站通道;下雪天要持续清扫裸露道岔上的积雪。女职工一样也要到道岔上去扫雪。有时候一扫就是一整夜,直到雪停。时间长了,车站就成了职工们的另外一个家。女职工干工作不比男职工差。于丽莉是副站区长兼工会分会主席,她经常早上 6 点到岗,晚上 11 点回家。到家就睡觉,睁开眼睛就来上班。"地铁行业越是假期越忙,还好有我爱人的支持……"于丽莉说到这里,眼中充满了对孩子和家人的愧疚,但是她很幸福,这来源于家人对她工作的支持和默默付出。

"列车将要进站,请各位乘客排队有序上下车。先下后上,上车的乘客往车厢中部走,上不去车的乘客请等候下趟列车。"这是乘客乘坐地铁出行时常常听到的一句话。每天早高峰、晚高峰时段,地铁职工都会在站台上维护秩序。"特别费嗓子,每天早高峰 7 点到 9 点半结束,下来后嗓子都喊得'冒烟了'。"于丽莉说。13 号线是地面线路,站台岗露天,冬天冷,夏天热。夏天 30 多摄氏度,站那儿两分钟全身就被汗湿透了;冬天冷,穿得是里三层外三层,脚底下都贴上暖宝宝才能扛住。但是女职工从不娇气,跟男职工一样接车。

全体职工甘于奉献的精神,离不开身边年长职工的榜样带头作用。今年 40 岁出头的李金凤是龙泽站的一名值班站长,是让年轻职工佩服的大姐。"她具有很好的服务意识和技巧,对职工能起到引领作用。"这是站区党支部副书记黄旭对她的评价。发胶、花露水、水果刀、氢气球等都是乘坐地铁时的违禁品,每天都有乘客因为携带了这些物品而被禁止进站乘车。有一次夜里接近末班车的时间,一位乘客带着发胶进站准备乘车,在安检处被查出。当安检员禁止这名乘客进站时,乘客非常不理解。李金凤当时在岗,她一遍遍耐心解释,直到乘客理解为止,并帮助乘客到地面叫了一辆出租车。李金凤对乘客耐心服务,对同事也非常关爱。在工作中,李金凤经常在思想上了解职工的困难和困惑,教导职工如何有技巧地处理工作中的问题,为年轻职工树立了榜样。

　　吴敏也是霍营站区的一名值班站长,自 1998 年加入北京地铁至今已有 22 个年头,从一名综控员"菜鸟"成长为一名拥有技师技术等级的值班站长。要知道,在北京地铁公司,具有行车技师技术等级资格已是难得的人才,女技师更是凤毛麟角。不久前的一个早高峰,霍营 2 号联络线正在进行出入段作业,控制台突然发出挤岔报警。由于 12/14 道岔是联动道岔,当班的综控员并不能从报警信息中确认是哪个道岔出现问题。在得到行调允许后,综控员马上对道岔进行单独转换试验,但是故障并没有排除,只能进行手摇道岔接发列车。经过对控制台的观察后,吴敏立刻指示外勤综控员赶赴现场,先对 14 号道岔进行手摇。由于及时的前期处置和准确的判断,这次道岔故障没有使列车造成大规模晚点。事后,外勤综控员请教吴敏:"班长,当时 12/14 都处于挤岔报警中,您怎么判断出是哪个道岔出现问题呢?"吴敏对他说:"平时道岔在转动过程中,我都会观察电流表的摆动情况,单开道岔的转动电流表只摆动一次,联动道岔电流表会摆动两次,当时你们在试验道岔的时候,我发现其中一个电流表二次转动时显示不正常,所以我初步判断是 14 号道岔出现问题,这才让你先处置 14 号的道岔,缩短了处置故障的时间。"吴敏说的这些知识,在地铁的《行车细则》《技术规范》《题库》里都没有,都是她日常学习、细心观察、总结经验的结果。"咱们综控员不仅要知道设备的使用方法,还要知道它的原理,平时可以多看看相关工种的书籍,多注意积累,时间久了自然就知道得多了。"吴敏总是耐心教导年轻职工。

参考文献

[1] 金正昆.接待礼仪[M].北京:中国人民大学出版社,2015.

[2] 吕艳芝.公务礼仪标准培训[M].北京:中国纺织出版社,2016.

[3] 纪亚飞.服务礼仪标准培训[M].北京:中国纺织出版社,2016.

[4] 赵铎,常博.城市轨道交通服务礼仪[M].北京:中国石油大学出版社,2015.

[5] 刘永俊,陈淑君.民航服务礼仪[M].北京:清华大学出版社,2009.

[6] 高蓉.城市轨道交通服务礼仪[M].北京:人民交通出版社,2011.

[7] 石岩,何明辉,蒋琳.航空礼仪[M].北京:北京航空航天大学出版社,2014.

[8] 周思敏.你的利益价值百万[M].北京:中国纺织出版社,2012.

[9] 金正昆.涉外礼仪教程[M].4 版.北京:中国人民大学出版社,2014.

[10] 申立,董涛.西安地铁|恪守匠心精益求精 不忘初心砥砺前行[EB/OL].[2019-10-08].http://epaper.xiancn.com/newxarb/page/2019-10/08/06/2019100806_pdf.pdf

[11] 看西安.点赞地铁·青春奉献|西安地铁"锋巢"服务队:向前走,不忘记为什么出发![EB/OL].[2019-10-05]. https://c.m.163.com/news/a/EQOFIUIR0525SRQD.html? spss = newsapp&spsw = 2&spssid = d1c3e363bf6e213760398d2496f096ca&isFromH5Share = article.

[12] 屈浩文.热烈庆祝客运三部员工荣获全国轨道交通服务明星荣誉称号[EB/OL].[2019-11-06].https://mp.weixin.qq.com/s/cTV2XD1huvOqLAyGBJU_Og.

[13] 广州工会.全国五一劳动奖章获得者、地铁广州北中心站副站长严家升:最硬核的"安全卫士"[EB/OL].[2019-05-21].http://m.dayoo.com/201905/21/156721_52598615.htm.

[14] 张洁荣.媒体聚焦|全国青年文明号号长党员王璟告诉你:标杆站点背后的"五心"服务![EB/OL].[2017-04-19]. https://www.sohu.com/a/135054170_740753.

[15] 周美玉.这里有一群"女汉子":记"全国巾帼文明岗"北京地铁 13 号线霍营站区[EB/OL].[2019-04-03].http://www.workerbj.cn/jgw/html/renwu/todayman/2019/0403/99109.html.

读者意见反馈

为收集对教材的意见建议，进一步完善教材编写并做好服务工作，读者可将对本教材的意见建议通过如下渠道反馈至我社。

咨询电话　400-810-0598

反馈邮箱　gjdzfwb@pub.hep.cn

通信地址　北京市朝阳区惠新东街 4 号富盛大厦 1 座
　　　　　　高等教育出版社总编辑办公室

邮政编码　100029